Langenscheidts Standardgrammatik Englisch

von
Dr. Sonia Brough

und
Dr. Vincent J. Docherty

LANGENSCHEIDT

BERLIN · MÜNCHEN · WIEN · ZÜRICH · NEW YORK

Redaktionelle Bearbeitung: Dr. Wolfgang Walther

Quellen:
Alle Cartoons aus „Punch"
Foto S. 170: Dr. Sonia Brough

Ergänzende Hinweise, für die wir jederzeit dankbar sind, bitten wir zu richten an:
Langenscheidt Verlag, Postfach 40 11 20, 80711 München

Auflage:	5.	4.		Letzte Zahlen
Jahr:	1999	98		maßgeblich

Vorwort

Etwas Positives gleich vorweg: Englische Grammatik muß nicht fade sein, ja sie kann sogar Spaß machen! Mit diesem Buch möchten wir Sie in alle wichtigen Gebiete der englischen Grammatik einführen, ohne daß Sie nach den ersten Kapiteln gelangweilt das Buch ins Regal stellen. Deshalb haben wir, nicht nur mit den zahlreichen Cartoons aus der beliebten britischen Zeitschrift „Punch", sondern auch darüber hinaus in Beispiele und Übungen viel Humor einfließen lassen, entsprechend unserem Motto: Je interessanter die Beispiele, desto eher behält man die Regeln. Über den typisch britischen Humor hat man zudem den leichtesten und dabei angenehmsten Zugang zur englischen Kultur und Lebensphilosophie.

Wir haben das vorliegende Werk ganz bewußt auf die Lernenden zugeschnitten, deren Muttersprache Deutsch ist. So konnten wir Ihnen eine Menge „überflüssiger Details" ersparen, die für Deutschsprachige kein Problem darstellen, und uns zugleich auf die wirklich schwierigen Grammatikbereiche und typischen Fehlerquellen konzentrieren.

Um Ihnen das Lernen zu erleichtern, haben wir außerdem die Beispiele ins Deutsche übersetzt. Die in farbigen Kästchen befindlichen Regeln werden von diesen Beispielen hergeleitet, wobei sich die in Klammern angeführten Zahlen auf die entsprechenden Beispielsätze beziehen. So wird auf anschauliche Weise der Bezug zwischen Regel und Beispiel hergestellt. Zur späteren Wiederholung oder Auffrischung können Sie sich dann der „Froschtechnik" bedienen und einfach von Regelkästchen zu Regelkästchen hüpfen!

Bei der Wahl der grammatischen Bezeichnungen ging es uns vor allem um Verständlichkeit – deshalb haben wir hierbei „aus mehreren Töpfen geschöpft". So finden Sie neben älteren auch modernere Begriffe und gelegentlich sogar englische Bezeichnungen, je nachdem, was sich im Einzelfall als sinnvoll erwies.

Ein Tip noch zum Schluß: Nehmen Sie sich beim Durcharbeiten der **Standardgrammatik** nie mehr als ein Kapitel auf einmal vor. Bei längeren Kapiteln arbeiten Sie am besten immer bis zur nächsten größeren Übung weiter. So bleiben die zu schluckenden „Brocken" leicht verdaulich, und Sie haben Appetit auf mehr!

Wir wünschen Ihnen dabei viel Spaß und Erfolg!

Autoren und Verlag

Inhaltsverzeichnis

Abkürzungen:

AE	amerikanisches Englisch
BE	britisches Englisch
etw.	etwas
jmdm.	jemandem
jmdn.	jemanden
mst.	meist, meistens
Pl.	Plural, Mehrzahl
S. ... ff.	Seite ... und weiter
s.o.	*someone*
s.th.	*something*
Sg.	Singular, Einzahl
umgs.	umgangssprachlich
vgl.	vergleiche

1   Das Verb

1.1   Die Gegenwart: einfache Form und *-ing*-Form

1.1.1   Die Bildung der Gegenwartsformen

Bei der *einfachen Gegenwart* weicht nur die 3. Person Singular (*er, sie, es, der Mann* usw.) von der Grundform des Verbs ab:

1. walk   –   he walk**s**
2. sing   –   she sing**s**
3. arrive   –   it arrive**s**
4. bark   –   it bark**s**

> In der 3. Person Singular wird im allgemeinen ein **-s** der Grundform des Verbs hinzugefügt (1–4).

Ausnahmen:

5. kiss   –   she kiss**es**
6. crash   –   it crash**es**
7. teach   –   he teach**es**
8. box   –   he box**es**

> Bei Verben, die auf **-s, -sh, -ch** oder **-x** enden, bildet man die 3. Person Singular durch Anhängen von **-es** an die Grundform (5–8).

9. marry   –   she marr**ies**
10. try   –   he tr**ies**
11. deny   –   she den**ies**
12. supply   –   he suppl**ies**

> Verben, die auf einen Konsonanten (Mitlaut wie z. B. **l, n, r, t**) + **-y** enden, bilden die 3. Person Singular auf **-ies** (9–12).

Bei den Vokalen (Selbstlauten) **a, e, o, u** + **-y** bleibt das **-y** stehen:

13. play   –   she play**s**
14. buy   –   he buy**s**

Beachten Sie auch:

15. go   –   he **goes**
16. do   –   she **does**
17. have   –   it **has**
18. be   –   I **am**
      you **are**
      he, she, it **is**
      we, they **are**

Auch der Plural der Substantive wird im Englischen durch Anhängen von **-s** gebildet, und die drei Grundregeln oben gelten auch dort (vgl. Kapitel 3.1).

Übung A

Bilden Sie die 3. Person Singular folgender Verben:

a. rush _____ f. discuss _____

b. touch _____ g. relax _____

c. pass _____ h. please _____

d. attack _____ i. search _____

e. fix _____ j. embarrass _____

1.1.2 Die Bildung der *-ing*-Form

Die **-ing-*Form*** erfüllt mehrere Funktionen im Englischen. Sie wird folgendermaßen gebildet:

1. talk – talk**ing** 2. ask – ask**ing**

> Die **-ing-*Form*** wird gebildet aus der Grundform des Verbs **+ -ing** (1, 2).

Ausnahmen:

3. race – rac**ing** 4. escape – escap**ing**

> Ein nicht gesprochenes **-e** am Ende des Verbs entfällt (3, 4).

5. hit – hit**ting** 7. admit – admit**ting**
6. grab – grab**bing** 8. tip – tip**ping**

> Ein einfacher Konsonant (**b, d, g** usw.) nach kurzem betontem Vokal (**a, e, i, o, u**) wird verdoppelt (5 – 8).

9. profit – profit**ing** 10. enter – enter**ing**

> Ist der Endvokal *nicht betont*, bleibt der Konsonant einfach (9,10).

11. untie – unt**ying** 12. die – d**ying**

> **-ie** wird zu **-ying** (11,12).

13. refer – refer**ring** 14. occur – occur**ring**

> Ein **-r** am Ende nach einem *betonten, einfachen Vokal* wird verdoppelt (13, 14).

15. label – label**ling** 16. level – level**ling**

> Ein **-l** am Ende nach einem *einfachen Vokal* wird verdoppelt (15, 16)[1].

17. panic – panic**king** 18. picnic – picnic**king**

> Einem **-c** am Ende wird ein **-k-** hinzugefügt (17, 18).

Übung B

Bilden Sie die **-ing-*Form*** folgender Verben:

a. compare _____ f. come _____

b. crack _____ g. lie _____

c. try _____ h. occur _____

d. unravel _____ i. dig _____

e. prefer _____ j. return _____

1.1.3 Die Bildung der *-ing*-Form der Gegenwart

1. Lucy **is laughing**. *Lucy lacht.*

2. **I'm trying**! *Ich versuch's ja!*

3. **You're joking**! *Du machst wohl Witze!*

> Die **-ing-*Form der Gegenwart*** wird gebildet aus **am/are/is** (bzw. den Kurzformen **'m/'re/'s**) + **-ing-*Form*** (1–3).

---

[1] Im Amerikanischen wird das **-l** generell nicht verdoppelt (AE **traveling, labeling**), es sei denn, die Endsilbe des Grundverbs ist *betont*: AE und BE **controlling**.

1.1.4 Der Gebrauch der Gegenwartsformen

Sehen Sie sich folgende zwei Beispielsätze an:

1. **I'm having** a break.   *Ich mach' gerade Pause.*

2. **I have** a break at this time every morning.   *Ich mache jeden Morgen um diese Zeit Pause.*

Im ersten Beispiel steht das Verb in der **-ing-Form,** im zweiten Satz in der *einfachen Gegenwart*. Obwohl es in beiden Fällen – zumindest scheinbar – um dieselbe Handlung geht, sind die Verbformen unterschiedlich. Warum?

Im ersten Satz haben wir es mit einer Handlung zu tun, die zum Zeitpunkt des Sprechens *gerade im Gange* ist. Dies erfordert im Englischen die **-ing-Form** (im Deutschen gelegentlich auch uneingeschränkt *Verlaufsform* genannt), um – und darauf deutet diese Bezeichnung schon hin – auszudrücken, daß etwas gerade „verläuft", oder abläuft, wie im Film.

> Die **-ing-*Form* der Gegenwart** verwendet man für Vorgänge oder Handlungen, die zu einem bestimmten Zeitpunkt in der Gegenwart *gerade ablaufen* (1).

Stellen Sie sich vor, es ist jemand mit der Videokamera dabei, um den Handlungsablauf auf Film einzufangen.

Im zweiten Beispielsatz deutet der Ausdruck **every morning** darauf hin, daß es sich um einen *regelmäßig wiederkehrenden* Vorgang handelt, der im Englischen die *einfache Gegenwart* verlangt.

> Die *einfache Gegenwart* beschreibt Handlungen, die *wiederholt, regelmäßig, gewohnheitsmäßig* oder *traditionsgemäß* wiederkehren (2).

Ein paar weitere Beispiele machen diesen Gebrauch der *einfachen Gegenwart* noch deutlicher:

3. Some people say I **talk** too much.   *Manche Leute behaupten, ich rede zuviel.*

4. I don't think you **eat** enough meat.   *Ich glaub', du ißt nicht genug Fleisch.*

Noch einmal beide Formen im Vergleich:

5. – "Daddy**'s crying**."   *– „Papi weint."*

6. – "Daddy always **cries** when he has to peel the onions."   *– „Papi weint immer, wenn er Zwiebeln schälen muß."*

Hier stellt der Junge fest, daß seinem Vater gerade die Tränen über die Wangen laufen (Beispiel 5). Die Mutter weiß aber, daß ihm *jedesmal* die Tränen kommen, wenn er Zwiebeln schält (Beispiel 6). In ihrer Aussage handelt es sich um eine *wiederkehrende* Handlung.

Kurz zusammengefaßt:

> • Handlung läuft gerade ab: **-ing-*Form in der Gegenwart*** (1, 5)
>
> • regelmäßig wiederkehrende Handlung: *einfache Gegenwart* (2 – 4, 6)

Nun zu einer weiteren Verwendung der *einfachen Gegenwart*:

7. – "My brother **works** for Lloyds."   – „*Mein Bruder arbeitet bei Lloyds.*"
   – "What does he do?"   – „*Und was macht er da?*"
   – "He **cleans** windows."   – „*Er ist Fensterputzer.*"

8. – "Do you have any hobbies?"   – „*Haben Sie irgendwelche Hobbys?*"
   – "Yes, I **collect** meteorites."   – „*Ja, ich sammle Meteoriten.*"

> Die *einfache Gegenwart* wird auch bei Berufen sowie *dauerhaften Beschäftigungen, Aufgaben, Funktionen* usw. verwendet (7, 8).

Die „Unveränderlichkeit" bestimmter Zustände ist auch bei einer weiteren wichtigen Anwendung der *einfachen Gegenwart* ausschlaggebend:

9. Water **expands** when it **freezes**.   *Wasser dehnt sich aus, wenn es gefriert.*

10. The Danube **flows** from the Black Forest to the Black Sea, and I must say it looks very black in places.   *Die Donau fließt vom Schwarzwald zum Schwarzen Meer, und ich muß schon sagen, daß sie stellenweise sehr schwarz aussieht.*

> Die *einfache Gegenwart* wird verwendet, um *allgemeine Tatsachen und Wahrheiten, zeitlose Tatbestände* sowie *natürliche Gesetzmäßigkeiten* zu beschreiben (9, 10).

Und schließlich:

11. The early bird **catches** the worm.   *Morgenstund hat Gold im Mund.*

> Die *einfache Gegenwart* tritt besonders häufig bei *Sprichwörtern* auf (11).

Übung C

Setzen Sie die richtige Verbform ein. Benutzen Sie, wo es geht, die Kurzform (z. B. **he's** statt **he is**).

a. "Can you see the children?" – "Yes, they _____ (throw) mud at each other at the bottom of the garden."

b. "Our boss _____ (never, smile)." – "I'm not surprised."

c. She _____ (play) darts on Friday nights.

d. "What _____ (you, do)?" – "I _____ (think)."

e. "Do you have any annoying habits?" – "Yes, apparently I _____ (sing) in my sleep."

f. "Ronnie _____ (have) a bath." – "Ronnie _____ (always, have) a bath on his birthday."

g. How often _____ (you, shave)?

Kommen wir zurück auf die **-ing-*Form der Gegenwart***. Sie ist nämlich nicht nur auf Handlungen beschränkt, die *gerade in diesem Moment* ablaufen, sondern beschreibt auch solche, die sich über längere Zeiträume erstrecken.

12. And **is** he still **making** furniture from bonsai trees?

Und macht er immer noch Möbel aus Bonsai-Bäumen?

Im Cartoon sieht man der Einrichtung des Zimmers an, daß der Ehemann das Hobby mit den japanischen Zwergbäumen nicht erst seit gestern betreibt. Die **-ing-*Form der Gegenwart*** (is he ... making) sagt jedoch keineswegs aus, daß der Hobbybastler jetzt auch gerade dabei ist, ein weiteres Meisterstück herzustellen. Die **-ing-*Form*** deutet vielmehr darauf hin, daß wir es mit einer *längerfristigen Handlung* bzw. *Beschäftigung* zu tun haben, die *noch nicht abgeschlossen* ist. Sie hat irgendwann begonnen, und ihr Ende ist offen. Für uns ist aber nur von Interesse, daß sie zum Zeitpunkt der Frage *noch aktuell* ist oder *verläuft*.

Ein weiteres Beispiel soll dies verdeutlichen:

13. My sister **is working** as a go-go dancer   *Meine Schwester jobbt als Go-Go-Girl, um*
    to help finance her studies.   *ihr Studium zu finanzieren.*

Die – sagen wir – angehende Kernphysikerin möchte natürlich nicht den Rest ihres Lebens in einer Nachtbar zubringen. Wir haben es also mit einer Tätigkeit zu tun, die vielleicht einige Monate in Anspruch nehmen wird. Die Dauer der Beschäftigung ist jedoch nicht entscheidend, sondern einzig und allein die Tatsache, daß sie als noch nicht abgeschlossen, aber auch als vorübergehend, nicht „permanent", angesehen wird.

> Die **-ing-*Form der Gegenwart*** bezeichnet auch *nicht abgeschlossene Handlungen und Beschäftigungen,* die sich über einen *längeren Zeitraum* erstrecken (Tage, Wochen, Jahre) (12, 13).

Wenn man im Deutschen „zur Zeit" hinzufügen kann, handelt es sich um eine nicht permanente Beschäftigung, und man verwendet im Englischen die **-ing-*Form der Gegenwart.***

Kurz zusammengefaßt:

> - kontinuierliche Handlung über einen begrenzten Zeitraum: **-ing-*Form der Gegenwart*** (12, 13)
> - „permanente" Beschäftigung, Funktion usw.: ***einfache Gegenwart*** (7)

Einige Vorgänge dauern etwas länger:

14. You**'re losing** more and more hair every   *Du verlierst mit jedem Tag mehr Haare.*
    day.

15. My English **is getting** better and better.   *Mein Englisch wird immer besser.*

> Bei Vorgängen, die eine *allmähliche Zustandsveränderung* ausdrücken, verwendet man die **-ing-*Form der Gegenwart*** (14, 15).

Übung D

Fügen Sie die passende Verbform ein.

a. Why is it that British people _____ (not, jump) queues[1]?

---

[1] to jump queues: *sich vordrängeln*

b. Jerry _____ (try) to lose weight, but he _____ (find) it very difficult. You see, he _____ (work) as a pastry cook[1] at Buckingham Palace right now.

c. "Where's Joseph?" – "He _____ (do) charity work[2] somewhere in West Africa. I keep trying to tell him charity _____ (begin) at home[3]."

1.1.5 *always, constantly, forever*

Nun zu einer relativ spitzfindigen Unterscheidung, für die man als Nichtmuttersprachler erst sensibilisiert werden muß. Sehen Sie sich dazu die folgenden beiden Cartoons an:

1. I **always show** appreciation when he behaves well.

   Ich zeig' mich immer erkenntlich, wenn er brav ist!

2. Ignore him, he**'s always vying** for attention.

   Ignorieren Sie ihn einfach. Er versucht eben andauernd, sich in den Mittelpunkt zu stellen!

Im ersten Cartoon macht die Dame eine einfache Feststellung. Im zweiten Fall dagegen beschreibt die ratsuchende Ehefrau einen Vorgang, der sie immer wieder ärgert.

---

[1] pastry cook: *Konditor*;   [2] charity work: *Arbeit für wohltätige Zwecke*;   [3] Hier geht es um ein bekanntes englisches Sprichwort, das soviel bedeutet wie „zuerst kommt die eigene Familie".

> Die Wörter **always, constantly** und **forever** drücken in Verbindung mit der **-ing-Form der Gegenwart** meistens eine gewisse *Verärgerung oder Ungeduld* seitens des Sprechers aus (2).

Noch ein Beispiel macht das klar:

3. My mother always **bakes** a cake for us on Sundays.

   Meine Mutter bäckt uns sonntags immer einen Kuchen.

   (einfache Feststellung ohne Wertung)

4. My mother **is always baking** cakes for us on Sundays.

   Meine Mutter bäckt uns sonntags aber auch ständig Kuchen.

   (Verärgerung seitens des Sprechers)

1.1.6 Einfache Form und *-ing*-Form der Gegenwart im selben Satz

Bisher hatten wir es immer mit vereinzelt auftretenden Handlungen, Vorgängen usw. zu tun. Was ist aber, wenn zwei regelmäßig stattfindende Vorgänge o. ä. in Verbindung zueinander gesetzt werden?

1. The kids **are** usually **fighting** when I **get up**.

   Die Kinder raufen sich meistens, wenn ich aufstehe.

Vorhin hieß es, daß regelmäßig wiederkehrende Handlungen in der **einfachen Gegenwart** stehen. Warum also hier unterschiedliche Gegenwartsformen in einem Satz?

Man sollte sich das so vorstellen, daß eine Handlung bereits „verläuft" oder „abläuft", und eine andere kommt dazu oder dazwischen. Graphisch läßt sich das etwa so darstellen:

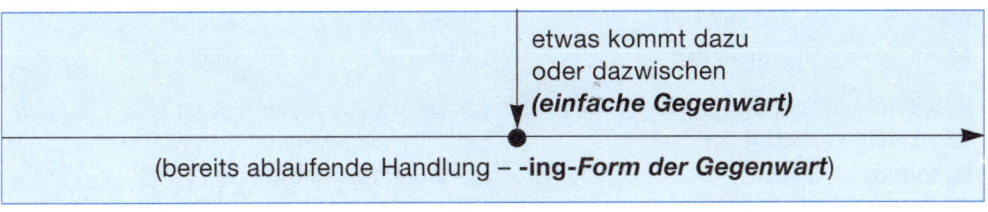

Dabei ist es völlig unerheblich, welcher Vorgang am Anfang des Satzes steht – ausschlaggebend ist nur, welcher Vorgang bereits *abläuft* (**-ing-Form!**), wenn der andere dazukommt:

2. **I'm** usually **sleeping** when my wife **gets** home from work.

   Normalerweise schlafe ich schon, wenn meine Frau von der Arbeit nach Hause kommt.

3. Sometimes she **wakes** me up if **I'm** not **sleeping** too soundly.

   Manchmal weckt sie mich auf, wenn ich nicht allzu fest schlafe.

Übung E

Setzen Sie die richtige Verbform ein.

a. Geoff _____ (usually, empty) the dishwasher when I _____

_____ (come down) in the mornings.

b. Why is it that every time I _____ (try) to ring him up he _____

_____ (already, talk) to someone on the phone?

1.1.7 Verben, die in der *-ing*-Form normalerweise nicht erscheinen

Es gibt eine Reihe von Verben, die relativ selten in der **-ing-*Form*** erscheinen, da sie keine *Vorgänge* als solche beschreiben, sondern eher „statische Zustände". Dazu zählen unter anderem folgende:

believe	*glauben*	**love**	*lieben*
belong	*gehören*	**mean**	*bedeuten*
contain	*enthalten*	**need**	*brauchen*
cost	*kosten*	**own**	*besitzen*
exist	*existieren*	**prefer**	*bevorzugen*
feel	*sich fühlen*	**remember**	*sich erinnern*
forget	*vergessen*	**see**	*sehen*
hate	*hassen*	**seem/appear**	*scheinen*
hear	*hören*	**sound**	*klingen*
hope	*hoffen*	**think**	*meinen*
know	*wissen*	**understand**	*verstehen*
like	*mögen*	**want**	*wollen*
look	*aussehen*	**wish**	*wünschen*
it depends (whether)		*es kommt darauf an (, ob)*	
they **smell** wonderful *usw.*		*sie riechen phantastisch* usw.	
he **sounds** awful *usw.*		*er klingt furchtbar* usw.	
this **tastes** unusual *usw.*		*das schmeckt ungewöhnlich* usw.	

Erscheinen diese Verben in der **-ing-*Form***, haben sie meistens eine andere Bedeutung als oben angegeben:

1. **I'm seeing** my bank manager this morning.

   *Ich **habe** heute vormittag **einen Termin** beim Filialleiter meiner Bank.*

2. We're **thinking of** buying a baby alligator.

   *Wir **spielen mit dem Gedanken,** einen jungen Alligator zu kaufen.*

Allerdings treten diese Verben gelegentlich auch in der **-ing-*Form*** in der oben angegebenen Bedeutung auf, insbesondere wenn **these days** (= *heutzutage*), **at the moment** (= *zur Zeit*) o. ä. im Satz steht:

3. He's not **seeing** too well these days.	*Seine Augen sind nicht mehr das, was sie mal waren.*

Der Gebrauch der **-ing-*Form*** bei diesen Verben verleiht der Aussage auch oft eine gewisse *Intensität*:

4. It's **costing** us a fortune to run this car.	*Es kostet uns ein Vermögen, dieses Auto zu fahren.*

Worin liegt nun der Unterschied zu **It costs us a fortune** ...? Man könnte sagen, daß das Problem des teuren Wagens *im Moment* als besonders akut empfunden wird. Es spielt auch die Hoffnung mit hinein, daß die Situation nicht ewig währen wird (vgl. auch den Cartoon mit dem Bonsai S. 12). Noch ein paar Beispiele für eine solche Intensivierung der Aussage:

5. – "How do you like your new job?" – "**I'm loving** every minute of it."	– „*Wie gefällt dir dein neuer Job?*" – „*Ich genieße jeden Augenblick.*"
6. **I'm hoping** we can come.	*Ich hoffe (sehr), daß wir kommen können.*

1.1.8 Die *-ing*-Form bei *to have* und *to be*

Auch bei zwei der wichtigsten Verben im Englischen ist der Gebrauch der **-ing-*Form*** *der Gegenwart* eingeschränkt:

1. Our neighbours **have** a lovely swimming pool.	*Unsere Nachbarn haben einen wunderschönen Swimmingpool.*
2. I can't come to the phone – **I'm having** a shower!	*Ich kann jetzt nicht ans Telefon – ich bin unter der Dusche!*

> Das Verb **to have** ist in der **-ing-*Form*** *nicht möglich*, wenn damit *Besitz* ausgedrückt werden soll (1).
>
> In anderen Bedeutungen ist die **-ing-*Form*** durchaus zulässig (2).

Nun zum Verb **to be**:

3. My false teeth **are being repaired** at the moment.	*Meine dritten Zähne sind gerade zur Reparatur.*

4. My boss **is being** very friendly at the
    moment – I wonder what he wants
    from me now!

    Mein Chef ist zur Zeit sehr freundlich zu
    mir – ich frag' mich, was er jetzt schon
    wieder von mir will!

Das Verb **to be** kann nur in folgenden Fällen in der **-ing-Form** erscheinen:

• im *Passiv* (3)[1]

• in Verbindung mit einem Adjektiv, das eine bestimmte (meist ungewöhnliche)
Verhaltensweise ausdrückt (4)[2].

1.1.9 Die Gegenwartsformen mit Zukunftsbedeutung

Die beiden in diesem Kapitel behandelten Gegenwartsformen werden auch verwendet,
um Zukünftiges auszudrücken – doch mehr darüber in Kapitel 1.5.

Vor der letzten Übung raten wir Ihnen, alle Kästchen mindestens noch einmal gründlich
zu studieren.

Übung F

Fügen Sie die passende Gegenwartsform ein: *einfache Gegenwart* oder *-ing-Form*
der Gegenwart.

Two's company, three's a crowd

Rosalind and I were leading a perfectly happy marriage until our first child came along.

Richard _____ (be) now five weeks old, and he _____

_____ (look) more and more like his mother every day. There's no question whatso-

ever[3] as to who _____ (rule) the household. Whenever he _____

_____ (get) hungry, he _____ (scream) at the top of his

voice until Rosalind _____ (stuff[4]) a bottle into his mouth. And then

he _____ (guzzle[5]) it down so fast that he _____

_____ (usually, get) hiccups[6] so that his mum has to walk around the house

with him until he _____ (settle down[7]) again. When his

nappies[8] _____ (need) changing[9], Rosalind _____

(have) to drop everything and do it straightaway[10]. I must say, I _____

(find) it absolutely exhausting having to watch all this going on.

---

[1] Hier wird ausgedrückt, daß etwas *gerade gemacht wird* – vgl. Kapitel 1.6; [2] Hier ist das Verhalten des Chefs
äußerst ungewöhnlich im Vergleich zu sonst – deswegen ist der Sprecher so mißtrauisch!; [3] no question
whatsoever: *absolut keine Frage*; [4] to stuff: *hineinstopfen*; [5] to guzzle: *gierig hinunterschlucken*; [6] hiccups:
Schluckauf; [7] to settle down: *sich beruhigen*; [8] nappies: *Windeln*; [9] to need changing: *gewechselt werden*
müssen; [10] straightaway: *sofort*

Rosalind is a marvellous mother, but she _____ (now, begin) to find it a bit difficult to cope[1]. It has got to the stage[2] where I _____ _____ (have) to take a crash course[3] in nappy-changing, and I _____ _____ (slowly, learn) to give my son his bottle without choking[4] him. Not only that, when he _____ (wake) us up screaming his head off[5] in the middle of the night, Daddy _____ (always, seem) to be the one who _____ (have to) get up and shut the bedroom door. If you _____ (ask) me, I _____ (think) there ought to be a society for the protection of overtired fathers. Hm, SPOOF, that _____ _____ (not, sound) at all bad ...

1.2 Einfache Vergangenheit und *-ing*-Form der Vergangenheit

Das, was Sie im vorangegangenen Kapitel gelernt haben, kommt Ihnen nun beim aktu-ellen Thema zugute, denn auch in der Vergangenheit unterscheidet man im Englischen zwischen dem, was war, und dem, was „gerade ablief".

1.2.1 Die Bildung der einfachen Vergangenheit

1. walk – walk**ed**
2. ask – ask**ed**

3. play – play**ed**
4. pull – pull**ed**

> Bei den regelmäßigen Verben wird **-ed** an die Grundform des Verbs angehängt (1 – 4).

Die Vergangenheitsformen der unregelmäßigen Verben muß man auswendig lernen: Im Anhang finden Sie deshalb eine Tabelle, in der Sie im Zweifelsfall nachschlagen können (S. 256-257).

Zurück aber zu den regelmäßigen Verben. Hier wäre noch folgendes zu beachten:

5. scrub – scrub**bed**
6. admit – admit**ted**

7. plug – plug**ged**
8. nod – nod**ded**

> Ein *einfacher* Konsonant (**b, d, g** usw.) nach *kurzem* Vokal (**a, e, i, o, u**) wird ver-doppelt (5 – 8).

---

[1]to cope: *zurechtkommen*; [2]it has got to the stage: *es ist der Punkt erreicht*; [3]crash course: *Schnellkurs*; [4]without choking him: *ohne daß er dabei erstickt*; [5]to scream one's head off: *sich die Lunge aus dem Hals schreien*

9. prefer – prefer**red**   10. occur – occur**red**

Ein *einfacher* Konsonant nach einem *betonten einfachen* Vokal in einem *zweisilbigen* Wort wird verdoppelt (9, 10).

Wenn der einfache Konsonant jedoch nicht betont ist, sieht es folgendermaßen aus:

11. target – target**ed**   13. suffer – suffer**ed**

12. benefit – benefit**ed**   14. discredit – discredit**ed**

Aber:

15. travel – travel**led**   16. label – label**led**

Ein *einfacher Konsonant* nach einem *unbetonten einfachen Vokal* wird *nicht verdoppelt* (11–14).

Die Ausnahme ist ein einfaches **-l**, das im britischen Englisch verdoppelt wird (15, 16)[1].

Und schließlich:

17. try   – tr**ied**   19. hurry – hurr**ied**

18. marry – marr**ied**   20. reply – repl**ied**

Ein **-y** nach einem *Konsonanten* wird bei regelmäßigen Verben zu **-ie-** (17–20).

Dies gilt also nicht, wenn vor dem **-y** ein Vokal steht: vgl. **spray – sprayed, convey – conveyed.**

Übung A

Im nachfolgenden Buchstabenquadrat finden Sie 16 *einfache Vergangenheitsformen* versteckt (von links nach rechts, von oben nach unten bzw. diagonal nach unten gelesen).

---

[1] Im Amerikanischen wird das **-l** nicht verdoppelt (AE **traveled, labeled**). Wenn die Endsilbe aber betont ist, wird das **-l** auch im Amerikanischen verdoppelt: AE und BE **expelled**.

	1	2	3	4	5	6	7	8	9	10
a	E	D	O	S	A	N	G	P	E	W
b	J	O	W	E	N	T	A	L	S	A
c	A	N	H	A	D	F	L	E	W	D
d	X	E	L	B	L	O	W	N	I	O
e	S	C	A	M	E	Q	U	E	M	C
f	M	E	E	P	S	P	O	K	E	C
g	O	R	A	L	P	B	Z	E	N	U
h	V	E	N	A	E	L	L	I	D	R
i	E	M	U	Y	N	N	I	E	S	R
j	D	T	I	E	D	O	T	E	A	E
k	U	S	E	D	I	D	A	O	D	D
l	O	F	F	L	I	E	D	O	N	T

1.2.2   Der Gebrauch der einfachen Vergangenheit

1. Adam **sometimes gave** his theology teacher an apple.

    Adam gab seinem Theologielehrer manchmal einen Apfel.

2. He **always arrived** at meetings at the last minute.

    Er traf zu Sitzungen immer in letzter Minute ein.

3. My parents **rarely went** on holiday.

    Meine Eltern sind selten in Urlaub gefahren.

Die *einfache Vergangenheit* bezeichnet Handlungen, die sich in der Vergangenheit *mehrmals* bzw. *regelmäßig* wiederholten (1–3).

Nun zum Unterschied zwischen „damals" und „heute":

4. – "You **used to call** me from work every day."
    – "Well, I also **used to work** for Telecom."

    – *„Früher hast du mich jeden Tag von der Arbeit aus angerufen."*
    – *„Früher hab' ich auch bei der Telecom gearbeitet!"*

5. It replaces the six that **used to come** at once.

   Er ersetzt die sechs [Busse], die früher immer zur gleichen Zeit gekommen sind![1]

Bei Sätzen in der Vergangenheit, in denen der Gegensatz zwischen „früher" und „jetzt" betont wird, verwendet man die Konstruktion **used to + *Infinitiv*** (4, 5).

Übrigens: Der von Deutschsprachigen bevorzugte Ausdruck **in former times** kommt nur sehr selten als Übersetzung von „früher" in Frage und bedeutet eher „in früheren Zeiten", „vor vielen, vielen Jahren".

Zurück zur *einfachen Vergangenheit*: Sie wird auch in Sätzen wie den folgenden verwendet:

6. Last month he accidentally **knocked down** a policeman in the pedestrian zone.

   Letzten Monat hat er aus Versehen einen Polizisten in der Fußgängerzone umgefahren.

7. Now I want a straight answer – that **didn't get** there by itself.

   Jetzt will ich aber eine klare Antwort – das ist nicht von alleine dahin gekommen!

8. She **got** malaria after her trip to Borneo.

   Nach ihrer Reise nach Borneo erkrankte sie an Malaria.

---

[1] Der Witz spielt auf die notorische Nichteinhaltung des Fahrplans bei den englischen Bussen an. Oft kommt eine halbe Stunde lang gar keiner, dann kommen aber vier oder fünf unmittelbar nacheinander.

> Die *einfache Vergangenheit* wird auch für Einzelhandlungen verwendet, die in der Vergangenheit abgeschlossen wurden (6 – 8).

Oft erscheint im Satz entweder eine präzise Zeitangabe (wie **last month**) oder ein Hinweis auf eine bestimmte Zeit (wie **after her trip to Borneo**).

Noch eine dritte Anwendung der *einfachen Vergangenheit*:

9. They **saved** for years, **booked** a round-the-world cruise, **packed** their cases, **got on** the train to Southampton, and **read** in the paper that the shipping company had gone bust.

    Sie sparten jahrelang, buchten eine Schiffsreise rund um die Welt, stiegen in den Zug nach Southampton ein und lasen in der Zeitung, daß die Schiffahrtsgesellschaft Pleite gemacht hatte.

> Die *einfache Vergangenheit* verwendet man auch dann, wenn man eine *Reihenfolge von Ereignissen* oder *Handlungen* beschreiben will (9).

Eine Reihenfolge erkennt man daran, daß man im Deutschen das Wort „dann" wiederholt einfügen könnte (z. B. *Sie sparten jahrelang, dann buchten sie eine Schiffsreise, dann stiegen sie in den Zug ein …*).

Kurz zusammengefaßt:

> **Einfache Vergangenheit**:
>
> - wiederholte Handlungen/Ereignisse (1– 3)
> - abgeschlossene Einzelhandlungen o. ä. (6 – 8)
> - Reihenfolge von Handlungen/Ereignissen (9)

1.2.3 Die Bildung der *-ing-*Form der Vergangenheit

Im Kapitel über die Gegenwart haben wir auf Seite 16 eine Liste von Verben angegeben, die vorwiegend in der *einfachen Form* erscheinen (**exist, belong, contain** usw.). Diese Liste gilt ebenso für die Vergangenheit, deshalb sollten Sie sich diese Verben noch einmal vor Augen führen, bevor Sie sich mit der **-ing-*Form der Vergangenheit*** befassen.

1. Pity we have to move – **I was** just **starting** to get used to this place.

    Schade, daß wir wegziehen müssen – ich begann so allmählich, mich an diese Stadt zu gewöhnen.

> Die **-ing-*Form der Vergangenheit*** wird gebildet aus **was/were + -ing-*Form*** (1).

1.2.4 Der Gebrauch der *-ing*-Form der Vergangenheit

So wie in der Gegenwart hat die **-ing-Form** auch in der Vergangenheit eine Reihe von Anwendungsmöglichkeiten:

1. – "What **were** you **doing** when the explosion occurred?" – "I **was cooking** dinner as a surprise for my wife."	– *„Was taten Sie gerade, als sich die Explosion ereignete?"* – *„Ich kochte das Abendessen als Überraschung für meine Frau."*
2. To think that this time last week we **were sitting** on a beach in the Bahamas.	*Wenn man sich überlegt, daß wir letzte Woche um diese Zeit (noch) am Strand auf den Bahamas saßen!*

> Die **-ing-Form der Vergangenheit** wird verwendet, um etwas zu beschreiben, das zu einem Zeitpunkt in der Vergangenheit *gerade ablief* oder *im Gange* war (1, 2).

! Im Deutschen kann man in solchen Fällen meistens das Wort „gerade" hinzufügen.

3. Air fares **were getting** more and more expensive.	*Die Flugpreise wurden immer teurer.*
4. At that time Alice **was learning** to hang-glide.	*Damals lernte Alice gerade Drachenfliegen.*

> Die **-ing-Form der Vergangenheit** beschreibt auch *allmähliche Entwicklungen* bzw. *noch nicht abgeschlossene Handlungen* (3, 4).

Manchmal kommt die **-ing-Form** in einem einzelnen Satz mehrmals vor, wie im folgenden Beispiel:

5. Victoria **was doing** her keep-fit exercises, Geoffrey **was hoovering**, Edward **was practising** the piano, Chris **was playing** a noisy computer game – and I **was** desperately **trying** to catch up on some sleep.	*Victoria war gerade bei ihren Fitneß-übungen, Geoffrey beim Staubsaugen, Edward übte Klavier, Chris spielte ein lautes Computerspiel – und ich versuchte verzweifelt, ein bißchen Schlaf nachzuholen.*

> Die **-ing-Form der Vergangenheit** wird auch verwendet, um verschiedene Handlungen zu beschreiben, die *gerade gleichzeitig abliefen* (5).

! Stellen Sie sich eine solche Szene so vor wie einen der modernen Fernsehbildschirme, auf denen Sie in mehreren Ausschnitten gleichzeitig verschiedene Programme sehen können.

Kurz zusammengefaßt:

> **-ing-*Form der Vergangenheit*:**
>
> • gerade ablaufende Handlung (1, 2)
>
> • allmähliche Entwicklung (3), noch nicht abgeschlossene Handlung (4)
>
> • parallel ablaufende Handlungen (5)

Abschließend eine Verwendung der **-ing-*Form der Vergangenheit***, die zwar etwas schwierig, aber dennoch typisch für die **-ing-*Form*** insgesamt ist:

6. I **was wondering** if you'd like to come to the party with me.

   Na ja, ich wollte dich fragen, ob du vielleicht mit mir zur Party gehen möchtest.

7. I **was talking** to Darlene last night.

   Übrigens – ich hab' gestern abend mit Darlene gesprochen.

8. We **were thinking** of calling him "Brian".

   Wir dachten, wir nennen ihn „Brian".

> Die **-ing-*Form der Vergangenheit*** wird verwendet, um eine gewisse *Zurückhaltung, Indirektheit* oder *Beiläufigkeit* auszudrücken (6–8).

1.2.5 Einfache Form und -ing-Form der Vergangenheit im Vergleich

Nun zu Sätzen, in denen beide Vergangenheitsformen erscheinen:

1. When Gregory **arrived**, everyone **was running** out of the house screaming.

   Als Gregory ankam, rannten alle gerade schreiend aus dem Haus.

2. At first we thought he was gifted, then we **realized** he **was doing** the Sun crossword.

   Zuerst dachten wir, er sei hoch begabt, aber dann merkten wir, daß er das Kreuzworträtsel aus der „Sun"[1] machte.

[1] Die „Sun" ist ein englisches Massenblatt, das für die Dame ein zu anspruchsloses Niveau hat.

Erscheinen beide Vergangenheitsformen im selben Satz, beschreibt die **-ing-*Form*** eine Handlung, die bereits *im Gange* war, als eine neue (in der **einfachen Vergangenheit**) hinzu- oder dazwischenkam (1) bzw. als etwas erkannt wurde o. ä. (2).

Um Ihnen diese wichtige Regel besser verständlich zu machen, wollen wir die **-ing-*Form*** im ersten Beispielsatz durch die **einfache Vergangenheit** ersetzen:

3. When Gregory **arrived**, everyone **ran** out of the house screaming. — *Als Gregory ankam, rannten [dann] alle schreiend aus dem Haus.*

Erkennen Sie den Unterschied? In Beispiel 1 war die Flucht aus dem Haus bereits im Gange (deswegen die **-ing-*Form***), als Gregory ankam (abgeschlossene Handlung, **einfache Vergangenheit**). Er hatte also nichts mit dem panikartigen Aufbruch zu tun.

In Beispiel 3 dagegen ist *er* der Auslöser der allgemeinen Flucht. Das sieht man daran, daß beide Verben in der **einfachen Vergangenheit** erscheinen und somit aufeinanderfolgende Ereignisse wiedergeben (Reihenfolge).

Übung B

Fügen Sie die richtige Vergangenheitsform ein: **einfache Form** oder **-ing-*Form der Vergangenheit***. Gelegentlich sind beide Formen möglich.

I _____ (arrive) back from my business trip feeling quite shattered[1].
As usual, there _____ (be) hundreds of passengers landing at Heathrow
Airport at the same time. As I _____ (wait) at the back of
the queue[2] to go through passport control[3], they suddenly _____
(open) another desk[4]. But I _____ (react) too slowly, and about fifty
other people _____ (get) there before me.

A good quarter of an hour later, I _____ (slowly,
wander) along the endless passageways[5] that lead to the main concourse[6]. Having forgotten to
tie up my shoe-laces[7] after undoing them during the long flight, I _____
_____ (trip) over them at one point, and the bag with my duty-free booze[8] _____
_____ (go) flying. One of the bottles _____
_____ (get smashed), of course. Luckily, while I _____
(desperately, try) to clean up the mess, a kind cleaning lady _____

---

[1] shattered: *fix und fertig*; [2] queue: *Schlange*; [3] passport control: *Paßkontrolle*; [4] desk: *Schalter*; [5] passageway: *Gang*; [6] main concourse: *Eingangshalle*; [7] shoe-lace: *Schnürsenkel*; [8] booze *(umgs.): alkoholische Getränke*

(come) along and _____ (help) me. I _____
_____ (give) her the other bottle out of gratitude[1].

When I _____ (finally, reach) the baggage reclaim
area[2], I _____ (fetch) a trolley[3] and _____
_____ (take) up my position near the carousel[4]. Cases and bags of all shapes, sizes
and colours _____ (move) round on the conveyor belt[5]. It was like
a slow-motion film. Ten minutes passed, but my case was nowhere to be seen, so I _____
_____ (sit) down on the trolley and _____ (carry on)
watching. It was so hypnotic that it _____ (send) me to sleep. When I
_____ (wake up) again, an urgent message was being
repeated again and again over the loudspeaker, and people _____ (hurry)
through customs control. I _____ (decide) I had better follow them.
That was when I _____ (spot[6]) my suitcase: it _____
_____ (stand) on the conveyor belt, which _____ (no
longer, move), surrounded by men in uniforms and overalls who _____
(attach) all sorts of wires[7] to it. One of them _____ (listen) to it with
a kind of stethoscope, and I _____ (suddenly, realize) with horror
that they _____ (probably, get ready) to blow it up!

I _____ (rush up to) a policeman and _____
(explain) to him that it was my suitcase, and he _____ (take)
me into a little office nearby for questioning. Through the window I could see everything that
_____ (go on). One man _____ (care-
fully, open) the suitcase as the others _____ (watch) from a distance.
He _____ (slowly, take out) an object, _____
_____ (hold) it up in the air and _____ (grin[8]).
By then, all the others _____ (laugh), too. The policeman
_____ (escort[9]) me back to the scene …

Can you imagine my embarrassment when they _____ (hand)
me my battery-powered razor? It had obviously switched itself on inside the suitcase and
_____ (still, vibrate) furiously[10]. I _____
_____ (just, sit) down on the edge of the conveyor belt and _____
_____ (wish) I had kept that other bottle of whisky …

---

[1] gratitude: *Dankbarkeit*; [2] baggage reclaim area: *Gepäckausgabe*; [3] trolley: *Kofferkuli*; [4] carousel: *Gepäck-kreisel*; [5] conveyor belt: *Förderband*; [6] to spot: *erspähen*; [7] wire: *Draht*; [8] to grin: *lächeln*; [9] to escort: *beglei-ten*; [10] furiously: *heftig*

1.3   Einfache Vergangenheit und *Present Perfect*

Für viele Deutschsprechende ist dieser Teil der englischen Grammatik der größte Stolperstein überhaupt, denn die Verwechslung zwischen dem deutschen Perfekt (*ich habe sie angerufen*) und dem **Present Perfect** im Englischen (**I have phoned her**) drängt sich geradezu auf. Nur selten ist aber eine solche wortwörtliche Übersetzung richtig.

Während im Deutschen – trotz regionaler und stilistischer Unterschiede im Gebrauch – das Perfekt (*ich habe angerufen*) und das Imperfekt (*ich rief an*) praktisch austauschbar sind, wird im Englischen zwischen dem **Present Perfect** (**I have phoned**) und der *einfachen Vergangenheit* (**I phoned**) *streng unterschieden.* Der Klarheit halber verwenden wir in diesem Kapitel die englische Bezeichnung **Present Perfect**, da es für diese Zeit keine genaue Entsprechung im Deutschen gibt und das deutsche Perfekt *auf keinen Fall* mit dem **Present Perfect** gleichgesetzt werden kann.

Zunächst zur Bildung des **Present Perfect**. (Die Bildung der *einfachen Vergangenheit* wurde in Kapitel 1.2 ausführlich behandelt.)

1.3.1   Die Bildung des *Present Perfect*

1. She **has decided** to become a nun. — *Sie hat beschlossen, daß sie Nonne wird.*

2. I**'ve** never **seen** her before in all my life. — *Ich hab' sie noch nie in meinem ganzen Leben gesehen.*

3. He**'s** always **had** a soft spot for teddy bears. — *Für Teddybären hat er schon immer ein Faible gehabt.*

4. They **haven't been** to America before. — *Sie waren noch nie in Amerika.*

Das **Present Perfect** wird zusammengesetzt aus **have/has + Past Participle** (1 – 4).

Das **Past Participle** von regelmäßigen Verben ist mit der Form der *einfachen Vergangenheit* identisch:

-ed wird an die Grundform des Verbs angehängt (Ausnahmen siehe S. 19 – 20)[1].

Abgekürzte Formen sind beim **Present Perfect** sehr gebräuchlich (**I've, you've, we've, they've; he's, she's, it's**) (2, 3).

Die verneinte Form lautet meistens **haven't** bzw. **hasn't + Past Participle** (4)[2].

---

[1] Das **Past Participle** der unregelmäßigen Verben finden Sie in der Tabelle auf S. 256 – 257; [2] Genaueres zu Frage und Verneinung in Kapitel 1.16 auf S. 133 ff.

Übung A

Versuchen Sie, in folgendem Buchstabenquadrat möglichst viele der sechzehn versteckten **Past Participles** (diesmal von links nach rechts, von oben nach unten oder diagonal von oben nach unten bzw. von unten nach oben gelesen) aufzufinden.

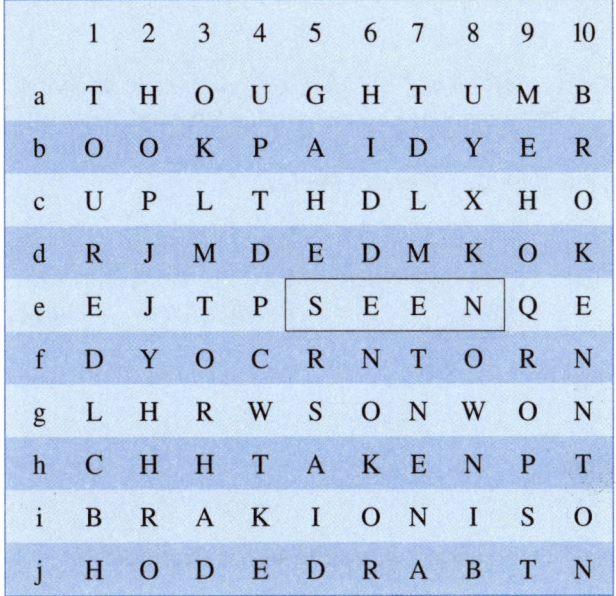

	1	2	3	4	5	6	7	8	9	10
a	T	H	O	U	G	H	T	U	M	B
b	O	O	K	P	A	I	D	Y	E	R
c	U	P	L	T	H	D	L	X	H	O
d	R	J	M	D	E	D	M	K	O	K
e	E	J	T	P	S	E	E	N	Q	E
f	D	Y	O	C	R	N	T	O	R	N
g	L	H	R	W	S	O	N	W	O	N
h	C	H	H	T	A	K	E	N	P	T
i	B	R	A	K	I	O	N	I	S	O
j	H	O	D	E	D	R	A	B	T	N

1.3.2   Der Gebrauch von einfacher Vergangenheit und *Present Perfect*

Vergleichen Sie folgende Sätze:

1. As a concert pianist Claire **visited** thirteen countries.

    Als Konzertpianistin hat Claire (insgesamt) dreizehn Länder besucht.

2. As a concert pianist Claire **has visited** thirteen countries.

    Als Konzertpianistin hat Claire (bisher) dreizehn Länder besucht.

Im ersten Beispiel hat Claire während ihrer nunmehr *abgeschlossenen* aktiven Zeit als Musikerin dreizehn Länder besucht. Diese Zahl ist endgültig und wird sich nicht mehr ändern.

> Die *einfache Vergangenheit* beschreibt Vorgänge und Handlungen, die in der Vergangenheit liegen und keinen *direkten* Bezug mehr zur Gegenwart haben. Sie gehören der Vergangenheit an, sind abgehakt und unveränderlich (1).

❗ Es ist dabei egal, ob im Deutschen das Imperfekt (*besuchte*) oder das Perfekt (*hat besucht*) steht!

Im zweiten Beispiel hat Claire *bisher* dreizehn Länder besucht, es können aber durchaus noch andere Länder dazukommen, denn sie steht mitten in ihrer erfolgreichen Karriere.

Das **Present Perfect** setzt das Verb in Bezug zur Gegenwart: Es bildet eine *Brücke zwischen Vergangenheit und Gegenwart* (2).

❗ Wenn man im Deutschen *bisher, bis jetzt, bis zu diesem Augenblick* oder ähnliches hinzufügen kann, nimmt man im Englischen das **Present Perfect**.

Noch ein paar Beispiele für das **Present Perfect**:

3. **I've answered** seven of the twenty complaints. I'll do the rest on Monday.

    Ich habe (bisher) auf sieben der zwanzig Beschwerden geantwortet. Die übrigen erledige ich am Montag.

4. **Have** you **ironed** my blouse yet, David?

    Hast du meine Bluse schon gebügelt, David?

Kurz zusammengefaßt:

- „abgeschlossene" Handlungen: *einfache Vergangenheit* (1)
- Bezug zur Gegenwart: **Present Perfect** (2 – 4)

1.3.3 „Signalwörter"

Um Ihnen bei der richtigen Wahl der Zeitform zu helfen, nennen wir einige sogenannte „Signalwörter", die oft in Verbindung mit einer dieser beiden Zeitformen erscheinen:

Einfache Vergangenheit: bestimmte Zeit in der Vergangenheit		**Present Perfect**: Brücke zur Gegenwart	
yesterday	*gestern*	**up to now, until now, till now**	*bisher, bis jetzt*
last night	*letzte Nacht, gestern abend*	**so far**	*bisher*
last week	*letzte Woche*	**yet**[1]	*noch nicht*
last winter *usw.*	*letzten Winter* usw.	*(in verneinten Sätzen:* **He hasn't told her yet.**)	

---

[1] besonders im Amerikanischen auch in der *einfachen Vergangenheit* möglich

Einfache Vergangenheit: bestimmte Zeit in der Vergangenheit		**Present Perfect:** Brücke zur Gegenwart	
in March	*im März*	**yet**[1]	*schon*
in 1066	*(im Jahr) 1066*	*(in Fragen:* **Has he told her yet?)**	
in the morning *usw.*	*am Morgen* usw.		
at 5 o'clock	*um 5 Uhr*	**lately, of late**	*in letzter Zeit*
at midnight	*um Mitternacht*		
at Christmas *usw.*	*zu Weihnachten* usw.		
on Tuesday	*am Dienstag*		
on May 1st *usw.*	*am 1. Mai* usw.		
a week **ago**	*vor einer Woche*		
two years **ago** *usw.*	*vor zwei Jahren* usw.		
just then	*gerade eben*		
when	*als,* (in Fragen) *wann*		

1.3.4 Einfache Vergangenheit und *Present Perfect* im Vergleich

Leider erscheinen solche hilfreichen Signalwörter nicht in jedem Satz. Es gibt aber auch andere Kriterien, die den Gebrauch der jeweiligen Zeitform bedingen:

1.	Saint Paul **wrote** a large number of letters.	*Paulus hat eine große Anzahl von Briefen geschrieben.*

Paulus lebte bekanntlich im ersten Jahrhundert – wir haben es also mit einem geschichtlichen Ereignis zu tun, und dies bestimmt die Zeitform, nämlich die **einfache Vergangenheit**.

Das Ereignis muß allerdings nicht so weit zurückliegen wie die Zeit des römischen Reichs, um schon „Geschichte" zu sein:

2.	In his films, Charlie Chaplin **made** people laugh and cry.	*In seinen Filmen brachte Charlie Chaplin die Zuschauer zum Lachen und zum Weinen.*

Obwohl diese Filme heute noch gern gesehen werden, ist es eine Tatsache, daß Charlie Chaplin im Jahre 1977 gestorben ist. Sein Beitrag zum Kino gehört also bereits der Geschichte an.

---

[1] besonders im Amerikanischen auch in der *einfachen Vergangenheit* möglich

---

Die **einfache Vergangenheit** wird bei Ereignissen verwendet, die der *Geschichte* (im weitesten Sinne des Wortes) angehören (1, 2).

3. – "What **did** she **say**?"
   – "She **told** me to clear my desk out and leave."

   – „*Was hat sie gesagt?*"
   – „*Sie sagte, ich solle meinen Schreibtisch räumen und gehen.*"

Obwohl die hier beschriebene unerwartete Kündigung einen höchst dramatischen Einschnitt im Leben des Betroffenen darstellt, kann man sie kaum als „geschichtliches Ereignis" bezeichnen. Sie gehört aber trotzdem der „Geschichte" an, denn sie ist passiert, passé, und als Fakt nicht mehr rückgängig zu machen.

Bei Ereignissen, Vorgängen und Handlungen, die erst kürzlich stattgefunden haben, verwendet man die **einfache Vergangenheit**, vorausgesetzt, der Sprecher bzw. Berichterstatter betrachtet sie als *in der Vergangenheit abgeschlossen* (3).

Stellen Sie sich vor, das Ereignis wurde von jemandem mit der Kamera festgehalten. Man blickt darauf zurück, so wie man sich einen Sofortbild-Abzug ansehen würde.

Im folgenden Satz hat sich die Perspektive nun geändert:

4. **I've been** fired.

   Ich bin gefeuert worden!

Der nunmehr arbeitslose Büroangestellte teilt inzwischen dem Barkeeper die traurige Nachricht mit. Er berichtet zwar vom selben Ereignis, diesmal steht aber die Kündigung *mit ihren Auswirkungen für die Gegenwart* im Vordergrund. Sie ist für den Betroffenen momentan Thema Nr. 1, aber nicht nur als Fakt, sondern auch emotional.

Steht bei einem Vorgang aus der Vergangenheit das *Ergebnis* und dessen *Einfluß auf die Gegenwart* im Vordergrund, so verwendet man das **Present Perfect** (4).

Aber:

5. I **was** fired an hour ago, and I'm scared to go home and tell my wife.

   Ich wurde vor einer Stunde gefeuert, und ich habe Angst, nach Hause zu gehen und es meiner Frau zu sagen.

Erscheint im Satz ein *Signalwort* für die **einfache Vergangenheit** (siehe Tabelle auf S. 30 – 31; hier: **ago**), *muß* man diese Zeitform nehmen (5).

Zurück zu den Fällen *ohne* Signalwort:

6. Are you sure your tie **didn't flop** over the bar-code scanner?

Sind Sie sicher, daß Ihre Krawatte nicht vorhin über den Strichcode-Scanner geflutscht ist?

7. Which key **did** you **press**?   *Welche Taste haben Sie [da eben] gedrückt?*

Seit die Taste im Beispiel 7 gedrückt wurde, sind zwar erst Sekunden vergangen, jedoch ist für den Fragenden die Betätigung der Taste eindeutig in der Vergangenheit fixiert – so wie mit der Kamera festgehalten.

> Wenn man im Deutschen „*damals*", „*vorhin*" oder „*da gerade / da eben*" hinzufügen kann, verwendet man im Englischen die *einfache Vergangenheit* (6, 7).

Kurz zusammengefaßt:

> • Geschichte / in der Vergangenheit fixiert: *einfache Vergangenheit* (1–3, 5–7)
>
> • Auswirkung auf die Gegenwart: **Present Perfect** (4)

Ein letzter Vergleich – diesmal mit Zeitangaben – macht den Unterschied zwischen diesen beiden Zeitformen noch einmal ganz deutlich:

8. I **didn't get round** to reading the paper **this morning**.   *Ich bin heute morgen nicht dazu gekommen, die Zeitung zu lesen.*

9. Understaffed?!! – **I've carried out** five operations **this morning** and I'm only the janitor!

Personalmangel?!! – Ich hab' heut' vormittag schon fünf Operationen durchgeführt – und ich bin hier bloß der Hausmeister!

Mit Zeitangaben wie **this morning, this week** usw. wird die *einfache Vergangenheit* gebraucht, wenn der Zeitraum *bereits abgeschlossen* ist (der Satz im Beispiel 8 wird *nachmittags* oder *abends* gesagt).

Das **Present Perfect** wird verwendet, wenn der Zeitraum *noch nicht abgeschlossen* ist (der Satz im Beispiel 9 wird *noch am Vormittag* geäußert – man könnte im Deutschen auch *bisher* hinzufügen).

1.3.5 *for* und *since*

Der deutsche Ausdruck „seit" hat im Englischen *zwei* mögliche Übersetzungen: **for** und **since**. Da dies eine häufige Fehlerquelle für deutschsprachige Englischlernende ist, wollen wir uns den unterschiedlichen Gebrauch näher ansehen:

1. Sleep with you? I **haven't slept for 17 weeks**!

Mit dir schlafen? Ich hab' seit 17 Wochen überhaupt nicht mehr geschlafen[1]!

---

[1] Der Witz spielt auf eine beliebte Reihe von Werbespots für eine bestimmte Kaffeemarke an. Es ging dabei in Fortsetzungen um die innige Liebesbeziehung eines jungen Paares, die von den Zuschauern am Bildschirm verfolgt werden konnte. Diese fortgesetzten Werbespots waren eine Zeitlang beliebter als manche Vorabendserie. – Aber der erhöhte Kaffeekonsum hatte seine Folgen!

2. You **must have seen** a lot of changes **since** you **began** as a teacher.

Sie müssen viele Veränderungen erlebt haben, seit Sie als Lehrer angefangen haben.

Folgende Übersicht zeigt Ihnen, wann **for** und wann **since** zur Anwendung kommt:

for Zeitdauer	**since** Zeitpunkt
Angabe der Zeitdauer meist durch eine Konstruktion mit **a/an** bzw. mit einer Zeitangabe im Plural (**-s**) (1):	Genaue Angabe eines Zeitpunkts, einer Handlung bzw. eines Ereignisses (2):
for **an** hour for **a** month for **a** while for three weeks for centuries for ages	since 3 o'clock since last night since August since 1990 since I left school since he last came

! **Since** wird bei einem *Zeitpunkt* verwendet – denken Sie also an den <u>Punkt</u> auf dem **-i**.

Beachten Sie aber, daß sowohl die *einfache Vergangenheit* als auch das **Present Perfect** in den mit **since** eingeleiteten Teilsätzen stehen können: Die bisher angeführten Regeln gelten auch hier!

1.3.6 Weitere Verwendungen des *Present Perfect*

Manchmal kommt es nicht darauf an, *wann* etwas geschehen ist, sondern *daß* es überhaupt schon mal geschah:

1. **I've been** to better parties.   *Ich hab' schon bessere Partys erlebt!*

2. – "Have you still got to go to the bank?"
   – "No, **I've been** already."

   – „*Mußt du noch auf die Bank?*"
   – „*Nein, ich war schon.*"

3. **Have** you ever **been** to California?

   Waren Sie schon mal in Kalifornien?

Wenn es unwichtig oder irrelevant ist, *wann* etwas in der Vergangenheit geschehen ist, verwendet man das **Present Perfect**.

Im Deutschen kann man oft „*schon (ein)mal*", „*irgendwann einmal*", oder einfach „*schon*" hinzufügen (1–3).

Oft steht der deutsche Satz in solchen Fällen im *Imperfekt* (2, 3).

Und nun die letzte Anwendungsmöglichkeit des **Present Perfect**:

4. **We've lived** in this house since we got married.

   Wir wohnen in diesem Haus, seit wir verheiratet sind.

5. **I've been clearing** out the attic since 7 o'clock this morning, and I'm not even halfway through.

   Ich räume (schon) seit heute morgen um sieben den Dachboden aus und habe nicht einmal die Hälfte geschafft.

Das **Present Perfect** wird auch für Zustände oder Vorgänge verwendet, die in der Vergangenheit begonnen haben und bis in die Gegenwart hineinreichen (4, 5).

Wenn der Vorgang in der Gegenwart noch andauert, nimmt man oft die **-ing-*Form* des Present Perfect (have/has been + -ing-*Form*)**, besonders wenn die Aussage emotional „geladen" ist (5).

Hier ein weiteres Beispiel für den Gebrauch der **-ing-*Form* des Present Perfect** bei einer emotional gefärbten Aussage:

6. You**'ve been climbing** the tree again!

   Du bist schon wieder auf den Baum geklettert!

Übung B

Setzen Sie in folgendem Lückentext die richtige Form der eingeklammerten Verben ein: *einfache Vergangenheit* oder **Present Perfect**.

1st patient: I _____ (be) in this hospital for three days now, and not a

single doctor _____ (even, speak) to me yet.

2nd patient: Well, I _____ (get) here two weeks ago and I'm still

sleeping in the corridor, although they _____ (promise) they

would move me to a proper bed the day after I _____ (arrive).

And to think that I _____ (be) on the waiting list to get in here for

nine whole months!

1st patient: I don't know what _____ (happen) to the health service

in this country. When I _____ (be) a boy you _____

_____ (not, be put) on a waiting list to get into hospital. If you _____

_____ (need) medical help, you _____ (get) the appropriate

treatment quickly and efficiently. Being a doctor or nurse _____

(be) a highly respectable profession then, and medical staff[1] _____

(treat) patients like human beings. But things _____ (go) from bad

to worse since Mrs Thatcher _____ (change) everything in the 1980s.

2nd patient: You don't have to tell me. Last year I _____ (go in) for

an operation on an in-growing toenail[2], and guess what they _____ (do).

They _____ (take) my tonsils[3] out, didn't they! I still _____

_____ (not, recover) from the shock.

1st patient: Dear me, they obviously _____ (misread) the operating

instructions. _____ (you, sue[4]) the surgeon[5]?

2nd patient: Yes I did, but so far I _____ (not, receive) any

compensation[6]. Apparently it _____ (not, be) the first time the

surgeon had made a mistake like that – about sixteen other patients were already suing

him for professional negligence[7]. Then one day he _____

(just, disappear) from the face of the earth[8], and nobody _____

(see) him since.

1st patient: That's terrible. Well, this is the first time I _____ (be) in

hospital as a patient, and I must say I'm not very happy at all with the way things are run.

---

[1] staff: *Personal*; [2] in-growing toenail: *eingewachsener Zehennagel*; [3] tonsils: *Mandeln*; [4] to sue: *verklagen*; [5] surgeon: *Chirurg*; [6] compensation: *Schadensersatz*; [7] professional negligence: *Kunstfehler*; [8] to disappear from the face of the earth: *spurlos verschwinden*

2nd patient: If you don't mind my saying so[1], you look as if you _____

    (be) in a fight. What _____ (happen) to you?

1st patient: I was on my way back from the pub on Monday night when a man _____

    _____ (follow) me down a dark alleyway, and then suddenly he _____

    _____ (hit) me over the head several times with one of his crutches[2].

2nd patient: Why _____ (he, do) that?

1st patient: Well, he _____ (come) to this hospital two years ago with

    food poisoning, and I _____ (amputate) his left foot by mistake.

    You see, I sometimes have difficulty reading my own operation notes, especially when

    I'm tired.

2nd patient: Just a minute – I'm sure I _____ (see) your face before …

1.4 Das *Past Perfect*

Das englische **Past Perfect** bezieht sich nicht, wie oft vermutet, auf Ereignisse, die vor sehr langer Zeit stattfanden. Für solche Fälle reicht die *einfache Vergangenheit*:

1. Napoleon **died** in 1821.   *Napoleon starb 1821.*

1.4.1 Die Bildung des *Past Perfect*

1. I **had** written   3. we **had** heard
2. she **had** replied   4. they **had** suggested

> Das **Past Perfect** wird zusammengesetzt aus **had + Past Participle** (1 – 4).

1.4.2 Der Gebrauch des *Past Perfect*

In der Regel wird das **Past Perfect** verwendet, um zwei Ereignisse in eine zeitliche Beziehung zueinander zu setzen:

1. His girlfriend left the café.   *Seine Freundin verließ das Café.*
    Then he turned up for their date.   *Dann erschien er zum Rendezvous.*

Man könnte das auch anders ausdrücken:

2. His girlfriend **had** already **left** the café   *Seine Freundin hatte das Café schon ver-*
    when he turned up for their date.   *lassen, als er zum Rendezvous erschien.*

---

[1] if you don't mind my saying so: *wenn ich so sagen darf*; [2] crutch: *Krücke*

Das **Past Perfect** wird verwendet, um einen Vorgang o. ä. zu beschreiben, der *vor* einem bestimmten Zeitpunkt in der Vergangenheit *schon abgeschlossen* war (2).

In solchen Fällen entspricht dieser Gebrauch genau dem des ***Plusquamperfekts*** im Deutschen (z. B. *ich war gegangen, er hatte gelesen* usw.) und ist insofern für Deutsche völlig unproblematisch.

3. **I had hoped** to become filthy rich. I suppose I'm halfway there.

Ich hatte gehofft, stinkreich zu werden. Na ja, man könnte vielleicht sagen, daß ich die Hälfte schon geschafft habe ...

Nun aber ein paar Beispiele für das **Past Perfect** im Englischen, die *nicht* mit dem ***Plusquamperfekt*** im Deutschen identisch sind, da im Deutschen hier meistens der ***Konjunktiv*** verwendet wird:

4. She asked me where I **had been**.   *Sie fragte mich, wo ich gewesen sei.*

Das **Past Perfect** wird in der ***indirekten Rede***[1] verwendet, wenn die gesprochene direkte Rede im **Present Perfect** oder in der ***einfachen Vergangenheit*** gestanden hätte (4).

Noch ein wichtiger Unterschied im Gebrauch:

5. If you **had asked** me I would have told you.   *Wenn du mich gefragt hättest, hätte ich es dir gesagt.*

Das **Past Perfect** wird bei **if-*Sätzen*** Typ 3[2] verwendet (5).

---

[1] vgl. Kapitel 1.11, Seite 104 ff.; [2] vgl. Kapitel 1.9, Seite 83 ff.

6. She looked as if she **had** just **seen** a ghost.

Sie sah aus, als hätte sie gerade ein Gespenst gesehen.

> Das **Past Perfect** wird bei Sätzen mit **as if** („als ob") verwendet (entsprechend dem deutschen „hätte" bzw. „wäre" usw.) (6).

Und schließlich:

7. I wish I **had asked** for her phone number.

Ich wünschte, ich hätte sie nach ihrer Telefonnummer gefragt!

8. If only he **had asked** me for my phone number.

Wenn er mich nur nach meiner Telefonnummer gefragt hätte!

> Das **Past Perfect** wird verwendet bei Sätzen, die mit **I wish** bzw. **if only** eingeleitet werden (und die Bedauern über etwas Vergangenes ausdrücken) (7, 8).

Übung A

Wandeln Sie die folgenden Sätze so um, daß das **Past Perfect** verwendet wird.

a. Everybody forgot my birthday. I was very sad.

I felt very sad because everybody _____.

b. I didn't notice you. Otherwise I would have stopped the car.

If I _____ , I would have stopped the car.

c. "Did you find your socks?" she asked.

She asked if I _____ my socks.

1.4.3   Die Bildung der *-ing*-Form des *Past Perfect*

Auch das **Past Perfect** tritt in der **-ing-*Form*** auf:

1. They **had been drinking** all night.

Sie hatten die ganze Nacht durchgezecht.

> Die **-ing-*Form des* Past Perfect** wird gebildet aus **had been + -ing-*Form*** (1).

1.4.4 Der Gebrauch der *-ing*-Form des *Past Perfect*

1. I **had been sitting** there for almost an hour when I realized I was on the wrong train.

   Ich hatte dort schon fast eine Stunde gesessen, als ich merkte, daß ich im falschen Zug war.

2. Things **had been going** from bad to worse.

   Die Lage hatte sich zusehends verschlechtert.

Die **-ing-*Form des* Past Perfect** drückt aus, daß ein Vorgang zu einem bestimmten Zeitpunkt in der Vergangenheit schon angefangen hatte und *noch andauerte* (1, 2).

Auch diese Form wird in der *indirekten Rede* verwendet:

3. She asked me what I **had been doing** at Alcatraz.

   Sie fragte mich, was ich auf Alcatraz gemacht hatte.

Die **-ing-*Form des* Past Perfect** wird in der *indirekten Rede* verwendet, wenn die gesprochene direkte Rede in der **-ing-*Form des* Present Perfect** gestanden hätte[1] (3).

Übung B

Setzen Sie die richtige Verbform ein.

We _____ (stay) at Mrs Shakespeare's house for three months when one day she suggested that we should go to the theatre. As we _____ _____ (not, be) to the theatre for ages[2], we agreed. One morning she told us she _____ (buy) us tickets for a superb play in a few days' time. The evening soon arrived. We _____ (work) hard all week and were very tired, but we summoned up[3] all our energy and headed for[4] the theatre. The play _____ _____ (just, start) when I noticed that my wife's eyes were beginning to close. I _____ (not, have) much sleep the night before, so I felt sleepy, too. Some time later we were woken by loud clapping[5] and we realized we _____ _____ (miss) most of the first half of the play. We both knew we _____ (have) enough, so in the interval we bought a copy of the play

---

[1] vgl. Kapitel 1.11, Seite 106; [2] for ages: *seit einer Ewigkeit*; [3] to summon up: *sammeln*; [4] to head for: *sich auf den Weg machen zu*; [5] clapping: *Applaus*

in the theatre shop and went to a café where we _____

(often, spend) the evening. We couldn't very well[1] go home and tell Mrs Shakespeare that

we _____ (fall asleep) during the play, could we? Especially not

when she _____ (pay) for the tickets! When we eventually got home,

we found that Mrs Shakespeare _____ (wait up) to hear all about the

play. We told her what a marvellous time[2] we _____ (have). She

_____ (see) the play herself many times, and was so impressed by

how much we _____ (remember) about it that she promised to

get us tickets for another play soon. We went to bed and fell asleep straightaway – what an

exhausting evening it _____ (be)!

The next morning we found Mrs Shakespeare reading a review of the play in the paper

which said that the leading actor _____ (collapse[3]) on stage with a

heart attack in the third act and that the performance _____ (have) to

be abandoned[4] …

1.5   Die Zukunftsformen

1.5.1   Die Bildung der Formen der einfachen Zukunft

Für die *einfache Zukunft* gibt es – trotz dieser Bezeichnung – gleich fünf verschiedene
Ausdrucksmöglichkeiten, die im folgenden Schema aufgeführt werden:

1. **will-*Zukunft***	We**'ll be** there.	**will/shall** (oft **'ll**) + *Grundform des Verbs*
2. **be going to**	He**'s going to get** married again.	**am/are/is going to** + *Grundform des Verbs*
3. **-ing-*Form in der Gegenwart***	I**'m staying** in tonight.	**am/are/is** + **-ing-*Form***
4. ***einfache Gegenwart***	They **arrive** at Frankfurt at 7.15 p.m.	zur Bildung vgl. Kapitel 1.1, S. 7 ff.
5. **-ing-*Form in der* will-*Zukunft***	He**'ll be going** shopping later – he can get us a paper.	**will/shall** (oft **'ll**) + **be** + **-ing-*Form***

---

[1] we couldn't very well: *wir konnten kaum*; [2] to have a marvellous time: *viel Spaß haben*; [3] to collapse: *zusammenbrechen*; [4] to have to be abandoned: *abgebrochen werden müssen*

Bevor wir aber darauf eingehen, *wann* man was sagt, hier ein paar kleine Tips vorneweg:

- **Will** wird meist zu **'ll** verkürzt:
  She will be there tonight → **She'll be there tonight.**

- Die verneinte Form **will not** wird fast immer zu **won't** verkürzt[1].

- **Shall** wird hauptsächlich nach **I** oder **we** verwendet. Es ist eine stilistisch gehobenere Alternative zu **will**. Die verneinte Form lautet **shan't**.

Nun aber zurück zu den oben aufgeführten Formen. Fragt man einen Muttersprachler nach dem „**future tense**" von **to send**, sagt er mit ziemlicher Sicherheit **will send**. Aber auch wenn die **will**-*Zukunft* rein statistisch die geläufigste Zukunftsform im Englischen bildet[2], so ist diese Form dennoch keine „Universalform", wie manchmal behauptet wird. Im Gegenteil: Der Hauptfehler der Deutschsprachigen bei Zukunftsformen im Englischen ist die zu häufige Verwendung von **will**! Ganz wichtig ist also, wann **will** *nicht* möglich ist. Aber mehr dazu später.

Ein weiterer wichtiger Tip: Der Gebrauch der 4. Möglichkeit (*einfache Gegenwart* mit Zukunftsbedeutung) ist wesentlich eingeschränkter als im Deutschen – auch dazu später mehr.

Etwas verständlicher wird die Verwendung der verschiedenen Formen, wenn man Zukunftsaussagen in zwei allgemeine Bereiche aufteilt:

- *Vorhersage/Vermutung* (Was wird geschehen?)

- *Vorhaben* (Was wollen wir eigentlich machen?)

Wichtig ist, daß man erkennt, um was für eine Aussage über die Zukunft es sich handelt (wir nennen das später die „Sprechabsicht").

1.5.2 Voraussagen/Vermutungen

1. In five years' time you **won't have** any hair left.

   In fünf Jahren wirst du keine Haare mehr auf dem Kopf haben.

2. We**'ll** never **make** it.

   Das schaffen wir doch nie!

3. I bet she**'ll be** surprised.

   Sie wird überrascht sein – wetten?

---

[1] Im Amerikanischen wird **will not** eher gebraucht, wobei die Betonung auf **not** liegt; [2] Eigene Recherchen zeigen, daß **will** in 56% aller Fälle verwendet wird; die weitere Rangfolge: *einfache Gegenwart*: 17%, **be going to**: 16%, **-ing**-*Form der Gegenwart*: 8,5%, **-ing**-*Form der* **will**-Zukunft: 2,5%. Selbstverständlich dient die Statistik nur zur Orientierung und hilft im Einzelfall nicht.

4. He**'ll end up** in the gutter one of these days.

Eines Tages landet er noch in der Gosse.

5. Here are your cards, Pilbeam, and, quite frankly, **I'll be** glad to see the back of you!

Da haben Sie Ihre Papiere, Pilbeam. – Offen gesagt werd' ich froh sein, Sie endlich von hinten zu sehen[1]!

Die **will-*Zukunft*** wird bei ganz allgemeinen Vorhersagen und Vermutungen gebraucht (1–5).

Oft wird lediglich die *Meinung* des Sprechers ausgedrückt (z. B. 2).

Andere „Vorhersagen" basieren auf Fakten und werden im Englischen anders ausgedrückt:

6. It looks as if she**'s going to hit** him!

Es sieht so aus, als wollte sie ihn schlagen!

7. Would you mind having a word with my wife and explaining why **I'm going to be** late home?

Wären Sie so freundlich und würden meiner Frau kurz erklären, warum ich etwas später nach Hause kommen werde?

---

[1] Der Text auf dem Plakat lautet frei übersetzt: „Stecken Sie sich Ihren lausigen Job doch an den Hut!"

8. I think **I'm going to sneeze**.   *Ich glaube, ich muß gleich niesen.*

Die **be going to-*Form*** verwendet man, wenn sich die betreffende Person so gut wie *sicher* ist, daß etwas tatsächlich eintreten wird (6–8). Etwas ist sozusagen schon *vorprogrammiert*, es bahnt sich an, man sieht es kommen.

Kurz zusammengefaßt:

- allgemeine Voraussage: **will** (1–5)
- sichere Prognose: **be going to** (6–8)

Schließlich gibt es Vorhersagen, die kaum als solche zu bezeichnen sind, sondern eher als Angaben zum normalen, vorgesehenen Verlauf einer Handlung:

9. We**'ll be landing** in a few minutes.   *In wenigen Minuten landen wir.*

10. It's 11 o'clock, dear – he **won't be coming** now.   *Es ist schon 11 Uhr, Schätzchen, jetzt kommt er bestimmt nicht mehr.*

Die **-ing-*Form der* will-*Zukunft*** wird für Vorhersagen verwendet, bei denen *etwas ohnehin Vorgesehenes* eintritt (9).

Gelegentlich verwendet man diese Form, um eher *unerfreuliche* Prognosen weniger hart (10) oder um eine Frage höflicher erscheinen zu lassen.

Übung A

Setzen Sie in die Lücken die richtige Zukunftsform ein.

a. He _____ (be) glad to see us again.

b. Careful – those glasses _____ (fall)!

c. Do you think he _____ (come) back?

d. I think we _____ (be) famous!

Nun zum zweiten großen Zukunftsbereich:

1.5.3   Absicht, Plan, Vereinbarung

Bei *ganz spontanen Reaktionen* auf eine gegebene Situation kommt im Englischen nur <u>eine</u> Zukunftsform in Frage:

1. Don't worry – **I'll fix** it.   *Keine Angst – ich reparier' das schon!*

2. I think **I'll have** a red wine for a change.

Ich glaub', ich nehm' zur Abwechslung mal einen Rotwein.

Bei *spontanen*, nicht vorher überlegten Absichtserklärungen verwendet man die **will-Zukunft** (1, 2). Logischerweise erscheint dieser Gebrauch fast immer in Verbindung mit **I** oder **we**.

Andere Absichtserklärungen sind das Ergebnis längerer Überlegung:

3. Right, I've made up my mind – **I'm going to hand in** my notice tomorrow!

So, jetzt habe ich mich entschieden – morgen werde ich kündigen!

4. **I'm going to wring** his neck when I see him.

Sobald ich ihn erwische, dreh' ich ihm den Hals um!

Bei *vorher überlegten Entscheidungen* verwendet man **be going to** (3).

Oft wird mit dieser Form die *Entschlossenheit* des Handelnden zum Ausdruck gebracht (4).

Kurz zusammengefaßt:

• spontane Entscheidung: **will** (1, 2)

• vorher überlegt: **be going to** (3, 4)

Bei der nächsten Zukunftsform stehen Termine und feste Vereinbarungen im Vordergrund:

5. Meet for a meal? Well, next week **I'm attending** a conference in Florence, the week after that **I'm going** to an exhibition in San Francisco, and then **I'm giving** a talk in Honolulu. But there's a lovely little snack bar at Heathrow Airport …

Zusammen essen gehen? Hm, nächste Woche nehme ich an einem Kongreß in Florenz teil, in der darauffolgenden Woche besuche ich eine Ausstellung in San Francisco, und dann halte ich eine Rede in Honolulu. Es gibt da aber eine reizende kleine Snackbar am Flughafen Heathrow …

Mit der **-ing-Form in der Gegenwart** werden *bereits festgelegte Pläne* oder *Vereinbarungen* ausgedrückt (5). Meist erscheint dabei eine Zeitangabe oder ein Fragewort der Zeit (**when** usw.) im Satz, durch die deutlich wird, daß es sich um die Zukunft und nicht um die Gegenwart handelt.

Wenn Sie in diesem letzten Abschnitt die Regeln für **be going to** (vorher überlegt) mit denen für die **-ing-*Form der Gegenwart*** (fest geplant/vereinbart) vergleichen, ist es klar, daß diese beiden Formen oft praktisch austauschbar sind. Der wesentliche Unterschied zwischen den beiden Formen bleibt aber in solchen Fällen wie den folgenden bestehen:

6. Where **are you going to meet** him?   *Wo triffst du dich mit ihm?*

7. Where **are you meeting** him?   *Wo triffst du dich mit ihm?*

Bei **be going to** wird die *Absicht* des Handelnden stärker betont (6), bei der **-ing-*Form der Gegenwart*** rückt die *feste Vereinbarung* in den Vordergrund (7).

Wie anfangs erwähnt, wird die *einfache Gegenwart* mit Zukunftsbedeutung im Englischen seltener verwendet als im Deutschen. Sie erscheint – wie im Deutschen – in Sätzen folgender Art:

8. The Prime Minister **arrives** at the deaf and dumb school at 3 p.m. and gives his speech at 3.30.   *Der Premierminister kommt um 15 Uhr in der Taubstummenschule an und hält um 15.30 Uhr seine Rede.*

9. The library **closes** at midday today for renovation work.   *Wegen Reparaturarbeiten schließt die Bibliothek heute bereits um 12.00 Uhr.*

Bei *Terminen* und *Zeiten*, die meist von anderen Personen oder beispielsweise offiziell *festgelegt* wurden, wird die **einfache Gegenwart** verwendet (8, 9).

Es handelt sich dabei oft um Abfahrts- und Ankunftszeiten, Geburtstage, Feiertage, Öffnungszeiten usw.

Machen Sie nicht den weitverbreiteten Fehler, die *einfache Gegenwart* im Deutschen mit der *einfachen Gegenwart* im Englischen zu übersetzen. Dies ist relativ selten möglich.

Kurz zusammengefaßt:

• feste Pläne/Vereinbarungen: **-ing-*Form der Gegenwart*** (5, 7)

• offiziell/durch „höhere Instanz" festgelegt: *einfache Gegenwart* (8, 9)

Schließlich gibt es noch die **-ing-*Form der* will-Zukunft**:

10. **He'll be ringing back** in about five minutes.   *Er ruft in etwa fünf Minuten zurück.*

11. We**'ll be seeing** Jeremy at the weekend, so we'll pass his hearing aid on to him.

Wir sehen Jeremy (sowieso) am Wochenende – da können wir ihm sein Hörgerät geben.

> Wenn betont werden soll, daß etwas ohnehin so vorgesehen ist, verwendet man die **-ing-*Form der* will-*Zukunft*** (10, 11).
>
> Im Deutschen würde man oft das Wort „sowieso" hinzufügen.

Oft hat die **-ing-*Form der* will-*Zukunft*** eine abschwächende Wirkung:

12. I'm afraid you **won't be working** for us any longer.

Wir werden Sie leider nicht weiterbeschäftigen können.

13. We**'ll be saying** goodbye now.

Dann werden wir uns wohl verabschieden.

> Die **-ing-*Form der* will-*Zukunft*** wird oft aus Höflichkeitsgründen verwendet. Sie läßt die Aussage oder Frage *weniger hart, weniger direkt, zurückhaltender* klingen (12, 13).

Kurz zusammengefaßt:

> **-ing-*Form der* will-*Zukunft*:**
> • wenn etwas „sowieso" vorgesehen ist (10, 11)
> • zur Abmilderung einer Aussage (12, 13)

Noch einmal das Wichtigste in einer Übersichtstafel.

Sprechabsicht	Zukunftsform	Gebrauchseinschränkungen
Vorhersage/ Vermutung	Allgemeine Vorhersage/ Vermutung **will-*Zukunft*** You**'ll be** all right in a few moments.	oft mit einer Zeitangabe verwendet
	Etwas bahnt sich an, man sieht es kommen: **be going to** Look, he**'s going to slip** on that banana skin.	

Sprechabsicht	Zukunftsform	Gebrauchseinschränkungen
Absicht, Plan, Vereinbarung	Spontane Absichtserklärung: **will-*Zukunft*** I'll tell Mum what you said.	Bei Aussagesätzen fast immer **I'll ...** bzw. **We'll ...**
	Beabsichtigter Plan, Entschluß zur Handlung: **be going to** I'm going to give up smoking – again.	
	Festgelegte Vereinbarung: **-ing-*Form in der Gegenwart*** She's leaving for the Antarctic on Tuesday.	meist mit einer Zeitangabe im Satz
	(Von anderen, durch „höhere Instanz") festgelegter und meist unabänderlicher Termin: ***einfache Gegenwart*** The office opens again on March 15th.	fast immer mit einer Zeitangabe im Satz
	Ohnehin schon vorgesehene, geplante Handlung: **-ing-*Form der* will-*Zukunft*** This is where you'll be sleeping.	
	Höfliche Anfrage/Aussage: **-ing-*Form der* will-*Zukunft*** Will you be needing me again tonight, sir?	

Übung B

Setzen Sie in die Lücken die richtige Zukunftsform ein.

a. You _____ (pass) through Birmingham, so you can drop me off there.

b. We _____ (finish) off that bottle of brandy for you if you can't manage it on your own.

c. You _____ (lose) at least twenty pounds before we go on holiday, otherwise you'll be on that beach without me.

d. We _____ (pick) him up from school at two.

e. I _____ (give) the manager a piece of my mind[1]!

f. I _____ (drive) for a bit while you shut your eyes.

g. I _____ (see) my lawyer tomorrow.

h. All my friends _____ (go) to Bill's party, but I haven't been invited.

1.5.4   Allgemeines zur *will*-Zukunft

Sehen wir uns zunächst das Wort „wenn" an (dem wir im Kapitel 1.9, S. 83 ff. mehr Aufmerksamkeit widmen):

1. If <u>he</u> **says** no, **will** <u>you</u> **marry** me?   *Wenn <u>er</u> nein sagt, heiratest <u>du</u> mich dann?*

> Bei **if-Sätzen vom Typ 1** erscheint im Hauptsatz meistens die **will-Zukunft**, im Nebensatz mit **if** – wie im Deutschen – die *einfache Gegenwart* (1).

Ähnlich ist es auch im folgenden Fall:

2. **I'll pay** you back as soon as I **get** a job.   *Ich zahl's dir zurück, sobald ich eine Stelle finde.*

> Auch Nebensätze mit **when, as soon as, by the time** und dergleichen (*Zeitsätze*) folgen dem Muster der **if-Sätze vom Typ 1: will-Zukunft** im Hauptsatz, *einfache Gegenwart* im Nebensatz (2).

Dann gibt es noch eine Verwendung der **will-Zukunft**, die verwirren kann, wenn man nicht weiß, was sich dahinter verbirgt. Denn es geht hier gar nicht um Zukünftiges:

3. She**'ll do** anything to get what she wants.   *Sie ist bereit, alles zu tun, um das zu erreichen, was sie will.*

4. Every now and then he**'ll have** an idea of his own.   *So ab und zu hat er auch einmal eine eigene Idee.*

> Die **will-Zukunft** wird auch verwendet, um auf *Eigenschaften* oder *Angewohnheiten* zu deuten, die so ausgeprägt sind, daß man das Verhaltensmuster verallgemeinernd als Teil der Persönlichkeit betrachten kann (3, 4).

---

[1] to give s.o. a piece of one's mind: *jmdm. gehörig seine Meinung sagen*

Jetzt die anfangs versprochene Übersicht darüber, wann die **will-*Zukunft*** nicht verwendet wird:

> • bei Vorhersagen, bei denen sich etwas bereits abzeichnet oder anbahnt:
>
> **Look at that car over there – it's going to crash!**
>
> • bei vorher überlegten Entscheidungen, bei festen Vorhaben:
>
> **I'm getting married / I'm going to get married.**
>
> • wenn man aus Höflichkeit oder aus Taktgründen etwas nicht allzu direkt ausdrücken möchte:
>
> **How long will your mother-in-law be staying with you?**
>
> • in Nebensätzen mit **if, when, as soon as** usw.:
>
> **I'll call him up as soon as I get home.**

1.5.5 Weitere Zukunftsformen

Bisher befaßten wir uns mit der „einfachen" Zukunft, auch wenn sie gar nicht so einfach zu handhaben ist. Aber auch die äußerlich kompliziertere **-ing-*Form der* will-*Zukunft*** wird im Englischen in bestimmten Situationen verwendet.

1. In a few minutes we**'ll be sweating** over the big test on future tenses.

   In wenigen Minuten werden wir uns beim großen Abschlußtest mit den Zukunftsformen abrackern.

> Die **-ing-*Form der* will-*Zukunft*** drückt auch aus, daß zu einem bestimmten Zeitpunkt in der Zukunft ein Vorgang *gerade ablaufen wird* (1). Meist ist eine entsprechende Zeitangabe im Satz enthalten.

Das **Future Perfect** darf hier auch nicht fehlen, auch wenn es nur relativ selten zum Einsatz kommt:

2. With a bit of luck she**'ll have overcome** her fear of flying by the time we go on holiday.

   Mit etwas Glück wird sie ihre Angst vor dem Fliegen überwunden haben, bis wir in Urlaub fahren.

3. This time next year **I'll have been working** here for ten years.

Nächstes Jahr um diese Zeit werde ich hier schon zehn Jahre lang gearbeitet haben.

Das **Future Perfect (will/'ll have + Past Participle)** wird verwendet, um auszudrücken, daß etwas zu einem bestimmten Zeitpunkt in der Zukunft *schon stattgefunden* haben wird (2).

Die **-ing-*Form des* Future Perfect (will/'ll have been + -ing-*Form*)** bezeichnet den Verlauf, die Aktualität einer noch nicht abgeschlossenen Handlung aus der Perspektive eines bestimmten Zeitpunkts in der Zukunft (3).

Beide Formen werden in der Regel mit einer entsprechenden Zeitangabe verwendet.

Übung C

Setzen Sie die passende Zukunftsform in die Lücken (manchmal sind mehrere Lösungen möglich).

We'll meet again …

Diana: I _____ (never, forget) the look on Rodney's face when I broke the news[1]. "I _____ (go) to South Africa for two years," I said. It left him speechless[2], though normally he always has the last word.

Jason: What _____ (happen) to him?

Diana: Oh, he _____ (be) all right. I _____ (ask) Mrs Perrin to pop in occasionally to have a chat with him and make sure he's not starving. I _____ (leave) all my furniture and belongings in the flat, so he _____ (not, feel) so strange when I'm gone.

Jason: Who _____ (you, work) for in South Africa, if I may ask? (*höfliche Anfrage*)

Diana: It's a wildlife protection agency. I'm sure it _____ (be) fascinating work – I'm a great animal lover, you know.

Jason: When _____ (you, leave)?

Diana: November 13th. The flight _____ (leave) from Heathrow at 12.20 and _____ (get) to Johannesburg about thirteen hours

---

[1] to break the news to s.o.: *es jmdm. sagen*; [2] it left him speechless: *er war sprachlos*

later. I don't mind the long flight – there _____ (be) people to
talk to on the plane, and I _____ (have) plenty of wildlife
magazines to catch up on[1]. Just think – in a couple of months' time I _____
_____ (soak up) the African sun[2]!

Jason: You _____ (be) brown as a berry[3] within days, I should think.

Diana: Well, as I'm going away for so long, we _____ (have) to get
together before I _____ (leave).

Jason: I _____ (have) to check my diary. November _____
_____ (be) a very busy month this year – we _____
_____ (move) into new offices. But I _____
_____ (let) you know as soon as I can.

Diana: Actually, when I think about it, it _____ (be) quite sad saying
goodbye to Rodney after eleven years. Isn't it funny how you can get so attached to[4]
a parrot …?

1.6 Das Passiv

Beim *Passiv* richtet sich die Aufmerksamkeit auf die Person bzw. die Sache, der etwas
„passiert". Deshalb kennen manche das *Passiv* auch als *Leideform*. Ein Beispiel dafür:

1. He used the Sunday
papers as blankets and
he was crushed to
death.

*Er nahm die Sonntags-
zeitungen als Decken
und wurde dadurch zu
Tode gequetscht[5].*

---

[1] to catch up on s.th.: *etw. nachholen*; [2] to soak up the sun: *die Sonne genießen*; [3] brown as a berry: *braun-
gebrannt*; [4] to get attached to s.o./s.th.: *jmdn./etw. ins Herz schließen*; [5] Der Cartoon deutet an, wie umfang-
reich die englischen Sonntagszeitungen heutzutage sind!

1.6.1   Die Bildung des Passivs

1. **I am** often **asked** how old I am.

    Ich werde oft gefragt, wie alt ich bin.

2. We **were overtaken** by several old ladies.

    Wir wurden von mehreren alten Damen überholt.

Das *Passiv* wird wie folgt gebildet:

Subjekt + Form des Verbs **to be** + **Past Participle** (1, 2)

We	were	evacuated.
Wir	*wurden*	*evakuiert.*

Gelegentlich wird statt **to be** das Verb **to get** verwendet. So hätte der erste Beispielsatz auch heißen können: **I often <u>get asked</u> how old I am.** Dieser Gebrauch ist etwas umgangssprachlicher.

3. "He **got mugged** in the gents at the Rose and Crown."

    „Er wurde auf dem Herrenklo beim 'Rose and Crown' ausgeraubt."

Hier aber einige Beispiele für das *Passiv* in anderen Zeitformen:

4. I've never **been interviewed** on TV.

    Ich bin noch nie im Fernsehen interviewt worden.

5. He **had been struck** by lightning several times before.

    Er war schon mehrmals zuvor vom Blitz getroffen worden.

Wie am Beispiel 5 zu erkennen ist, kann der „Verursacher" bzw. der „Täter" durchaus genannt werden:

6. They were knocked down **by a youth** in a stolen car.

    Sie wurden von einem Jugendlichen in einem gestohlenen Wagen umgefahren.

7. **Who** was this article written **by**?　　　*Von wem wurde dieser Artikel geschrieben?*

    formell:

    By whom was this article written?

> Das deutsche „von" bzw. „durch" entspricht dem englischen **by** (5, 6). In Fragen wird es meistens nachgestellt (7).

Die Ausführenden der Handlung werden also erwähnt, wenn dies für nötig oder relevant gehalten wird (und natürlich immer unter der Voraussetzung, sie sind bekannt).

1.6.2 Das persönliche Passiv

Nun zu den Abweichungen vom Deutschen:

1. **I was taught** never to accept money from strangers.　　　*Man hat mir beigebracht, nie Geld von Fremden anzunehmen.*

2. **She was offered** a company car.　　　*Ihr wurde ein Firmenwagen angeboten.*

Hier kann man im Deutschen natürlich nicht etwa „ich wurde beigebracht" oder „sie wurde angeboten" sagen. Im Englischen ist eine solche Konstruktion aber durchaus möglich, wobei der „Betroffene" immer an erster Stelle genannt wird.

> Eine Reihe englischer Verben läßt im Gegensatz zum Deutschen den Gebrauch des *persönlichen Passivs* zu (1, 2). Hier einige der wichtigsten:
>
> | | | | |
> |---|---|---|---|
> | **advise** | *empfehlen* | **offer** | *anbieten* |
> | **allow** | *erlauben* | **order** | *befehlen* |
> | **bring** | *bringen* | **prescribe** | *verschreiben* |
> | **expect** | *erwarten* | **promise** | *versprechen* |
> | **follow** | *folgen* | **sell** | *verkaufen* |
> | **give** | *geben* | **send** | *schicken* |
> | **help** | *helfen* | **show** | *zeigen* |
> | **lend** | *leihen* | **tell** | *sagen* |

Es wird Ihnen vielleicht aufgefallen sein, daß auch das deutsche Wort „man" zur Übersetzung des englischen Passivs in den Beispielsätzen benutzt wurde. Andersherum ausgedrückt:

> Die unpersönliche deutsche Konstruktion „man ..." wird im Englischen sehr oft mit dem *Passiv* wiedergegeben (1, 2).

Übung A

Übersetzen Sie die folgenden Sätze ins Englische.

a. *Ich werde oft mit Robert Redford verwechselt[1].*

b. *Uns wurde empfohlen, den teureren[2] Wein zu nehmen.*

c. *Wir wurden an der Grenze aufgehalten[3].*

d. *Man zeigte dem neuen Chef sein Büro.*

1.6.3 Die *-ing*-Form im Passiv

Auch in dieser Form wird ein wichtiger Unterschied zum Deutschen sichtbar:

1. **I'm being served**, thanks.   *Danke, ich werd' schon bedient.*

2. The lift **was being repaired** and we had   *Der Lift wurde gerade repariert, und wir*
   to walk up 22 flights of stairs.   *mußten 22 Treppen zu Fuß hinaufgehen.*

> Die **-ing-*Form im Passiv*** ist nur in der Gegenwart (***Subjekt* + am/are/is being + Past Participle**) und in der Vergangenheit (***Subjekt* + was/were being + Past Participle**) geläufig (1, 2).

1.6.4 Besondere Konstruktionen im Passiv

Nun ein paar typisch englische Passivkonstruktionen:

1. I enjoy **being spoilt** by rich women.   *Ich genieße es, von reichen Frauen verwöhnt zu werden.*

2. Aren't you a bit old **to be taken** to   *Sind Sie nicht ein bißchen alt, um von Ihrer*
   school by your mother?   *Mutter in die Schule gebracht zu werden?*

3. The noise **could be heard** for miles   *Der Lärm war meilenweit zu hören.*
   around.

---

[1] *mit jmdm. verwechselt werden:* to be mistaken for s.o.;   [2] *teurer:* more expensive;   [3] *jmdn. aufhalten:* to stop s.o.

Das englische *Passiv* wird auch in der **-ing-*Form*** als Gerundium[1] (**being + Past Participle**) (1), im Infinitiv mit **to** (**to be + Past Participle**) (2) sowie nach Hilfsverben (Hilfsverb + **be** + **Past Participle**) verwendet (3).

4. He **is believed** to have bribed some local politicians.	*Er soll einige Kommunalpolitiker bestochen haben.*
5. **There are said** to have been riots in the streets.	*Es heißt, daß es auf den Straßen zu Ausschreitungen gekommen sei.*
6. **It is feared** that more jobs will be lost.	*Es wird befürchtet, daß noch mehr Stellen abgebaut werden.*

Drei Passivkonstruktionen werden mit Verben des Sagens, Meinens und Behauptens oft verwendet (4 – 6):

• *Subjekt*	+ *Passiv*	+ *Infinitivkonstruktion*
The suspect	is known	to be staying there.
• **there**	+ *Passiv*	+ *Infinitivkonstruktion*
There	are said	to have been casualties.
• **it**	+ *Passiv*	+ **that-*Konstruktion***
It	is thought	that they will agree.

Hier eine Liste wichtiger Verben, die in diesen Konstruktionen häufig verwendet werden. Aus Platzgründen geben wir sie jeweils in der dritten der obengenannten Konstruktionen an – die anderen beiden sind aber ebenfalls möglich:

it is acknowledged	*es wird anerkannt*
it is alleged	*es wird behauptet*
it is believed	*man glaubt*
it is claimed	*es wird behauptet*
it is feared	*es wird befürchtet*
it is felt	*man meint*
it is known	*man weiß*
it is recognized	*es wird anerkannt*
it is reported	*es wird berichtet*
it is said	*man sagt*
it is supposed	*es wird vermutet*
it is thought	*man glaubt / man meint*
it is understood	*es wird angenommen*

[1] vgl. Kapitel 1.7, S. 59 ff.

1.6.5 Das abgekürzte Passiv

Das *Passiv* kann auch gekürzt werden:

1. I'd like this miniskirt [to be] **shortened**, please.

   Ich möchte diesen Minirock bitte kürzen lassen.

2. I think they'd prefer their snails [to be] **cooked**.

   Ich glaub', sie hätten ihre Weinberg- schnecken lieber gekocht.

> Bei *Wünschen* wird die Passivkonstruktion oft durch das Weglassen von **to be** gekürzt (1, 2).

Bei Schildern u. ä. sowie in Zeitungsüberschriften ist der Kürzungsprozeß aus Platz- gründen manchmal noch radikaler:

3. English spoken

   Hier wird Englisch gesprochen. / Wir sprechen Englisch.

4. EC cheques accepted

   Wir akzeptieren Euroschecks.

5. Cars washed for only $2

   Autowäsche nur $2

6. Union boss sacked

   Gewerkschaftsboß gefeuert

> Bei *Schildern und Hinweisen* (3 – 5) sowie *Schlagzeilen* (6) wird das *Passiv* oft durch Entfallen des Verbs **to be** gekürzt.

Übung B

Setzen Sie die unterstrichenen Teile in folgendem Text ins *Passiv* um. (Der jeweilige „Täter" muß nicht jedesmal genannt werden.)

I had decided to go to one of the Floating Markets[1] in Bangkok, so I went down to the river to hire[2] a speedboat[3]. After a bit of haggling[4] with the boatman, we agreed on a price. As we sped[5] along the river, green vegetation and wooden houses gradually re- placed the Bangkok skyline. A colourful sight met me when we got to the market: Thai women in straw hats were sitting in long boats laden with all sorts of fruit and vegetables which they grow in the surrounding countryside. Some of them were selling herbs and spices, and on the "restaurant boats" they were cooking meals on small stoves. I had really only come to take photographs, but one of the elderly women persuaded me to buy

---

[1] Floating Market: *Schwimmender Markt*; [2] to hire: *mieten*; [3] speedboat: *Schnellboot*; [4] to haggle: *feilschen*;
[5] to speed: *flitzen*

some of her fruit, while from another I bought some spices and a packet of powdered fish, <u>which you can use to make a very tasty soup</u>.

I was just getting back into the speedboat after an hour or so when I felt <u>someone place a hand on my shoulder</u>. I turned round to see a Thai policeman holding my packet of powdered fish, which must have fallen out of my pocket as I was getting into the boat. <u>He told me in broken English that he was arresting me</u> on suspicion[1] of carrying drugs. <u>He led me to a car</u> where another policeman was waiting, and we drove off. At the police station, <u>they took me into a tiny room where the chief inspector interrogated[2] me</u>. I tried to argue that the packet contained powdered fish, but he said <u>they had opened the packet</u> and it didn't even smell of fish. To prove the point[3], <u>he asked one of the men to bring the packet into the interrogation room</u>. By now I was having visions of[4] <u>a Thai judge sentencing me to life imprisonment in a Bangkok jail</u>. When the fatal packet arrived, <u>my interrogator told me to take some of the powder and smell it myself</u>. I hesitated[5], so he himself picked up the packet and took a big sniff[6], as if to show me what to do. Suddenly a <u>violent sneezing fit[7] shook his whole body</u>, and he staggered around the room red-faced and shouting for help.

To cut a long story short[8], <u>they sent the powder to the forensic laboratory[9] for an immediate test, and found it to be a potent herbal sneezing powder</u> designed to cure chronically blocked sinuses[10]. <u>The woman at the market had obviously given me the wrong packet</u>. The entire staff[11] at the police station apologized profusely[12], and <u>two police officers drove me back to my hotel</u>. I decided I would try and relax by the pool, have dinner and go to bed early to sleep off this traumatic experience. That was until I looked at the evening's menu: the first course was fish soup …

1.7 Die *-ing*-Form als Gerundium und der Infinitiv

1.7.1 Die Bildung des Gerundiums

Die Bildung des **Gerundiums** haben wir bereits ausführlich geübt – sie entspricht der **-ing-Form** (vgl. Kapitel 1.1, S. 8–9). Man unterscheidet jedoch zwischen dem **aktiven** und dem **passiven Gerundium**:

Aktive Gegenwartsform	**riding** (*das*) *Reiten*
Passive Gegenwartsform	**being ridden** **(being + Past Participle)** (*das*) „*Gerittenwerden*"

---

[1] on suspicion …: *unter dem Verdacht*; [2] to interrogate: *verhören*; [3] to prove the point: *als Beweis dafür*; [4] to have visions of: *sich vorstellen, wie*; [5] to hesitate: *zögern*; [6] to take a big sniff of s.th.: *etw. tief einatmen*; [7] a violent sneezing fit: *ein heftiger Niesanfall* (Achtung: Hier sollte ausnahmsweise der „Verursacher" auch in der Passivkonstruktion wiederholt werden); [8] to cut a long story short: *um es kurz zu machen*; [9] forensic laboratory: *Polizeilabor*; [10] chronically blocked sinuses: *chronische Nasennebenhöhlenentzündungen*; [11] the entire staff: *die ganze Belegschaft*; [12] to apologize profusely: *vielmals um Entschuldigung bitten*

Dann gibt es noch die *Perfektformen des Gerundiums*:

Aktive Perfektform:	**having seen** **(having + Past Participle)** *(das) „Gesehenhaben"*
Passive Perfektform:	**having been seen** **(having been + Past Participle)** *(das) „Gesehenwordensein"*

1.7.2   Der Gebrauch der *-ing*-Form als Gerundium

In diesem Kapitel beschäftigen wir uns in erster Linie mit dem *aktiven Gerundium.* Hier hat die *-ing-Form* eine andere Funktion als bisher. Sehen Sie sich dazu folgendes Beispiel an:

1. **Travelling** in buses always makes me feel sick.
   Beim Busfahren wird mir immer schlecht.

> Das *Gerundium* ist strenggenommen kein Verb, sondern ein Substantiv, das aus einer Verbform gebildet wurde (1). Das erkennt man an der Übersetzung („Busfahren").

Auch deutsche Fremdwörter wie „Shopping", „Jogging", „Training" usw. sind nichts anderes als englische Gerundiumformen, die ins Deutsche übernommen wurden.

Noch ein Beispiel dieser substantivierten Verbform:

2. He says his favourite activity is **lying**, but I don't know whether to believe him or not.
   Er sagt, seine Lieblingsbeschäftigung sei das Lügen, aber ich weiß nicht, ob ich ihm glauben soll oder nicht.

Es gibt jedoch andere Anwendungen des Gerundiums, die für Deutschsprachige nicht so einfach nachzuvollziehen sind.

3. Is this the **smoking** queue?

Stellt man sich hier zum Rauchen an?

Nicht immer ist die Übersetzung des ***Gerundiums*** mit einem ***Substantiv*** im Deutschen die eleganteste Lösung. So könnte die deutsche Entsprechung für Beispiel 1 auch lauten: *Wenn ich mit dem Bus fahre, wird mir immer schlecht.*

Wir wenden uns jetzt den Fällen zu, bei denen die beiden Sprachen voneinander abweichen.

1.7.3   Die *-ing*-Form als Gerundium nach Verben

1. She **avoided looking** the headmaster in the eye.   *Sie vermied es, dem Direktor in die Augen zu sehen.*

Ein typischer Fehler bei Englischlernenden ist der Gebrauch des **to-*Infinitivs*** in solchen Fällen anstelle der **-ing-*Form***.

Hier noch ein paar Beispiele, in denen die **-ing-*Form*** verwendet werden muß, auch wenn Deutschsprachige oft zum **to-*Infinitiv*** neigen:

2. He **suggested flying** to Malta instead of Libya.   *Er schlug vor, statt nach Libyen nach Malta zu fliegen.*

3. Do you **fancy weeding** the garden?   *Hättest du Lust, im Garten Unkraut zu jäten?*

4. I **miss going** to my body-building classes on Thursday evenings.   *Ich vermisse es, Donnerstag abends zum Bodybuilding zu gehen.*

5. Have you ever **considered taking** up writing for a living?   *Haben Sie schon mal daran gedacht, mit Schreiben Ihr Geld zu verdienen?*

Eine Reihe von Verben wird mit der **-ing-*Form*** und *nicht* mit dem Infinitiv (wie im Deutschen) verbunden (1–5). Hier eine Liste der wichtigsten[1]:

admit doing s.th.	*zugeben, etw. getan zu haben*
appreciate s. o.	*zu schätzen wissen, daß*
doing s.th.	*jmd. etw. macht*
avoid doing s.th.	*es vermeiden, etw. zu tun*
carry on doing s.th.	*fortfahren, etw. zu tun*
consider doing s.th.	*erwägen / daran denken, etw. zu tun*
contemplate doing s.th.	*in Erwägung ziehen, etw. zu tun*
deny doing s.th.	*leugnen/bestreiten, etw. getan zu haben*
delay doing s.th.	*etw. verschieben/aufschieben*
dislike doing s.th.	*es nicht mögen, etw. zu tun*

[1]Weitere wichtige Verbindungen finden Sie im Abschnitt 1.7.5, S. 65.

enjoy doing s.th.	*es genießen, etw. zu tun*
escape doing s.th.	*vermeiden, etw. zu tun*
excuse s.o. doing s.th.	*entschuldigen, daß jmd. etw. tut*
fancy doing s.th.	*Lust haben, etw. zu tun*
feel like doing s.th.	*Lust haben, etw. zu tun*
finish doing s.th.	*mit etw. fertig werden / etw. abschließen*
I (*usw.*) **can't help**	*ich* (usw.) *kann nichts dafür, daß ich etw.*
doing s.th.	*tue / ich muß einfach etw. tun*
imagine doing s.th.	*sich vorstellen, etw. zu tun*
it entails doing s.th.	*es erfordert, etw. zu tun*
it involves doing s.th.	*es erfordert, etw. zu tun*
it means doing s.th.	*es bedeutet, etw. zu tun*
it requires doing s.th.	*es erfordert, etw. zu tun*
keep (on) doing s.th.	*nicht aufhören, etw. zu tun*
loathe doing s.th.	*es hassen, etw. zu tun*
mind doing s.th.	*etwas dagegen haben, etw. zu tun*
miss doing s.th.	*(es) vermissen, etw. zu tun*
postpone doing s.th.	*etw. verschieben*
practise doing s.th.	*etw. üben*
prevent s.o. doing s.th.	*verhindern, daß jmd. etw. tut*
recall doing s.th.	*sich erinnern, etw. getan zu haben*
resent doing s.th.	*(es) hassen, etw. zu tun*
resist doing s.th.	*sich (dagegen) wehren, etw. zu tun*
risk doing s.th.	*riskieren, etw. zu tun*
s.th. needs doing	*etw. muß getan werden*
suggest doing s.th.	*vorschlagen, etw. zu tun*
think of doing s.th.	*erwägen / daran denken, etw. zu tun*

Ein letztes Beispiel für diesen Gebrauch:

6. And so the prince and princess lived happily ever after until the tabloids **started speculating** on their marital problems.

   Der Prinz und die Prinzessin lebten glücklich und zufrieden weiter, und wenn sie nicht gestorben sind, dann leben sie noch heute – nur daß die Boulevardpresse irgendwann mal angefangen hat, über ihre Eheprobleme zu spekulieren ...

1.7.4 Die *-ing*-Form als Gerundium nach Konjunktionen

Die **-ing-*Form*** erscheint auch in Sätzen wie den folgenden:

1.	**Instead of coming** to me, he went straight to the boss.	*Statt zu mir zu kommen, ist er direkt zum Chef gegangen.*
2.	Stir the paint well **before applying** it.	*Die Farbe vor dem Gebrauch gut verrühren.*
3.	**On hearing** of his mother-in-law's arrival, he hid in the garden shed.	*Als er von der Ankunft seiner Schwiegermutter erfuhr, versteckte er sich im Gartenschuppen.*

Folgt eine Verbform auf eine ***Konjunktion***[1], so steht sie in der **-ing-*Form*** (1–3). Hier eine Liste wichtiger Konjunktionen:

after	*nach(dem)*
before	*bevor; vor*
besides	*abgesehen davon, daß*
by	*indem; dadurch, daß*
in spite of / despite	*trotz; obwohl*
instead of	*(an)statt*
on	*bei; als*
without	*ohne*

Übung A

Folgende Sätze und Satzpaare sollen mit Hilfe der jeweils angegebenen ***Konjunktion*** umgeformt bzw. verkürzt werden. Beachten Sie dabei, daß das Subjekt im Hauptsatz stehen muß, z. B. **Millicent didn't answer. She just walked out.** → **Instead of answering, Millicent just walked out.**

a. She didn't use her hands. She ate the whole plate of spaghetti.

Without _____

b. My father is a journalist. He also writes a lot of poetry.

Besides _____

---

[1] Das ist ein Ausdruck, der Begriffe, Satzteile oder Wortgruppen verbindet, oft mit dem Zweck, einen Satz oder Sätze zu verkürzen.

c.   He was warned, but he still went jogging in the park at night.

In spite of _____

d.   He let me pay for the meal and then said I could take the bus home.

After _____

e.   Tommy pushed a chair against the cupboard and was able to reach the top shelf.

By _____

f.   He saw his Aunt Martha in the supermarket. He made for the nearest exit.

On _____

g.   First we put the tent up, then we cooked our evening meal.

Before _____

h.   We didn't go to the opera. We played poker instead.

Instead of _____

i.   She works very hard, but she gets paid almost nothing.

Despite _____

1.7.5   Die *-ing*-Form als Gerundium nach Präpositionen

1. He's pretty hopeless **at boiling** eggs.   *Beim Eierkochen ist er eine ziemliche Niete.*

2. I've never heard **of learning** languages in your sleep.   *Vom Sprachenlernen im Schlaf habe ich noch nie gehört.*

3. I'm fed up **with testing** you on your Chinese vocabulary.   *Ich hab' die Nase voll, dir deine chinesischen Vokabeln abzufragen.*

> Steht eine Verbform unmittelbar nach einer **Präposition** (einem Verhältniswort wie **in, of, through** usw.), erscheint sie im **Gerundium** (also in der **-ing-Form**) (1–3).

Diese Präpositionen erscheinen typischerweise in bestimmten **festen Verbindungen**, die man als Vokabeln lernen sollte. Jeweils eine vollständige Liste für alle Kategorien aufzuführen, würde den Rahmen dieser Grammatik sprengen. Deshalb bieten wir Ihnen stellvertretend einige typische Beispiele an.

Die **-ing-*Form*** nach ***Substantiv + Präposition***:

be in danger of doing s.th.	*Gefahr laufen, etw. zu tun*
have difficulty in doing s.th.	*sich bei etw. schwertun*
for fear of doing s.th.	*aus Angst davor, etw. zu tun*
live in fear of doing s.th.	*in der Angst leben, etw. zu tun*
in the hope of doing s.th.	*in der Hoffnung, etw. zu tun*
have the opportunity of doing s.th.[1]	*die Gelegenheit haben, etw. zu tun*
the prospect of doing s.th.	*die Aussicht, etw. zu tun*
run the risk of doing s.th.	*riskieren / Gefahr laufen, etw. zu tun*

Die **-ing-*Form*** nach ***Adjektiv + Präposition***:

be bad/good at doing s.th.	*in etw. schlecht/gut sein*
be (in)capable of doing s.th.	*(un)fähig sein, etw. zu tun*
be famous for doing s.th.	*dafür berühmt sein, etw. zu tun bzw. getan zu haben*
be fond of doing s.th.	*etw. gern tun; etw. mögen*
be interested in doing s.th.	*daran interessiert sein, etw. zu tun*
be keen on doing s.th.	*etw. sehr gern tun*
be tired of doing s.th.	*es satt haben, etw. zu tun*

Die **-ing-*Form*** nach ***Verb + Präposition***:

accuse s.o. of doing s.th.	*jmdn. einer Sache beschuldigen*
believe in doing s.th.	*daran glauben, daß man etw. tun sollte*
blame s.o./s.th. for doing s.th.	*jmdm. / einer Sache die Schuld an etw. geben*
concentrate on doing s.th.	*sich auf etw. konzentrieren*
dream of doing s.th.	*davon träumen, etw. zu tun*
insist on doing s.th.	*darauf bestehen, etw. zu tun*
prevent s.o./s.th. from doing s.th.	*jmdn./etw. daran hindern, etw. zu tun*
specialize in doing s.th.	*sich auf etw. spezialisieren*
succeed in doing s.th.	*es schaffen, etw. zu tun*
talk about doing s.th.	*davon reden, daß man etw. tun möchte*
think of doing s.th.	*daran denken, etw. zu tun; sich überlegen, ob man etw. vielleicht tut*
worry about doing s.th.	*sich darüber Sorgen machen, daß man etw. tun muß*

---

[1] **have the opportunity to do s.th.** ist ebenso möglich.

1.7.6 Das Gerundium nach der Präposition *to*

Das Wort **to** tritt sowohl als Teil des *Infinitivs* von Verben (**to** run, **to** eat usw.) als auch als normale *Präposition* (go **to** school, give it **to** me usw.) auf. Es gibt auch eine Reihe von Ausdrücken, mit denen die Präposition **to** fest verbunden ist, wie z. B. in folgendem Satz:

1. I'm **looking forward to seeing** you learn to ski. *Ich freue mich darauf, dir beim Skiunterricht zuzusehen.*

Möglicherweise sind Sie hier über die Konstruktion **to seeing** gestolpert. Müßte es nicht **to see** heißen? In diesem Fall nicht, denn hier ist das Wort **to** nicht Bestandteil des Infinitivs (als sogenannte „Partikel"), sondern eine *Präposition*, und muß deshalb mit der **-ing-*Form*** verbunden werden.

Woran erkennt man aber, ob **to** eine Partikel (vor einem Infinitiv) oder eine Präposition (vor der **-ing-*Form***) ist? Auf eine Präposition kann ein Substantiv oder ein Pronomen (wie **it, him, them**) folgen, aber wenn **to** Teil eines Infinitivs ist, ist das nicht möglich. Kann also ein Substantiv auf das **to** folgen, ist die richtige Verbform immer die **-ing-*Form*** und nicht der Infinitiv. Ein paar Beispiele zur Veranschaulichung:

2. I object **to dirty fingernails**. *Ich habe etwas gegen schmutzige Fingernägel.*

3. I object **to working** on Sundays. *Ich habe etwas dagegen, sonntags zu arbeiten.*

In Beispiel 2 folgt auf **to** ein Substantiv (**fingernails**), denn dieses **to** ist eine *Präposition*, die zum Ausdruck **object to** gehört. Und die Form des Verbs nach einer Präposition ist, wie wir schon gesehen haben, grundsätzlich die **-ing-*Form*** (3: **working**).

Nach einer Reihe von Ausdrücken mit **to** steht die **-ing-*Form*** (1–3). Hier die wichtigsten:

be used to doing s.th.; **be accustomed to doing s.th.**	*gewohnt sein, etw. zu tun*
get used to doing s.th.; **get accustomed to doing s.th.**	*sich daran gewöhnen, etw. zu tun*
look forward to doing s.th.	*sich darauf freuen, etw. zu tun*
object to doing s.th.	*dagegen sein, daß etw. getan wird; etwas dagegen haben, daß/wenn jmd. etw. tut*

1.7.7   *used to*

Auf **used to** müssen wir etwas genauer eingehen, denn dieser Ausdruck hat zwei ganz unterschiedliche Bedeutungen und bereitet Englischlernenden oft Schwierigkeiten. Vergleichen Sie folgende Beispiele:

1. I **used to go** and see my grandmother every afternoon.

   Früher besuchte ich meine Großmutter jeden Nachmittag.

2. I**'m used to working** in a tiny airless office.

   Ich bin es gewohnt, in einem winzigen, stickigen Büro zu arbeiten.

3. He says he can't **get used to losing** to the children at chess all the time.

   Er sagt, er kann sich nicht daran gewöhnen, beim Schach dauernd gegen die Kinder zu verlieren.

---

used to + Infinitiv = *früher ...* (1)

- es erscheint *nur in der Vergangenheit*

- es bezieht sich auf wiederholte bzw. gewohnheitsmäßige Handlungen sowie länger andauernde Zustände

- es heißt in der verneinten Form:

  I <u>didn't use(d) to</u> visit my grandmother. *Oder:*

  I <u>never used to</u> visit my grandmother.

be used to + -ing-*Form* = *gewohnt sein zu* (2)
get used to + -ing-*Form* = *sich daran gewöhnen zu* (3)

- sie können *in jeder Zeitform* vorkommen

  They <u>were used to living</u> in the wilds.

  You<u>'ll get used to surviving</u> on five hours of sleep.

Noch ein kleiner Tip zur besseren Einprägung:

- *Kürzere Form* **used to** mit knappem *Infinitiv*:

  _{1   2   1   2}
  She <u>used</u>   to <u>sing</u> in the bath.

- *Längere Form* **be/get used to** mit längerer **-ing-*Form*:**

  _{1   2   3   1   2   3}
  She <u>was used</u>   to <u>singing</u> in the bath.

Übung B

Setzen Sie die richtige Verbform ein.

I can't get used to _____ (handle) a knife and fork. When we
lived in China we used to _____ (eat) with chopsticks.

1.7.8 Verben, die mit der *-ing*-Form und dem Infinitiv verbunden werden

1. She suddenly **started crying / to cry** in
   the middle of the film.

   Sie fing mitten im Film plötzlich zu weinen an.

Einige Verben können sowohl mit dem *Infinitiv* als auch mit der **-ing-Form** verbunden werden, und zwar *ohne wesentlichen Bedeutungsunterschied* (1). Dazu zählen vor allem:

begin	beginnen, anfangen	continue	fortfahren
start	*beginnen, anfangen*	**intend**	*vorhaben*

Bei einigen anderen Verben wird die Wahl zwischen **-ing-Form** und *Infinitiv* durch den Inhalt der Aussage bestimmt:

2. **I like making** people happy with my
   brilliant sense of humour.

   Ich mach' die Leute gern glücklich mit meinem phantastischen Humor.

3. "That's an excellent suggestion,
   Miss Triggs. Perhaps one of
   the men here **would like to
   make** it."

   *„Das ist ein ausgezeichneter
   Vorschlag, Miss Triggs.
   Vielleicht möchte einer der
   Herren hier ihn jetzt machen."*

Folgende Verben können sowohl mit dem *Infinitiv* als auch mit der **-ing-Form** verbunden werden:

like	(es) mögen	hate	(es) hassen
love	*(es) lieben*	**prefer**	*(es) vorziehen*

Die **-ing-*Form*** wird in der Regel bei *allgemeinen Aussagen* verwendet (2).

Der **Infinitiv** wird bei *konkreten Einzelfällen* gebraucht. Diese werden fast immer durch **would** bzw. die Abkürzung **'d** eingeleitet (3).

Schließlich gibt es eine Reihe von Verben, die ganz unterschiedliche Bedeutungen haben, je nachdem, ob sie mit der **-ing-*Form*** oder dem **to-*Infinitiv*** erscheinen. Hier die wichtigsten:

-ing-*Form*	*Infinitiv*
go on	
He **went on talking** even though the auditorium was almost empty.	She **went on to say** how boring it had all been.
Er redete weiter, obwohl der Saal fast leer war.	*Dann sagte sie, wie langweilig das Ganze gewesen sei.*
go on doing s.th. *etw. weiterhin tun; mit etw. fortfahren*	**go on to do s.th.** *etw. (Neues/Weiteres) tun/sagen usw.*
• bedeutet, daß eine *schon begonnene* Handlung fortgesetzt wird	• dient sozusagen als *Auftakt* zu etw. *Neuem* und entspricht oft dem deutschen „dann" oder „als nächstes"
remember, forget	
I **remember dancing** with you last summer.	Did you **remember to take** your hayfever tablet?
Ich erinnere mich daran, letzten Sommer mit Ihnen getanzt zu haben.	*Hast du daran gedacht, deine Heuschnupfentablette einzunehmen?*
I'll **never forget breaking** my left ankle during the tango.	Don't **forget to switch** the answerphone on.
Ich werde nie vergessen, wie ich mir den linken Knöchel beim Tango gebrochen habe.	*Vergiß nicht, den Anrufbeantworter einzuschalten.*
remember doing s.th. *sich daran erinnern, etw. getan/erlebt zu haben*	**remember to do s.th.** *daran denken / nicht vergessen, etw. zu tun*
never forget doing s.th. *nie vergessen, wie ...*	**forget to do s.th.** *vergessen, etw. zu tun*
• beziehen sich nur auf etwas Vergangenes	• können *in jeder Zeit* vorkommen

-ing-*Form*	*Infinitiv*
stop	
I finally **stopped smoking** last week. *Letzte Woche habe ich endlich mit dem Rauchen aufgehört.*	I **stopped** at a shop doorway **to light up** a cigarette. *Ich hielt an einem Ladeneingang an, um mir eine Zigarette anzuzünden.*
stop doing s.th. *aufhören, etw. zu tun; mit etw. aufhören*	**stop to do s.th.** *anhalten/innehalten, um etw. (<u>anderes/</u><u>Neues</u>) zu tun*
try	
– "I can't get this car to move." – "**Try releasing** the handbrake." – „Ich kann diesen Wagen nicht bewegen." – „Versuch' doch mal, die Handbremse zu lösen!"	I've **been trying to ring** her for an hour, but her phone's engaged. *Seit einer Stunde versuche ich, sie anzurufen, aber die Leitung ist besetzt.*
try doing s.th. *es mit etw. versuchen; etw. ausprobieren* • Hier geht es um eine *Möglichkeit*, oft in Form eines *Vorschlags*. • wird im Deutschen oft mit *„Versuch('s) doch mal (mit) …"* ausgedrückt.	**try to do s.th.** *versuchen / sich bemühen, etw. zu tun* • Betonung der Schwierigkeit / der Herausforderung

1.7.9 Die -*ing*-Form als Gerundium bei Wechsel des Subjekts

In manchen Sätzen bezieht sich die **-ing-*Form*** auf eine im Satz bisher nicht erwähnte Person:

1. I didn't **mention <u>his</u> going** away last weekend.

   Ich hab' nicht erwähnt, daß er letztes Wochenende weggefahren ist.

2. I hope you don't **mind my saying** so, but isn't that skirt a bit daring?

   Ich hoffe, es stört Sie nicht, wenn ich es (so) sage, aber ist der Rock nicht ein bißchen gewagt?

3. I put my depression down to the greenhouse effect
   – **him spending** all day in there without a word.

   Meine Depressionen führe ich auf den Treibhaus-
   effekt zurück – er verbringt den ganzen Tag da drin
   und spricht mit mir kein Wort!

Bei einem *Wechsel des Subjekts* kommt vor der **-ing-Form** noch ein Possessiv-
pronomen wie **my, your, her, his** usw. (1, 2) bzw. ein Objektpronomen wie **me, you,
her, him** usw. (3) hinzu.

Mit dem Possessivpronomen (**my, his** usw.) klingen diese Sätze ein wenig förmlich. Es
werden oft alternative, weniger förmlich klingende Konstruktionen verwendet wie: **Don't
mention (the fact) that we're going away …; … the fact that he spends all day …**

1.7.10 Die *-ing*-Form als Gerundium in festen Redewendungen

Zum Abschluß noch einige häufig verwendete formelhafte Redewendungen, die mit der
-ing-Form gebraucht werden:

1. **It's great fun learning** English
   grammar with this book.

   Mit diesem Buch englische Grammatik zu
   lernen macht Riesenspaß.

2. I **can't help being** pretty – it's in my
   genes.

   Ich kann nichts dafür, daß ich hübsch bin –
   das ist genetisch bedingt.

3. **Thank you for** not **tapping**.

   Bitte nicht klopfen, danke!

Auf eine Reihe von Redewendungen folgt die **-ing-Form** (1–3). Hier die wichtigsten:

be busy -ing	*damit beschäftigt sein zu …*
I (*usw.*) **can't help -ing**	*ich* (usw.) *kann nichts dafür, daß ich …*
I (*usw.*) **can't stand -ing**	*ich* (usw.) *kann es nicht ausstehen zu …*
I (*usw.*) **don't mind -ing**	*ich* (usw.) *habe nichts dagegen zu /, wenn ich …*
it's bad enough -ing	*es ist schlimm genug, daß …*
it's (good/great) fun -ing	*es macht (großen/riesigen) Spaß zu …*
it's no use -ing, **it's no good -ing,** **there's no point in -ing**	*es hat keinen Sinn zu …*
it's worth/worthwhile -ing	*es lohnt sich zu …*
spend one's time -ing	*seine Zeit damit verbringen zu …*
thanks / thank you for -ing	*vielen Dank dafür, daß du/Sie …*
what's the point in -ing?	*was hat es für einen Sinn zu …?*

Übung C

Setzen Sie in folgendem Lückentext die **-ing-Form** bzw. den **to-Infinitiv** ein und fügen Sie, wo nötig, die jeweilige *Präposition* bzw. *Partikel* hinzu.

Without _____ (wish) to sound arrogant, I think I can say that I've seen a fair bit[1] of the world. You see, I used to _____ (go) on package holidays[2] once or twice a year. For a while I really enjoyed _____ (not, have to) bother about[3] _____ (plan) the route and _____ (book) flights and accommodation[4]. It seemed a very relaxing and sensible way _____ _____ (travel). But after a while I began to get fed up of[5] _____ _____ (be) stuck on a coach[6] with a group of people I'd never met before. If you were unlucky, you could end up[7] _____ (sit) next to someone who never stopped _____ (talk). Also, I could never get used to _____ _____ (be) told what _____ (do) by tour guides[8] who

---

[1] a fair bit: *eine ziemliche Menge*; [2] package holiday: *Pauschalurlaub*; [3] to bother about: *sich kümmern um*; [4] accommodation: *Unterkunft*; [5] to get fed up of + *Verbform: es satt werden zu*; [6] coach: *Reisebus*; [7] to end up + *Verbform: zum Schluß etw. machen (müssen)*; [8] tour guide: *Reiseführer*

were sometimes half my age. And there's nothing worse than having a coach driver who won't stop _____ (let) you take photographs of the sights[1] along the way. I'll never forget _____ (miss) the photo opportunity of a lifetime[2] when, travelling through Yellowstone National Park, we suddenly saw a huge herd of buffalo stampeding[3] alongside the coach. The driver refused _____ _____ (let) us get out and take a few pictures, claiming[4] we would run the risk _____ (be) crushed[5] by the herd. And instead of _____ _____ (slow down) to let us get a better look, he started _____ _____ (speed up)! I think he just didn't feel like _____ (stop) because he wanted _____ (get) back to the hotel for his supper. What's the point _____ (travel) all that way if you can't take photographs of the things you see?

Well, recently I was speaking to a friend about the prospect _____ (go) on holiday on my own for a change[6], and she asked whether I had ever considered _____ (tour) England in my car. After _____ (give) it some thought, I decided it was in fact a very good idea. So I spent three sunny weeks in July _____ (drive) around from castle to cathedral and from mediaeval[7] town to museum. Of course I did my best to avoid _____ _____ (get) anywhere near those awful groups of tourists who were busy _____ _____ (visit) the same sights. I must say it was great fun _____ _____ (be) on my own and _____ (do) exactly what I wanted when I wanted. I tried _____ (soak up[8]) as much as I could, and spent most evenings _____ (read up on[9]) English history. I now feel like a walking history book[10]! And I don't mind _____ (tell) you that I took more than 700 slides[11]. I'm really looking forward to _____ (show) them to my friends when they get back from the developers.

It was certainly worth _____ (make) that extra effort to be able to enjoy the true freedom of the solo traveller[12]. England is full of fascinating history, and I can imagine _____ (do) something similar again. There's just one thing I must remember _____ (ask) my friend when I next see her – why did they insist _____ (build) Windsor Castle so close to the airport?

---

[1] sights: *Attraktionen*; [2] opportunity of a lifetime: *einmalige Gelegenheit*; [3] to stampede: *durchgehen*; [4] to claim: *behaupten*; [5] to be crushed: *erdrückt werden*; [6] for a change: *zur Abwechslung*; [7] mediaeval: *mittelalterlich*; [8] to soak up: *aufsaugen*; [9] to read up on: *nachlesen über*; [10] a walking history book: *ein wandelndes Geschichtsbuch*; [11] slide: *Dia*; [12] solo traveller: *Alleinreisende(r)*

1.8   Das Partizip

Da das *Partizip* Merkmale sowohl des Adjektivs als auch des Verbs aufweist, ist es im Deutschen auch als *Mittelwort* bekannt.

Deutsche Beispiele für Partizipien sind z. B. „fahrend" und „gefahren". Das Hauptproblem beim Gebrauch der englischen Partizipien liegt darin, daß diese wesentlich häufiger verwendet werden als ihre deutschen Entsprechungen.

Zunächst aber eine Übersicht über die verschiedenen Formen des englischen Partizips.

1.8.1   Die Bildung der verschiedenen Partizipformen

Da Uneinigkeit über die deutsche Übersetzung von **Past Participle** herrscht, lassen wir bewußt alle Bezeichnungen der Partizipien auf englisch stehen.

aktiv	*passiv*
Present Participle	
1. asking	4. being asked
Past Participle	
2. asked	5. asked
Perfect Participle	
3. having asked	6. having been asked

Und die Regeln zur Bildung dieser Formen:

- Das **Present Participle** im Aktiv ist die **-ing-*Form*** des Verbs (1).

- Das **Past Participle** im Aktiv und im Passiv wird bei regelmäßigen Verben durch Anhängen von **-ed** an die Grundform des Verbs gebildet[1] (2, 5).

- Das **Perfect Participle** im Aktiv besteht aus **having + Past Participle** (3).

- Das **Present Participle** im Passiv wird aus **being + Past Participle** gebildet (4).

- Das **Perfect Participle** im Passiv besteht aus **having been + Past Participle** (6).

In diesem Kapitel geht es uns in erster Linie um das **Present Participle** im *Aktiv* (**asking** = *fragend*) und um das **Past Participle** (**asked** = *gefragt*).

---

[1] Zur Bildung des **Past Participle** vgl. auch Kapitel 1.3, S. 28 und die Tabelle auf S. 256–257.

1.8.2 Der Gebrauch der Partizipien

1. Listen, that sounds like **running water**.   *Hör mal, es klingt, als ob da Wasser fließt!*

2. There were some very **moving scenes** in the movie.   *Der Film hatte einige ergreifende Szenen.*

3. He's just a **frustrated actor**.   *Er ist ja bloß ein frustrierter Schauspieler.*

4. Yet another **satisfied customer**.   *Schon wieder ein zufriedener Kunde!*

> Das **Present Participle** und das **Past Participle** werden oft – ähnlich ihren deutschen Entsprechungen – *wie Adjektive* verwendet und mit Substantiven verbunden (1–4).

Wir konzentrieren uns jetzt wieder auf die Fälle, die in den beiden Sprachen unterschiedlich gehandhabt werden:

5. I was woken up by **dogs barking**.   *Ich wurde durch bellende Hunde aufgeweckt.*

> Im Gegensatz zum Deutschen ist es nicht immer möglich, das *Partizip* einfach vor das Substantiv zu stellen. In der Regel wird in solchen Fällen im Englischen *ein verkürzter Relativsatz* verwendet (5).[1] Das gilt besonders dann, wenn das Partizip erweitert ist, also außer dem Partizip noch weitere Wörter folgen.

Es geht hier fast eher darum, wie sich der Satz anhört, als um die Grammatik, und die Grenzen sind manchmal fließend. Aber: Im Zweifelsfall setzen Sie das Partizip <u>nicht</u> vor das Substantiv!

Ein sehr häufiger Gebrauch des **Present Participle** ist folgender:

6. I **left him crying** into his beer.   *Als ich wegging, saß er mit seinem Bier da und weinte.*

7. She **saw you hitting** your little brother.   *Sie hat gesehen, wie du deinen kleinen Bruder geschlagen hast.*

8. Did you **feel the house shaking**?   *Hast du gespürt, wie das Haus bebte?*

9. I **caught him pinching** sweets from the kids' jar.   *Ich hab' ihn erwischt, wie er den Kindern Süßigkeiten aus der Dose geklaut hat.*

---

[1] vgl. Abschnitt 1.8.6, S. 81–82

Das **Present Participle** kann, im Gegensatz zum Deutschen, nach Verben wie folgenden stehen:

catch	*erwischen*	**keep**	*lassen*
find	*finden*	**leave**	*(ver)lassen*

sowie nach den Wahrnehmungsverben:

feel	*fühlen, spüren*	**notice**	*bemerken*
hear	*hören*	**observe**	*beobachten*
see	*sehen*	**watch**	*beobachten, sehen*
smell	*riechen*		

Die Satzstruktur sieht dabei wie folgt aus:

	Verb	+	*Objekt*	+	**Present Participle** (6–9)
We	**found**		**Phil**		**reading** his comics.
I	**could hear**		**him**		**talking** to himself.

Im Deutschen steht häufig ein Infinitiv oder eine Konstruktion mit „wie" oder „bei" (*Wir fanden Phil <u>beim</u> Lesen seiner Comic-Hefte; Ich hörte, <u>wie</u> er mit sich selber redete*).

Beachten Sie auch:

10. **I heard him scream** when the doctor touched him.   *Ich hörte ihn schreien, als ihn der Arzt berührte.*

Bei *kurzen Vorgängen* kann man nach **feel, hear, see, smell** und **watch** auch den *Infinitiv* (ohne **to**) anstelle des **Present Participle** verwenden (10).

Übung A

Übersetzen Sie folgende Sätze ins Englische.

a. *Ich sah ihn aus dem Museum kommen.*

_____

b. *Sie hat drei Schüler beim Rauchen erwischt[1].*

_____

c. *Thomas hat mich wieder warten lassen[1].*

_____

[1] Achtung: **Simple Past**, vgl. Kapitel 1.3, S. 28 ff.

d. *Hast du Marion Flöte[1] spielen gehört?*

_____

e. *Ich spürte, wie mir der Wein in den Kopf stieg.[2]*

_____

Nun zu einem weiteren wichtigen Unterschied zum Deutschen:

11. The bubble car **came bouncing** along the road.

Der Kabinenroller kam die Straße entlang- geholpert.

12. She **went flying** down the stairs.

Sie flog die Treppe hinunter.

> Das **Present Participle** kann unmittelbar nach den Verben **come** und **go** stehen (11, 12).
>
> Im Deutschen steht dafür oft das *Partizip Perfekt* (z. B. *er kam angerast*).

Auch andere Verben können in Verbindung mit Partizipien erscheinen:

13. Jamie **sat** there **cutting** up his mother's new silk scarf.

Jamie saß da und zerschnippelte den neuen Seidenschal seiner Mutter.

14. Would you please **remain seated** until the aircraft has reached its parking position.

Bleiben Sie bitte sitzen, bis das Flugzeug seine Parkposition erreicht hat.

> Nach folgenden sogenannten „statischen" Verben kann das **Present Participle** bzw. das **Past Participle** stehen:
>
> | **lie** | *liegen* | **sit** | *sitzen* |
> |---|---|---|---|
> | **remain** | *bleiben* | **stand** | *stehen* |
>
> Im Deutschen steht dafür oft ein *Nebensatz* mit „und" oder ein *Infinitiv* (13, 14).

1.8.3 Das Passiv

Nicht nur wenn jemand etwas macht (im aktiven Sinn), sondern auch wenn etwas gemacht wird (passiver Sinn), können im Englischen Partizipien verwendet werden:

1. He **likes his coffee and tea stirred** for him.

Er läßt sich gern den Kaffee oder Tee umrühren.

---

[1] the <u>flute</u> – vgl. Kapitel 2.2, S.151; [2] *der Wein stieg mir in den Kopf*: the wine went to my head (aber achten Sie auf die richtige Verbform im angegebenen Satz!)

2. She **heard her father's name announced** over the loudspeaker.

Sie hörte, wie der Name ihres Vaters über den Lautsprecher ausgerufen wurde.

3. He certainly **made his presence felt** when he knocked over that bottle of of red wine.

Er hat sich ganz schön in Szene gesetzt, als er die Rotweinflasche umgestoßen hat!

Bei *passiver Bedeutung*[1] kann man das **Past Participle** verwenden (1–3).

Die Konstruktion lautet:

Verb + Objekt + Past Participle

und ist z. B. bei folgenden Verben möglich:

find	*finden*		**get**	*lassen*[2]
hear	*hören*		**have**	*lassen*[2]
like	*(es) mögen*		**leave**	*lassen*[2]
want	*mögen, wollen*		**make**	*machen, lassen*[2]

Übung B

Übersetzen Sie folgende Sätze ins Englische.

a. *Die Schildkröte*[3] *kam die Terrasse*[4] *entlanggekrochen*[5]*.*

_____

b. *Er saß*[6] *vor dem Fernseher und schnarchte*[7]*.*

_____

c. *Sie wollte, daß ihr Name in einer Fußnote*[8] *erwähnt*[9] *wird.*

_____

d. *Wir fanden den Schuh völlig zerkaut*[10] *hinter dem Sessel*[11]*.*

_____

e. *Er ließ*[12] *sich die Haare grün färben*[13]*.*

_____

---

[1] vgl. Kapitel 1.6, S. 53 ff.; [2] vgl. Kapitel 1.13, wo „lassen" ausführlich behandelt wird; [3] *Schildkröte*: tortoise; [4] *Terrasse*: patio; [5] *kriechen*: to crawl; [6] *saß*: was sitting; [7] *schnarchen*: to snore; [8] *Fußnote*: footnote; [9] *erwähnen*: to mention; [10] *zerkaut*: chewed up; [11] *Sessel*: armchair; [12] *lassen*: *(hier)* to have; [13] *färben*: to dye

1.8.4 Das Partizip zur Verkürzung von Nebensätzen

Nun zu einer weiteren Verwendung des **Present Participle** und des **Past Participle**. Häufig dienen diese dazu, einen Satz auf elegante Weise zu kürzen:

1. **Diving** deeper, I suddenly saw the wreck of a ship.

   Als ich tiefer tauchte, sah ich plötzlich das Wrack eines Schiffs.

2. **Writing** a chapter a week, Jeff finished the book in six months.

   Jeff schrieb jede Woche ein Kapitel, und in einem halben Jahr hatte er das Buch fertig.

3. Totally **stunned**, I simply did not know what to say.

   Ich war absolut fassungslos und wußte einfach nicht, was ich sagen sollte.

Das **Present Participle** und das **Past Participle** können zur *Verkürzung von Nebensätzen* verwendet werden (1 – 3).

Voraussetzung dafür: *beide Satzteile haben dasselbe Subjekt.*

Im Deutschen steht dafür oft ein ***Nebensatz*** mit „da", „als", „indem", „und" o. ä.

Hier ist Vorsicht geboten, denn *der falsche Gebrauch* dieser Konstruktion kann zu Mißverständnissen führen:

*Picking some flowers in the garden, the neighbours' dog suddenly attacked me.

Haben Sie erkannt, daß an diesem Satz etwas nicht in Ordnung ist (deswegen das Sternchen davor)? Vorhin hieß es, daß das Subjekt sich auf beide Satzteile bezieht. Der Satz bedeutet also: *Als Nachbars Hund im Garten Blumen pflückte, griff er mich plötzlich an.* Richtig wäre:

4. **As/While** I was picking some flowers in the garden, the neighbours' dog suddenly attacked me.

   Als ich im Garten Blumen pflückte, griff mich Nachbars Hund plötzlich an.

Dies ist übrigens ein Fehler, den gelegentlich auch englische Muttersprachler begehen!

Nun eine kurze Anmerkung zur Wortstellung bei verkürzten Nebensätzen:

5. She arrived late for the wedding **wearing** a ridiculous hat.

   Sie kam verspätet zur Hochzeit und hatte einen unmöglichen Hut auf.

6. The buffalo was left to die, **rejected** by the rest of the herd.

   Der Büffel wurde dem Tod überlassen, ausgestoßen von der übrigen Herde.

7. Ernest Pringle, alias Ernie the hypnotist, I sentence you to three months in Barbados, all expenses **paid**.

Im Namen des Volkes verurteile ich Sie, Ernest Pringle, alias Ernie der Hypnotiseur, zu drei Monaten auf Barbados bei Erstattung aller Unkosten.

Wenn der Nebensatz lediglich eine *Zusatzinformation* zum Hauptsatz bietet, erscheint das Partizip <u>hinter</u> dem Hauptsatz (5 – 7).

Dem **Past Participle** muß, wie im Beispiel 6, ein Komma vorangehen; beim **Present Participle** ist dies nicht zwingend, aber bei längeren Nebensätzen empfehlenswert.

1.8.5 Das *Perfect Participle*

Nebensätze können auch wie folgt mit dem Hauptsatz verbunden werden:

1. **Having redecorated** all the bedrooms, he started on the loft conversion.

   Nachdem er sämtliche Schlafzimmer neu gestrichen hatte, nahm er den Speicherausbau in Angriff.

2. **Having spent** all my savings on a new car, I can't afford to go on holiday this year.

   Da ich meine ganzen Ersparnisse in ein neues Auto gesteckt habe, kann ich mir dieses Jahr keinen Urlaub leisten.

3. **Having been fired** from his job, he decided to go back to university.

   Nachdem er gefeuert worden war, beschloß er, wieder zu studieren.

Die Konstruktion **having + Past Participle** entspricht im Deutschen „da/nachdem/als … habe(n)/hatte(n)" usw. (1, 2).

Im *Passiv* lautet die Konstruktion **having been + Past Participle** (3).

Übung C

Formulieren Sie folgende Sätze mit Hilfe von *Partizipien* um, z. B.:
I knew the song quite well, so I offered to sing it. → **<u>Knowing</u> the song quite well, I offered to sing it.**

a. Martin slammed the car door and roared off down the road.

_____

b. Douglas walked Mrs Nisbet's five poodles all the way round the park and then realized he had lost one of them.

_____

_____

c. She had been banned from the bingo hall. She tried to get back in that same afternoon.

_____

_____

d. I asked him to speak more slowly and began to understand what he was saying.

_____

_____

1.8.6   Das Partizip zur Verkürzung von Relativsätzen

Relativsätze (die in Kapitel 4.5 ausführlich behandelt werden) können ebenfalls mit Hilfe von Partizipien „verkürzt" werden:

1. I don't like the look of those men **who are standing** outside Mrs Martin's house.

   ↓

   I don't like the look of those men **standing** outside Mrs Martin's house.

   Die Männer, die vor dem Haus von Mrs. Martin stehen, kommen mir etwas verdächtig vor.

Noch ein paar Beispiele, bei denen diesmal der entbehrliche Satzteil eingeklammert ist:

2. **That little boy** (who is) **throwing** dirt at the other children is my son.

   Der kleine Junge, der die anderen Kinder mit Dreck bewirft, ist mein Sohn.

3. **The building** (that was) originally **situated** here was a dry cleaner's.

   Das Haus, das ursprünglich hier stand, war eine chemische Reinigung.

> Das **Present Participle** und das **Past Participle** werden auch verwendet, um *Relativsätze* zu verkürzen (1–3).
>
> Das *Partizip* befindet sich dabei unmittelbar hinter dem Substantiv, auf das es sich bezieht (1, 2), bzw. hinter dem Adverb (3).

1.8.7 *being*

Das Partizip **being** wird von Englischlernenden oft am Anfang des Satzes benutzt. Dieser Gebrauch ist jedoch nur relativ selten möglich:

1. **Being** so tightfisted, he always lets other people pay for his beer.   *Da er so knausrig ist, läßt er immer andere Leute sein Bier bezahlen.*

> **Being** am Satzanfang signalisiert einen *Partizipialsatz des Grundes* und wird ausschließlich mit „da/weil ..." übersetzt (1).

Übung D

Versuchen Sie, folgende Satzpaare mit Hilfe eines *Partizips* zu verbinden, z.B.:
Mary ran after the thief. She shouted all the way. → Mary ran after the thief, <u>shouting</u> all the way.

a. He realized he had left his wife at the motorway café. He sped back down the M1[1].

b. We've had such an awful day. We're all going to bed.

c. They saw her in town. She was window-shopping at Woolworth's.

d. I could smell my dinner as I approached the house. It was burning.

e. She's ambitious[2]. She's got her eye on[3] the boss's job.

f. He stood there all afternoon. He was whistling[4] at passing girls.

---

[1] Die M1 ist eine Autobahn in England; [2] ambitious: *ehrgeizig*; [3] to have one's eye on s.th.: *mit etw. liebäugeln*; [4] to whistle: *pfeifen*

1.9 Bedingungssätze (*if*-Sätze)

1.9.1 Grundtypen

Wie im Deutschen gibt es drei Grundtypen der Bedingungssätze (auch **if-Sätze** genannt):

Typ 1	
If you **pay** him	he **will do** it.
Wenn du ihn bezahlst,	*wird er es machen.*
if-Satz	**Hauptsatz**
einfache Gegenwart	**will-Zukunft**

Typ 2	
If you **paid** him	he **would do** it.
Wenn du ihn bezahlen würdest	
(oder bezahltest),	*würde er es machen.*
if-Satz	**Hauptsatz**
einfache Vergangenheit	**would + *Infinitiv* ohne to**

Typ 3	
If you **had paid** him	he **would have done** it.
Wenn du ihn bezahlt hättest,	*hätte er es gemacht.*
if-Satz	**Hauptsatz**
Past Perfect (had + Past Participle)	**would have + Past Participle**

Ebenfalls wie im Deutschen kann der **if-Satz** am Anfang des Satzes stehen oder später im Satz erscheinen. Es hätte also ebenfalls heißen können:

He would have done it <u>if you had paid him</u>.

1.9.2 *would* im *if*-Satz

Bei **if-Sätzen** vom Typ 2 ist Vorsicht geboten, denn Deutschsprachige neigen oft dazu, nach dem deutschen Muster **would** im **if-Satz** zu verwenden:

*Wenn du gelegentlich anrufen **würdest**, wüßtest du, was los ist.*

Das heißt aber auf englisch:

If you <u>rang</u> up occasionally you would know what was going on.

Im **if-Satz** erscheint **would** fast nie!!

Eine Ausnahme bildet die Konstruktion **if only**:

1. **If only** he **would** talk to me.   *Wenn er nur mit mir reden würde!*

2. **If only** I **knew** the answer.   *Wenn ich bloß die Antwort wüßte!*

> **If only** leitet einen Wunsch („wenn … bloß") ein und kann mit **would** verbunden werden (1).
>
> Das gilt aber in der Regel nicht bei Verben, die „statische Zustände" ausdrücken (2; vgl. Liste auf S.16).

Eine weitere Ausnahme bildet eine Formulierung wie folgende:

3. I would be very grateful **if** you **would**   *Ich wäre Ihnen sehr dankbar, wenn Sie sich*
   deal with the matter personally.   *der Sache persönlich annehmen würden.*

> Bei höflichen Bitten (besonders in Briefen) ist **would** im **if-Satz** relativ geläufig (3), außer bei Verben, die „statische Zustände" ausdrücken.

1.9.3   Allgemeines

In Bedingungssätzen werden – besonders in der gesprochenen Sprache – sehr häufig die Kurzformen verwendet. In Kapitel 1.5 über die Zukunftsformen (S. 42 ff.) wurde die Kurzform von **will**, nämlich **'ll** (**he'll, they'll, I'll** usw.), bereits erläutert. Auch **would** wird häufig zu **'d** abgekürzt (**she'd, you'd, we'd** usw.).

Nun zum Komma in den Bedingungssätzen. Das Komma im Englischen dient in erster Linie dazu, Sprechpausen anzudeuten und den Satz in „Sinneinheiten" aufzuteilen.

1. If you can read this you are reversing into me.

   Wenn Sie das lesen können, fahren Sie gerade rückwärts in mich hinein.

2. If you're expecting me to wash and iron all your blouses and then pack your case for you, you're wrong.

    Wenn du meinst, daß ich dir sämtliche Blusen wasche und bügle und dann noch deinen Koffer packe, dann irrst du dich!

Kurze **if-*Sätze*** am Anfang des Satzes haben meistens kein Komma vor dem Hauptsatz (1).

Bei längeren **if-*Sätzen*** am Satzanfang dagegen erscheint meistens ein Komma vor dem Hauptsatz (2).

---

3. I'll take you there if you show me the way.

    Ich bringe dich hin, wenn du mir den Weg zeigst.

4. I'll slip into something a bit more comfortable, if that's all right with you.

    Ich zieh' mir schnell etwas Bequemeres an, wenn du nichts dagegen hast.

Wenn der **if-*Satz*** auf den Hauptsatz folgt, steht zwischen Hauptsatz und Nebensatz (**if-*Satz***) kein Komma (3).

Ausnahme: Es kommt eine deutliche Sprechpause dazwischen (4).

Übung A

In folgender Übung sind die Satzteile in sinnvoller Weise zusammenzustellen, und zwar jeweils nach einem der angegebenen Muster (Typ 1, 2 oder 3).

1	If you got out of the way	A	will you take all the money out and count it, please?
2	He says he would donate[1] some money	B	if my rheumatism wasn't so bad.
3	If I hold up the mattress	C	if I had known it was your father.
4	I'd do some gardening	D	if you promise to help me write my history essay.
5	I wouldn't have been so rude to him	E	I wouldn't keep stepping on you.
6	I won't tell anybody	F	if they didn't spend half of it on administration.

[1] to donate: *spenden*

1	2	3	4	5	6

1.9.4 Varianten: Typ 1

Zusätzlich zu den Grundtypen der englischen **if-Sätze** gibt es eine Reihe anderer Varianten:

1. If you**'re going to wear** that silly hat you can go to the opera on your own.

   Wenn du diesen albernen Hut tragen willst, kannst du allein in die Oper gehen!

2. If he's not back by midnight I**'m calling** the police.

   Wenn er bis Mitternacht nicht wieder da ist, ruf' ich die Polizei an.

> In Typ 1-Sätzen kann neben der **will-Zukunft** *jede andere Zukunftsform* erscheinen (1, 2).

Die entsprechenden Regeln zum Gebrauch können Sie in Kapitel 1.5 („Die Zukunftsformen") nachschlagen.

Nun zu weiteren Varianten bei Typ 1:

3. If you**'re** just **babysitting** tonight, you won't have to get all dressed up.

   Wenn du heute abend nur babysittest, brauchst du dich nicht fein anzuziehen.

4. If you**'ve read** the chapter, how come you don't know the answer?

   Wenn du das Kapitel gelesen hast, wieso weißt du die Antwort nicht?

> Bei Typ 1 kann im **if-Satz** selbst statt der *einfachen Gegenwart* die **-ing-Form der Gegenwart** (auch mit Zukunftsbedeutung, 3) oder das **Present Perfect** (4) stehen.

5. If the weather is all right, we **might** go to the boat race.

   Wenn das Wetter mitspielt, gehen wir vielleicht zum Bootsrennen.

> Bei Typ 1-Sätzen kann im Hauptsatz statt der **will-Zukunft** ein *unvollständiges Hilfsverb*[1] erscheinen (5).
>
> Im angegebenen Beispiel hätte auch **... we could / may / can / ought to / should / must go to the boat race** stehen können.

---

[1] vgl. Kapitel 1.10, S. 92 ff.

Diese unvollständigen Verben können je nach Aussageabsicht auch mit Verben in der **-ing-*Form*** bzw. im **Present Perfect** verbunden werden (**we might be going, he may not have known** usw.).

Auch das **if** ist bei diesen Bedingungssätzen nicht immer notwendig:

6. **Should she develop** a temperature, let me know straightaway.

   Sollte sie Fieber bekommen, sagen Sie mir sofort Bescheid.

Should ... im Bedingungssatz entspricht dem Deutschen „sollte(n)" usw., ist aber viel förmlicher (6).

Ohne **if** klingt manche Bedingung bedrohlicher:

7. **Say** another word, and you'll go straight to bed.
   (= If you say another word you'll go straight to bed.)

   Noch ein Wort und du gehst sofort ins Bett!

8. **Do that** and I'll scream!
   (= If you do that, I'll scream.)

   Wenn Sie das tun, schrei' ich!

Zur Verkürzung eines **if-*Nebensatzes*** kann bei Typ 1 auch die **Befehlsform**[1] verwendet werden (7, 8).

1.9.5 Varianten: Typ 2

1. If I **were** you I wouldn't answer the phone.

   Ich an deiner Stelle würde nicht ans Telefon gehen.

In Typ 2-Sätzen kann nach **I** oder **he/she/it** statt **was** der etwas formellere Konjunktiv **were** stehen.

Dies gilt besonders, wenn man sich in die Lage einer anderen Person versetzt (1).

Auch bei Typ 2 können die Hilfsverben verwendet werden:

2. If you came round before five you **could** see him.

   Wenn du vor fünf vorbeischauen würdest, könntest du ihn sehen.

---

[1] vgl. Kapitel 1.12, S.117 ff.

Bei Typ 2-Sätzen können im Hauptsatz statt **would** bestimmte *unvollständige Hilfsverben* erscheinen (2). Im angegebenen Beispiel hätte auch **... you might / ought to / should see him** stehen können.

Diese unvollständigen Verben können je nach Aussageabsicht auch mit Verben in der **-ing**-*Form* bzw. im **Present Perfect** verbunden werden (**you might be running, he should have told you** usw.).

Die letzte Variante dieses Typs ist eigentlich eine Variante des unvollständigen Hilfsverbs:

3. If she **was/were to get** a job, we'd be much better off.

   Wenn sie eine Stelle bekäme, ginge es uns finanziell viel besser.

4. It would be much quieter if they **were to move** out of the upstairs flat.

   Es wäre viel ruhiger, wenn sie aus der Wohnung über uns ausziehen würden.

Bei Typ 2-Sätzen kann bei **I/he/she/it** die Konstruktion **was/were to + *Grundform des Verbs*** bzw. bei **you/we/they** die Konstruktion **were to + *Grundform des Verbs*** stehen (3, 4).

Diese Konstruktion ist eine Variante vom **Simple Past** und klingt etwas förmlich.

1.9.6 Varianten: Typ 3

Zunächst wieder die unvollständigen Hilfsverben:

1. If her husband hadn't been a politician, she **might have had** a career as a jazz singer.

   Wenn ihr Mann nicht Politiker gewesen wäre, hätte sie vielleicht eine erfolgreiche Karriere als Jazzsängerin gehabt.

Bei Typ 3-Sätzen können im Hauptsatz statt **would have** bestimmte *unvollständige Hilfsverben* erscheinen (1). Im angegebenen Beispiel hätte auch **... she may / could / ought to / should have had a career** stehen können.

Diese unvollständigen Verben können je nach Aussageabsicht auch mit Verben in der **-ing**-*Form des* **Present Perfect** verbunden werden (**I might have been earning more money** usw.).

Auch hier kann man – ähnlich wie im Deutschen – auf das **if** verzichten:

2. **Had he resigned** sooner, the company probably wouldn't have gone bankrupt.

   Wäre er früher zurückgetreten, wäre die Firma wahrscheinlich nicht in Konkurs gegangen.

3. It would have been a pleasant evening **had she not mentioned** the war.

   Es wäre ein netter Abend gewesen, wenn sie den Krieg nicht erwähnt hätte.

Bei Typ 3-Sätzen kann man die Konstruktion **had he/you** usw. **+ Past Participle** verwenden (2, 3). Dies klingt etwas förmlicher als die normale Konstruktion mit **if**.

Abschließend noch eine beliebte Konstruktion, die zum Typ 3 gehört:

4. **If it hadn't been for** that man, we would never have found our way back home.

   Wenn dieser Mann nicht gewesen wäre, hätten wir nie den Weg nach Hause gefunden.

Die Konstruktion **if it hadn't been for ...** entspricht dem Deutschen „wenn ... nicht gewesen wäre(n)" usw. (4).

1.9.7   Variationen in der Zeitenfolge

Auch bei der Zeitenfolge sind verschiedene Variationen möglich:

1. If you **showed** the same enthusiasm for lectures as the other students, I **could have had** the day off.

   Wenn Sie genauso viel Interesse für die Vorlesungen zeigten wie Ihre Kommilitonen, hätte ich heute frei haben können!

2. If you **took** the 16.30 flight to Heathrow, he **must have been** on the same plane.

   Wenn du den 16.30-Flug nach Heathrow genommen hast, muß er in derselben Maschine gewesen sein.

> Variationen in der Zeitenfolge bei **if-Sätzen** entsprechen in der Regel dem deutschen Sprachgebrauch (1, 2).

! Die wichtigste Grundregel ist hier, daß der Satz einen logischen Sinn ergibt.

1.9.8 Andere Varianten anstelle von *if*

Auch mit anderen Wörtern können Bedingungssätze eingeleitet werden:

1. **Supposing** she left you all her money, what would you do with it?

   Angenommen, sie würde dir ihr ganzes Geld hinterlassen, was würdest du damit machen?

2. I'll lend you the car **provided** you don't drive like a lunatic.

   Ich leih' dir den Wagen, vorausgesetzt, du fährst nicht wie ein Verrückter.

> Eine Reihe anderer Ausdrücke kann anstelle von **if** einen Bedingungssatz einleiten (1, 2). Hier eine Liste der wichtigsten:
>
> | | |
> |---|---|
> | **assuming (that) ...,**
 suppose (that) ...,
 supposing (that) ... | *angenommen (, daß) ...* |
> | **as long as ...,**
 so long as ... | *solange ...* |
> | **provided (that) ...,**
 providing (that) ... | *vorausgesetzt(, daß) ...* |
> | **on condition that ...** | *unter der Voraussetzung, daß ...* |

1.9.9 *unless*

Bedingungssätze, die mit **unless** anfangen, haben einen etwas bestimmteren Ton:

1. I'm not going inside **unless** you tie your Rottweilers up.
   (= **If** you do**n't** tie your Rottweilers up, I'm not going inside.)

   Ich gehe nicht hinein, wenn du deine Rottweiler nicht anbindest.

2. **Unless** his eating habits improve, I'm going to divorce him.
   (= **If** his eating habits do**n't** improve, I'm going to divorce him.)

   Wenn sich seine Eßgewohnheiten nicht verbessern, lasse ich mich von ihm scheiden.

> **Unless** hat die Bedeutung „außer wenn", „es sei denn", „erst dann" usw. und wird oft verwendet, um ein Ultimatum zu stellen (1, 2).

In Sätzen wie dem folgenden ist die Ersetzung von **if ... not** durch **unless** nicht möglich, weil **if ... not** nicht im Sinne von „außer wenn" bzw. „es sei denn" gebraucht wird:

3. He'd make a good photographer **if** he did**n't** keep forgetting to put a film in the camera.	*Er wäre ein guter Fotograf, wenn er nicht dauernd vergessen würde, einen Film in die Kamera einzulegen.*

Den letzten Beispielsatz dürfen Sie selbst übersetzen:

You may not go on to the next chapter <u>unless</u> you complete the following test.

Übung B

Übersetzen Sie folgende Sätze ins Englische.

a. *Wenn du mich liebtest, würdest du es tun.*

_____

b. *Wärst du mit in die Kirche gekommen[1], hättest du sie kennengelernt[2].*

_____

c. *Wenn Rainer nicht gewesen wäre, hätten wir unseren Flug verpaßt.*

_____

d. *Du wirst bald pleite[3] sein, wenn du dein Geld so[4] ausgibst[5].*

_____

e. *Er wird nicht reinkommen, wenn du ihm nicht etwas zu fressen anbietest.*

_____

f. *Wenn ich du wäre, würde ich mir einen neuen Job suchen.*

_____

g. *Wenn wir das gewußt hätten, hätten wir ihm helfen können.*

_____

---

[1] *mit in die Kirche kommen*: to come to church with me; [2] *jmdn. kennenlernen*: to get to know s.o.; [3] *pleite*: broke; [4] *so*: like that; [5] *ausgeben*: to spend

h. *Es wäre einfacher, wenn Sie Englisch reden würden.*

_____

i. *Wenn Sie in dem Hochhaus[1] wohnen, müßten Sie meinen Schwager[2] kennen.*

_____

j. *Du wärst viel beliebter[3], wenn du nicht so viel reden würdest.*

_____

1.10   Die unvollständigen Hilfsverben

In diesem Kapitel geht es uns um die englischen Entsprechungen der deutschen Verben wie „können", „dürfen", „sollen" usw.:

1. She **should** take more care!

    Sie sollte besser aufpassen!

2. **Could** you give me a hand, please?

    Könnten Sie mir bitte mal helfen?

3. You **mustn't** blame yourself.

    Du darfst dir keine Vorwürfe machen.

4. He **can** speak very good Japanese.

    Er kann sehr gut Japanisch.

5. You **won't be able to** play polo any more.

    Sie werden nicht mehr Polo spielen können.

Die **unvollständigen Hilfsverben** sind dadurch gekennzeichnet, daß sie:

• kein **-s** in der 3. Person Singular des einfachen Präsens haben (1, 4);

• bei Fragen und in der Verneinung keine Umschreibung mit **do** verlangen (2, 3). Folgende Kurzformen sind in der Verneinung sehr gebräuchlich: **can't** (= **cannot**), **couldn't** (= **could not**), **shouldn't** (= **should not**) und **mustn't** (= **must not**);

• mit einem Vollverb verbunden werden (1–4);

• nicht in allen Zeitformen verwendet werden können (deshalb „unvollständig"). In solchen Fällen werden andere Formulierungen mit ähnlicher Bedeutung benutzt, z. B. **be able to, be allowed to, have to** usw. (5).

---

[1] *in dem Hochhaus*: in that block of flats; [2] *Schwager*: brother-in-law; [3] *viel beliebter*: much more popular

Noch ein paar allgemeine Hinweise, bevor wir auf die einzelnen Verben eingehen:

6. You **could have** broken your neck!   *Du hättest dir das Genick brechen können!*

7. I **should have** listened to you.   *Ich hätte auf dich hören sollen.*

Could, must, may und **might** werden mit **have + Past Participle** verbunden, um Vergangenes auszudrücken (6, 7).

Beachten Sie auch:

8. "You can swim, **can't** you?"   „*Sie können doch schwimmen, oder?*"

9. "No, I **can't**!"   „*Nein (kann ich nicht)!*"

Nur bei Frageanhängseln[1] und Kurzantworten können unvollständige Hilfsverben allein stehen (8, 9).

1.10.1   können

1. She **can** juggle really well.   *Sie kann wirklich gut jonglieren.*

2. When I was a baby I **could** walk before I **could** talk.   *Als Kind konnte ich laufen, bevor ich sprechen konnte.*

3. Do you think he**'ll be able to** find his way home?   *Glaubst du, er wird den Weg nach Hause finden (können)?*

4. I've always **been able to** tell lies convincingly.   *Ich konnte schon immer überzeugend lügen.*

Um „können" im Sinne von „fähig sein, etwas zu tun" wiederzugeben, hat man folgende Möglichkeiten im Englischen:

- in der Gegenwart **can** bzw. in der Vergangenheit **could** (1, 2)

- in *allen* Zeiten die entsprechende Form von **be able to** (3, 4)

Aber mit Fähigkeiten allein ist das Bedeutungsspektrum von „können" nicht voll ausgeschöpft, wie Sie dem folgenden Beispiel entnehmen können:

---

[1] vgl. Kapitel 1.16, S. 137–138

5. Mum and Dad, **can** I borrow the wheel tonight?

Mama und Papa, kann ich heute abend das Rad benutzen?

Bei „können" im Sinne von „dürfen" (meist „kann ich" oder „können wir") verwendet man im Englischen **can** (5).

Folgende Variante von „können" sollten Sie auch beachten:

6. That **may** be true.

Das kann (wahr) sein.

7. She **might** not **have** recognized you.

Vielleicht hat sie dich nicht erkannt.

Wenn „können" eine *Möglichkeit* ausdrückt, verwendet man im Englischen **may** oder **might** (6). Im geschriebenen Text schränkt **might** die Möglichkeit, daß etwas zutrifft, mehr ein als **may**. Bei mündlichen Äußerungen ist dafür eher die Betonung oder die Satzmelodie ausschlaggebend.

Im Deutschen wird **may** bzw. **might** oft durch „vielleicht" wiedergegeben (7).

Etwas problematischer sind die englischen Entsprechungen von „konnte(n)" usw.:

8. I **could** feel the wasp slowly crawl down my neck.

Ich konnte spüren / Ich spürte, wie die Wespe mir langsam den Nacken herunterkroch.

9. I **could** hardly stand up.

Ich konnte mich kaum noch auf den Beinen halten.

10. I just **managed to** catch the train.

Ich konnte den Zug gerade noch erwischen.

11. I **succeeded in** convincing her she was wrong.

Ich konnte sie davon überzeugen, daß sie unrecht hatte.

12. **Were** you **able to** speak to him?

Konntest du mit ihm sprechen?

Could wird als Entsprechung von „konnte(n)" besonders dann verwendet, wenn es sich um ein *Verb der Sinneswahrnehmung* wie **see, hear** oder **feel** handelt (8) bzw. wenn ein *einschränkender Zusatz* wie **barely, hardly, never, not** o. ä. im Satz enthalten ist (9).

Bei *einzelnen Vorfällen und Begebenheiten* in der Vergangenheit nimmt man ansonsten **managed to + Grundform des Verbs** (10) bzw. **succeeded in + -ing-Form** (11) oder **was/were able to + Grundform des Verbs** (12).

Kurz zusammengefaßt:

können	
Was drückt es aus?	englische Entsprechung
körperliche oder geistige Fähigkeit	**can** (Präsens) **could** (Vergangenheit) **could have + Past Participle** (in bezug auf Vergangenes) **be able to** (alle Zeitstufen)
Erlaubnis (= dürfen)	**can** (Präsens) **could** (indirekte Rede)
Möglichkeit (= vielleicht)	**may/might** (Präsens) **may have / might have** (in bezug auf Vergangenes)
konnte(n) usw.	
Wie wird es verwendet?	englische Entsprechung
körperliche oder geistige Fähigkeit	**could / was able to**
bei Verben der Sinneswahrnehmung	**could**
mit einschränkendem Zusatz	**could**
bei Einzelvorgang in der Vergangenheit	**managed to + *Grundform des Verbs*** **succeeded in + -ing-*Form*** **was/were able to + *Grundform des Verbs***

1.10.2 dürfen

1. **Can** we stay up to watch the film tonight?

Dürfen wir heute abend aufbleiben, um den Film zu sehen?

2. **May** I have the pleasure of this dance?   *Darf ich um diesen Tanz bitten?*

3. **I'm not allowed to** eat sugar – I'm diabetic.   *Ich darf keinen Zucker essen. Ich bin Diabetiker.*

4. I **was allowed to** see our baby for the first time today.   *Heute durfte ich unser Baby zum ersten Mal sehen.*

Can bzw. **may** (etwas förmlich) wird verwendet, wenn es um *die Erlaubnis im Einzelfall* geht (1, 2).

Be allowed to bezieht sich im Präsens und in der indirekten Rede auf die *allgemeine Erlaubnis* (3). Es wird aber auch in den Zeiten verwendet, in denen **can/may** nicht möglich sind (4).

Nun zu einer ganz anderen Bedeutung von „dürfen", diesmal in der verneinten Form:

5. You **mustn't** forget to feed our pet tiger!   *Sie dürfen nicht vergessen, unseren Tiger zu füttern!*

6. You **shouldn't have** said that.   *Das hättest du nicht sagen dürfen.*

Wenn mit „nicht dürfen" *ein Ratschlag, eine Warnung, eine Aufforderung* o. ä. ausgedrückt wird, sagt man im Englischen **shouldn't** oder (stärker) **mustn't** (5).

In bezug auf etwas Vergangenes („hätte ... nicht dürfen") nimmt man **shouldn't have + Past Participle** (6).

! Beachten Sie also: **mustn't** heißt <u>nicht</u> „muß nicht"!

Kurz zusammengefaßt:

dürfen	
Was drückt es aus?	englische Entsprechung
Erlaubnis im Einzelfall	**can/may** (Präsens) **could** (indirekte Rede) **be allowed to** (andere Zeiten)
allgemeine Erlaubnis	**be allowed to** (alle Zeiten)
in der Verneinung	**mustn't/shouldn't** (Präsens)
Ratschlag, Warnung, Vorwurf	**shouldn't have** (in bezug auf Vergangenes)

Abschließend einige weitere Übersetzungsmöglichkeiten von „dürfte(n)":

7.	That**'s probably** her father.	*Das dürfte ihr Vater sein.*
8.	That **should** do / **ought to** do.	*Das dürfte reichen.*

1.10.3 müssen

Bei „müssen" drängt sich das englische **must** als Übersetzung förmlich auf, und in der Tat ist das auch oft die richtige Entsprechung:

1.	You **must** know who I mean – you've seen her hundreds of times.	*Du mußt doch wissen, wen ich meine.* *Du hast sie schon hundertmal gesehen.*
2.	That **must have been** rather difficult.	*Das muß ziemlich schwierig gewesen sein.*
3.	You **must** be David's father.	*Sie sind sicherlich Davids Vater.*

> Wenn „müssen" eine *hohe Wahrscheinlichkeit, eine sichere Annahme oder Über-zeugung* ausdrückt, verwendet man im Englischen **must** im Präsens (1) bzw. **must have** in bezug auf Vergangenes (2). Oft gebraucht man im Deutschen in solchen Fällen „sicherlich", „bestimmt" oder „wohl" (3).

Mit „müssen" werden auch Verpflichtungen und Notwendigkeiten ausgedrückt:

4.	I really **must** have a bath.	*Ich muß unbedingt ein Bad nehmen.*

5. Damn it, Arthur, **must** you put ketchup on every-thing?

Verflixt noch mal, Arthur, mußt du auf alles Ketchup tun?

6.	I**'ve got to** be home by 11 o'clock.	*Ich muß bis um elf zu Hause sein.*

7. It's a pity you **have to** get up so early on weekdays.

Es ist schade, daß du unter der Woche so früh aufstehen mußt.

8. I just **had to** tell someone.

Ich mußte es einfach jemandem sagen.

9. We**'ll** probably **have to** buy a present as well.

Wir werden wohl auch ein Geschenk kaufen müssen.

Bei *Verpflichtungen und Notwendigkeiten im Einzelfall* nimmt man im Präsens **must**, besonders wenn der *Sprecher selbst* etwas für nötig hält (4, 5), bzw. **have (got) to**, besonders wenn der „Druck" von außen kommt (6).

Bei *regelmäßigen Verpflichtungen* ist nur **have (got) to** möglich (7).

In den *anderen Zeiten* wird die entsprechende Form von **have to** verwendet (8, 9).

Vorhin haben wir gesehen, daß **mustn't** „darf nicht" entspricht. Wie wird aber „braucht nicht"/ „muß nicht" ins Englische übersetzt?

10. You **don't have to** come / **needn't** come if you don't want to.

Du brauchst nicht / mußt nicht kommen, wenn du nicht willst.

11. I **don't have to** do this job, you know – I'm a qualified tree surgeon.

Ich muß diese Arbeit nicht machen, weißt du – ich bin nämlich qualifizierter Baumchirurg!

12. You **needn't** bother waiting for me with dinner.

Ihr müßt nicht auf mich mit dem Essen warten.

Die geläufigste englische Entsprechung von „nicht brauchen" / „nicht müssen" ist **not have to** (10, 11).

Nur wenn der *Sprecher selbst* etwas für unnötig hält, kann man auch **needn't** verwenden (12).

---

13. He **didn't have to** take part in the meeting.

Er brauchte nicht an der Sitzung teilzunehmen.

14. I **didn't need to** ask for permission.

Ich brauchte nicht um Erlaubnis zu bitten.

Die Vergangenheitsformen von **not have to** und **needn't** heißen **didn't have to** (13) bzw. **didn't need to** (14). **Need** ist aber in dieser Form *kein* Hilfsverb, sondern ein Vollverb. Es wird ausgedrückt, daß eine Handlung in der Vergangenheit unnötig war. Es bleibt offen, ob sie ausgeführt wurde oder nicht.

---

15. You **needn't have** waited for me all day long. *Du hättest auf mich nicht den ganzen Tag warten müssen.*

Needn't have + Past Participle drückt aus, daß eine bereits ausgeführte Handlung unnötig war (15).

Übung A

Setzen Sie die richtige Verbform ein: **needn't, mustn't** oder **don't have to**. Gelegentlich sind zwei Lösungen möglich.

a. You _____ play if you don't want to.

b. You _____ forget to wish her happy birthday.

c. I _____ work – I'm the boss!

d. You _____ bother calling Peter – I'll be seeing him tonight anyway and I'll give him the message.

Eine letzte Variante vor der Übersicht:

16. You **should** know – it was your idea! *Du müßtest es wissen, es war ja schließlich deine Idee!*

17. I **should have** realized she was only joking. *Ich hätte wissen müssen, daß das nicht ihr Ernst war.*

Der Konjunktiv „müßte(n)" wird im Englischen mit **should** (Präsens, 16) bzw. **should have** (in bezug auf Vergangenes, 17) ausgedrückt.

Kurz zusammengefaßt:

müssen	
Was drückt es aus?	englische Entsprechung
feste Annahme, Überzeugung	**must** (Präsens) **must have** (in bezug auf Vergangenes)

Notwendigkeit, Verpflichtung	**must** (Präsens), besonders wenn der Sprecher selbst etwas für nötig hält **have (got) to** (Präsens), besonders wenn äußere Bedingungen etwas notwendig machen entsprechende Form von **have to** (alle anderen Zeiten)
nicht müssen	
Was drückt es aus?	englische Entsprechung
etwas ist nicht notwendig	entsprechende Form von **not have to** (alle Zeiten) **needn't** (Präsens), **needn't have** (in bezug auf Vergangenes), nur wenn der Sprecher etwas für nicht nötig hält

1.10.4   sollen

1. You **should** get / **ought to** get to bed at a reasonable hour!

   Du solltest zu einer vernünftigen Zeit ins Bett gehen!

2. I **should have** stayed at home!

   Ich hätte zu Hause bleiben sollen!

Wenn mit „sollen" eine *höfliche oder bestimmte Aufforderung*, ein *Vorschlag* oder ein *Appell ans Gewissen* (auch ans eigene) ausgedrückt wird, sagt oder schreibt man **should** oder **ought to** im Präsens (1) bzw. **should have / ought to have** in bezug auf etwas Vergangenes (2).

---

3. You **shouldn't have** asked that down-and-out for money.

   Du hättest den Obdachlosen nicht um Geld bitten sollen.

---

shouldn't have + Past Participle drückt aus, daß eine in der Vergangenheit stattgefundene Handlung vom Standpunkt des Sprechers nicht nötig gewesen wäre (3). Zugleich kommt ein diesbezügliches Mißfallen zum Ausdruck.

Und nun zu weiteren Bedeutungen von „sollen":

4. The firm **is said to** be / **is supposed to** be almost bankrupt.

   Die Firma soll kurz vor dem Bankrott stehen.

5. Henry **is said to** have been / **is supposed to** have been married seven times before.   *Henry soll schon sieben Mal verheiratet gewesen sein.*

6. Up to thirty people **are said to** have been killed in the earthquake.   *Bis zu dreißig Personen sollen beim Erdbeben ums Leben gekommen sein.*

> Wenn „sollen" ein *Gerücht* bzw. eine *unbestätigte Behauptung* wiedergibt, verwendet man im Englischen die entsprechende Form von **be said to** oder **be supposed to** (4, 5). Das gilt auch für Nachrichten, die sich auf Quellen stützen (6).

7. The new ruling **is intended to** / **is meant to** make things easier for the consumer.   *Die neue Regelung soll Erleichterungen für den Verbraucher bringen.*

> Wenn „sollen" eine *Zielsetzung* oder *Absicht* wiedergibt, nimmt man im Englischen die entsprechende Form von **be intended to** oder **be meant to** (7).

8. **I'm supposed to** / **I'm to** pick up a package for Mr Walker here.   *Ich soll hier ein Päckchen für Mr. Walker abholen.*

> Wenn „sollen" eine *Vereinbarung*, eine *Aufgabe*, etwas *Vorgesehenes* o. ä. ausdrückt, sagt oder schreibt man im Englischen **be supposed to** bzw. **be to** (8).

9. Only three weeks later he **was to** be out of a job.   *Nur drei Wochen später sollte er arbeitslos sein.*

> Wenn mit „sollte(n)" etwas über das *zu erwartende Schicksal* ausgedrückt wird, sagt man im Englischen **was to / were to**. Das, was beschrieben wird, ist inzwischen auch schon eingetreten (9).

Viele Deutsche machen den Fehler, „sollen" mit **shall** zu übersetzen. In Wirklichkeit geht das nur relativ selten:

10. **Shall** I / **Should** I open a window?   *Soll ich ein Fenster aufmachen?*

11. **Shall** I call a doctor?   *Soll ich einen Arzt holen?*

12. Where **shall** I put it?   *Wo soll ich's hintun?*

13. She asked whether she **should** serve the dessert.   *Sie fragte, ob sie die Nachspeise servieren soll(e).*

Nur bei Vorschlägen in Form einer Frage (10) bzw. bei *Ja-Nein-Fragen* (11) oder *Fragen mit Fragewort* (z. B. „wo", „wie", „wann") (12) entspricht „sollen" dem englischen **shall**.

Should wirkt bei Fragen im Präsens etwas zurückhaltender (10). Es wird auch in der indirekten Rede verwendet (13).

! Häufiger ist **shall we**, die englische Entsprechung von „wollen wir":

14. **Shall** we go?   *Wollen wir gehen?*

Kurz zusammengefaßt:

sollen	
Was drückt es aus?	englische Entsprechung
Aufforderung, Vorwurf o. ä.	**should / ought to** (Präsens) **should have / ought to have** (in bezug auf Vergangenes)
Gerücht, unbestätigter Bericht o. ä. (= „angeblich / es heißt, daß …")	**be said to / be supposed to** (alle Zeiten)
Zielsetzung einer Maßnahme (= „mit … wird bezweckt, daß …")	**be meant to / be intended to** (alle Zeiten)
Vereinbarung, Aufgabe o. ä. (= „es ist/war abgemacht, daß …")	**be supposed to / be to** (alle Zeiten)
eintretendes Schicksal (= „später …")	**was to / were to** (nur in bezug auf Vergangenes)
Vorschlag, Entscheidungsfrage / Frage mit Fragewort	**shall** (Präsens) **should** (Präsens oder indirekte Rede)

Eine letzte Variante bei „sollen":

15. I don't know **what to do**.   *Ich weiß nicht, was ich tun soll.*

Ein *Nebensatz mit einem Fragewort* + „sollen" wird im Englischen meist mit einer Infinitivkonstruktion wiedergegeben (15).

1.10.5 Weitere Hilfsverben

Vor dem Abschlußtest noch einige Anmerkungen zu „mögen" und „wollen":

1. That **may** be.	*Das mag sein.*
2. He **may** be good-looking, but he's thick!	*Er sieht vielleicht gut aus, aber er ist stroh-dumm!*
3. She **won't** tell us where the key is.	*Sie will uns nicht sagen, wo der Schlüssel ist.*
4. My car **won't** start.	*Mein Auto will nicht anspringen.*

> Wenn „mögen" *einräumend* verwendet wird, um auszudrücken, daß etwas *möglich* ist, sagt man im Englischen **may** (1, 2).
>
> Wenn jemand oder etwas *nicht will* (= sich weigert, etwas zu tun), ist die englische Entsprechung **won't** (3, 4).

Übung B

Übersetzen Sie die in Klammern angegebenen deutschen Hilfsverben ins Englische.

From an Office Diary

Monday

I'm fed up of being told what I _____ (*machen darf*)
and what I _____ (*nicht machen darf*). This morning I
helped myself to a cup of coffee and Madge said I _____
(*hätte es nicht nehmen sollen*) because it was decaf[1] specially made for Mr Goodhart. Then I
went to do some photocopying and was told I _____
(*könnte es vergessen*) because the machine had overheated, and besides I really _____
_____ (*sollte*) remember not to put paper clips[2] in the photocopier because
they get stuck in the machine. I don't think I've ever copied paper clips before, but if Miss
Tweedy from Marketing says so then I suppose I _____
(*muß es gemacht haben*). Now they're telling me I _____ (*muß*)
cut down on long-distance phone calls because they're so expensive during the day. What
_____ (*soll ich machen*) – ring people up at night? At
lunchtime today I _____ (*durfte nichts essen*) in the
canteen because I had forgotten my lunch token[3]. Fortunately I _____

---

[1] decaf (*Kurzform von* decaffeinated coffee): *koffeinfreier Kaffee*; [2] paper clips: *Büroklammern*; [3] lunch token: *Essenmarke*

_____ (*konnte*) get a packet of crisps[1] from a vending machine[2], but by five o'clock I was so hungry I _____ (*konnte kaum*) walk to the bus stop. Then an inspector[3] got on and shouted "Where's your ticket?!" right behind my left ear. Not even "_____ (*darf*) I see your ticket, please?" He _____

_____ (*hätte mir geben können*) a heart attack.

Tuesday

_____ (*Darf ich nichts mehr machen*[4]) without asking other people's advice or permission or being bossed around[5] by them? Today there's a pile of letters on my desk which I _____ (*soll*) sign, but perhaps I _____ (*sollte*) ask someone what colour ink I _____ _____ (*sollte*) use. Madge has just come in to tell me I _____ _____ (*hätte nicht schicken müssen*) yesterday's letter to Mr Oliver in New York because she had already faxed it to him. I really don't think I _____ _____ (*kann*) take much more of this. _____ (*Können nicht*) people show a little more respect for their boss?

Epilogue

A month later poor Mr Lamb _____ (*sollte sein*) out of work[6]. Once too often he asked his department _____ (*was er tun sollte*) – so they told him to take a pen and a piece of paper and dictated his letter of resignation for him …

1.11 Die indirekte Rede

Mit der indirekten Rede wird das wiedergegeben, was man selbst oder jemand anders gesagt hat. Dabei wird die sogenannte direkte Rede (das, was geschrieben in Anführungsstrichen stünde: „..."") in die indirekte, oder „berichtete", Rede umgewandelt.

Die *indirekte Rede* besteht aus dem übergeordneten Satz (**she said**, **he told me** usw.) und dem *untergeordneten* Satz, der ursprünglichen direkten Rede. Steht der überge-ordnete – oder einleitende – Satz im Englischen in der Vergangenheit, ändern sich die grammatischen Zeiten. Das folgende Beispiel zeigt dies:

1. – "He's a bit hard of hearing."	– *„Er ist ein bißchen schwerhörig."*
– "What did she say?"	– *„Was hat sie gesagt?"*
– "She said you **were** a bit hard of hearing!"	– *„Sie hat gesagt, daß Sie ein bißchen schwerhörig seien (oder sind)!"*

---

[1] crisps: *Kartoffelchips*; [2] vending machine: *Automat*; [3] inspector: *Kontrolleur*; [4] *nichts mehr machen*: (not) ... do anything any more; [5] to be bossed around: *herumkommandiert werden*; [6] out of work: *arbeitslos*

1.11.1 Die Zeitenfolge

Hier eine Übersicht über die Verschiebung bei den verschiedenen Zeiten:

direkte Rede →	*indirekte Rede*
"I'm exhausted," said Fred.	Fred said (that) he **was** exhausted.
„Ich bin erschöpft", sagte Fred.	*Fred sagte, er sei erschöpft.*
einfache Gegenwart →	*einfache Vergangenheit*
"I'm writing a horror story," said Marjorie.	Marjorie said (that) she **was writing** a horror story.
„Ich schreibe eine Gruselgeschichte", sagte Marjorie.	*Marjorie sagte, daß sie eine Gruselgeschichte schreibe.*
-ing-Form der Gegenwart →	*-ing-Form der Vergangenheit*
"I **saw** him in the park with another woman," Jenny told me.	Jenny told me (that) she **had seen** him in the park with another woman.
„Ich habe ihn im Park mit einer anderen Frau gesehen", sagte Jenny.	*Jenny sagte, sie habe ihn im Park mit einer anderen Frau gesehen.*
einfache Vergangenheit →	**Past Perfect**[1] **(had + Past Participle)**
"She **was running** for the bus when she tripped over the dog," said the conductor.	The conductor said (that) she **had been running** for the bus when she (had) tripped over the dog.
„Sie rannte gerade zum Bus, als sie über den Hund stolperte", sagte der Schaffner.	*Der Schaffner sagte, daß sie gerade zum Bus rannte, als sie über den Hund stolperte.*
-ing-Form der Vergangenheit →	*-ing-Form des* **Past Perfect** **(had been + -ing-Form)**
"She's just **gone** to the bank," said Philip.	Philip said (that) she **had** just **gone** to the bank.
„Sie ist gerade auf die Bank gegangen", sagte Philip.	*Philip sagte, sie sei gerade auf die Bank gegangen.*
Present Perfect →	**Past Perfect**

---

[1] Gelegentlich findet man aber auch in der *indirekten Rede* die *einfache Vergangenheit.*

direkte Rede →	*indirekte Rede*
"**I've been waiting** for hours!" said Michael.	Michael said (that) he **had been waiting** for hours.
„Ich warte schon seit Stunden!" sagte Michael.	*Michael sagte, daß er schon seit Stunden gewartet habe.*
-ing-*Form des* **Present Perfect** →	**-ing-***Form des* **Past Perfect**
"**I had** never **been** in love before," Roger confessed.	Roger confessed (that) he **had** never **been** in love before.
„Ich war nie zuvor verliebt (gewesen)", gestand Roger.	*Roger gestand, daß er nie zuvor verliebt gewesen sei.*
Past Perfect bleibt	**Past Perfect**
"**We had been hoping** he wouldn't come," said Mary.	Mary said (that) they **had been hoping** he wouldn't come.
„Wir hatten gehofft, daß er nicht kommt (oder kommen würde)", sagte Mary.	*Mary sagte, sie hätten gehofft, daß er nicht kommt (oder kommen würde).*
-ing-*Form des* **Past Perfect** bleibt	**-ing-***Form des* **Past Perfect**
"**I'll let** you know," said Brian.	Brian said (that) he **would let** me know.
„Ich sag' dir Bescheid", sagte Brian.	*Brian sagte, er würde mir Bescheid sagen.*
will-*Zukunft* →	*Konditional I* (would + *Infinitiv*)
"**We'll be passing** through Aberdeen," said Mr Evans.	Mr Evans said (that) they **would be passing** through Aberdeen.
„Wir werden durch Aberdeen fahren", sagte Mr. Evans.	*Mr. Evans sagte, daß sie durch Aberdeen fahren würden.*
-ing-*Form der* **will-***Zukunft* →	**-ing-***Form des Konditionals I* (would be + -ing-*Form*)

"He**'ll have gone** for a drink with his mates," said Jean.	Jean said (that) he **would have gone** for a drink with his mates.
„Er wird mit seinen Kumpeln einen trinken gegangen sein", sagte Jean.	*Jean sagte, daß er mit seinen Kumpeln wohl einen trinken gegangen sei.*
Future Perfect (will/shall have + Past Participle) →	***Konditional II*** (would have + Past Participle)
"They **will have been playing** bridge at that time," said Mr Thomson.	Mr Thomson said (that) they **would have been playing** bridge at that time.
„Sie werden um die Zeit wohl gerade Bridge gespielt haben", sagte Mr. Thomson.	*Mr. Thomson sagte, daß sie um die Zeit wohl gerade Bridge gespielt haben würden.*
-ing-*Form des* Future Perfect →	**-ing-*Form des Konditionals II***

Lassen Sie sich von der Länge dieser Übersicht nicht abschrecken. Sie soll Ihnen in erster Linie zum Nachschlagen dienen, wenn Sie sich über die zeitliche Folge bei der indirekten Rede nicht sicher sind.

Kurz zusammengefaßt:

• *Gegenwart*	go	→	*Vergangenheit*	went
• *Vergangenheit*	went	→	**Past Perfect**	had gone
• **will-*Zukunft***	will go	→	*Konditional I*	would go
• **Future Perfect**	will have gone	→	*Konditional II*	would have gone

Abschließend eine allgemeine Anmerkung zum Gebrauch von **that** in der indirekten Rede:

1. When he **told** her **(that)** he was leaving her, she **replied that** it was the happiest day of her life.
Als er ihr sagte, daß er sie verlassen würde, antwortete sie, daß dies der schönste Tag ihres Lebens sei.

Die Sätze in der ***indirekten Rede*** können nach den Verben **say, tell, admit** und **think** *mit oder ohne* **that** geschrieben werden, aber auf jeden Fall *ohne Komma* (1)! Nach **tell** muß immer ein Objekt folgen (wie **me, us, him** usw.).

Bei den Verben **reply, answer, add, remark, explain** und **state** dagegen steht fast immer **that** (*auch hier kein Komma!*) (1).

Übung A

Folgende Sätze sollen in der **indirekten Rede** wiedergegeben werden.

a. "We're vegetarians." Mr Bean said _____ .

b. "The doctor will see you on Thursday." The receptionist told me _____

_____ .

c. "I was lying in the garden sunbathing when the parachutist[1] landed."

The young lady told the police _____

_____ .

d. "He's lying – he's never been to Greece." His sister said _____

_____ . She said _____ .

e. "We had been told that the house was infested with[2] mice." The couple said _____

_____ .

f. "I've been feeling a bit tired lately." Catherine said _____

_____ .

g. "You won't be needing your football boots after we're married." Pete's fiancée[3] said he

_____ .

1.11.2 Unvollständige Hilfsverben und andere Sonderfälle

Die meisten Formen der unvollständigen Hilfsverben bleiben bei der Wiedergabe in der indirekten Rede *unverändert*. Nur einige wenige werden umgewandelt:

direkte Rede →	**indirekte Rede**
1. "I **can't** understand what he's saying," remarked Sue.	Sue remarked that she **couldn't** understand what he was saying.
„Ich verstehe kein Wort von dem, was er sagt,“ bemerkte Sue.	*Sue bemerkte, daß sie kein Wort von dem verstehen könne, was er sagte.*
2. "We **may** be a bit late," warned Stan.	Stan warned that they **might** be a bit late.
„Wir kommen vielleicht ein bißchen später“, warnte Stan.	*Stan warnte, daß sie vielleicht ein bißchen später kämen.*

---

[1] parachutist: *Fallschirmspringer*; [2] to be infested with: *wimmeln von*; [3] fiancée: *Verlobte*

3. "We**'d better** wash it first."	Eve said they **had better** wash it first.
„Wir sollten ihn lieber vorher waschen!"	*Eva sagte, sie sollten ihn lieber vorher waschen.*

Folgende Zeitveränderungen sind bei den unvollständigen Hilfsverben in der *indirekten Rede* notwendig, wenn der Einleitungssatz in einer Vergangenheitsform steht (1, 2):

direkte Rede	→	*indirekte Rede*
can		**could**
may (*Möglichkeit*)		**might**
will/shall		**would**
shall (*in Fragen*)		**should**

Folgende Hilfsverbformen bleiben in der *indirekten Rede* unverändert (3):
could, had better, might, needn't, ought to, should, used to, would

Nun zu ein paar Sonderfällen:

direkte Rede	→	*indirekte Rede*
4. "I **must** tell you what happened on Friday," she said.		She said she **had to** tell me what (had) happened on Friday.
„Ich muß dir erzählen, was am Freitag passiert ist", sagte sie.		*Sie sagte, sie müsse·mir erzählen, was am Freitag passiert sei (oder ist).*

direkte Rede	→	indirekte Rede
5. "We **must** get some new wall-paper," said Reginald. *„Wir müssen unbedingt neue Tapeten kaufen", sagte Reginald.*		Reginald said they **must / would have to** get some new wallpaper. *Reginald sagte, sie müßten unbedingt neue Tapeten kaufen.*

> **Must** wird in der *indirekten Rede* zu **had to** (4). Ausnahme: es handelt sich um eine *zukünftige* Notwendigkeit. In diesem Fall bleibt es entweder unverändert oder wird zu **would have to** umgeformt (5).

6. "You **needn't** come to church every day," said the priest. *„Sie müssen nicht jeden Tag in die Kirche kommen", sagte der Pfarrer.*		The priest said I **needn't** come / I **didn't need to** / I **didn't have to** come to church every day. *Der Pfarrer sagte, ich müsse nicht jeden Tag in die Kirche kommen.*

In der direkten Rede hätte es ebenfalls heißen können: **"You don't have to come to church ..."** Deshalb:

> **Needn't** bleibt in der *indirekten Rede* erhalten oder wird zu **didn't need to** bzw. **didn't have to** umgeformt (6).
>
> Die Form **needn't have**, die ausdrückt, daß etwas in der Vergangenheit Geschehenes nicht hätte passieren, getan werden usw. müssen, bleibt unverändert.

7. "Mike **used to be** a woman called Doris," said Tina. *„Mike war früher eine Frau namens Doris", sagte Tina.*		Tina told me Mike **used to be / had previously been** a woman called Doris. *Tina sagte mir, daß Mike früher eine Frau namens Doris gewesen sei.*

> **Used to** bleibt in der *indirekten Rede* entweder *unverändert* oder wird durch **had previously been** umschrieben (7).

Übung B

Versuchen Sie, anhand der wiedergegebenen Rede die ursprünglichen Aussagen zu ermitteln.

a. Mr Wallis said my English would have to improve dramatically.

"_____,"

Mr Wallis said to me.

b. I asked if I should continue to take the tablets. "_____

_____?" I asked.

(*zwei mögliche Lösungen*)

c. Valerie said she might come to the lecture. "_____

_____," said Valerie. (*zwei mögliche Lösungen*)

d. Mark said I'd better ring up the travel agent. "_____

_____," Mark said.

e. Mr Smythe told his neighbours they didn't have to clear the snow from his path.

"_____,"

Mr Smythe said to his neighbours.

1.11.3 Ausnahmen zu den Regeln

Obwohl die Regeln der Zeitenfolge im Englischen grundsätzlich strenger eingehalten werden als im Deutschen, gibt es auch dort Fälle, die etwas flexibler gehandhabt werden:

direkte Rede	→	indirekte Rede
1. "The world **is** round," said the teacher.		The teacher said (that) the world **was** round. / The teacher said (that) the world **is** round.
„Die Welt ist rund", *sagte die Lehrerin.*		*Die Lehrerin sagte, die Welt sei (bzw. ist) rund..*

Bei *allgemeingültigen Aussagen* ist in der **indirekten Rede** eine Änderung der Zeit nicht zwingend notwendig (1).

Sehen Sie sich nun folgendes Kurzgespräch an:

2. – "What do you do?"
   – "I **study** Ancient Greek."
   – "What was that you said?"
   – "I said I **study** Ancient Greek."

   – *„Was machen Sie?"*
   – *„Ich studiere Altgriechisch."*
   – *„Wie war das noch mal?"*
   – *„Ich sagte, ich studiere Altgriechisch."*

Im letzten Satz hätte es streng nach der Regel heißen müssen: **"I said I studied Ancient Greek."** Da diese Aussage zweideutig sein könnte, wird hier auch in der indirekten Rede die **einfache Gegenwart** verwendet.

> Wenn das, was in der direkten Rede gesagt wird, in der Gegenwartsform steht, kann diese Zeit in der **indirekten Rede** beibehalten werden, wenn das *gegenwärtige Geschehen betont* bzw. Mißverständnisse vermieden werden sollen (2).

1.11.4 Fragen in der indirekten Rede

Fragen werden wie folgt in der indirekten Rede wiedergegeben:

direkte Rede	→ indirekte Rede
1. "Where **have** you **been** all night?" her father asked.	Her father asked (her) where she **had been** all night.
„Wo warst du die ganze Nacht?" fragte ihr Vater.	*Ihr Vater fragte (sie), wo sie die ganze Nacht gewesen sei.*
2. "How **will** you **get** there?" the policeman asked.	The policeman asked (us) how we **would get** there.
„Wie wollen Sie dort hinkommen?" fragte der Polizist.	*Der Polizist fragte (uns), wie wir dort hinkommen wollten.*

> Bei *Fragen mit Fragewort* ist die *Wortstellung* in der **indirekten Rede** wie im normalen Aussagesatz (1, 2). Die Zeitenfolge ist ebenfalls gleich.

Bei Entscheidungsfragen gilt folgende Handhabung:

direkte Rede	→ indirekte Rede
3. "**Do** you **like** Stravinsky?" the young man asked her.	The young man asked her **if/whether** she **liked** Stravinsky.
„Mögen Sie Strawinsky?" fragte sie der junge Mann.	*Der junge Mann fragte sie, ob sie Strawinsky möge.*
4. "**Have** you all **been** to the Natural History Museum?" he asked the class.	He asked the class **if/whether** they **had** all **been** to the Natural History Museum.
„Seid ihr alle schon im Naturkundlichen Museum gewesen?" fragte er die Klasse.	*Er fragte die Klasse, ob alle schon im Naturkundlichen Museum gewesen seien.*

Wenn kein Fragewort (**who, what, how** usw.) in der Frage erscheint, setzt man bei der *indirekten Rede* das Wort **if** bzw. (etwas seltener) **whether** ein, was dem deutschen „ob" entspricht (3, 4).

1.11.5 Aufforderungen/Befehle (*tell, ask*)

direkte Rede	→	indirekte Rede
1. "**Stop** staring at me!" he said to his sister.		He **told** his sister **to stop** staring at him.
„Starr mich nicht so an!" sagte er seiner Schwester.		*Er sagte seiner Schwester, sie solle ihn nicht so anstarren.*
2. "**Don't** keep changing channels!" Dad said to Pat.		Dad **told** Pat **not to** keep changing channels.
„Schalt nicht dauernd von einem Kanal zum anderen!" sagte Papi zu Pat.		*Papi sagte zu Pat, er solle nicht dauernd von einem Kanal zum anderen schalten.*
3. "**Could you** get me another coffee?" Ray asked his wife.		Ray **asked** his wife **to get** him another coffee.
„Könntest du mir noch einen Kaffee bringen?" bat Ray seine Frau.		*Ray bat seine Frau, ihm noch einen Kaffee zu bringen.*

Aufforderungen und Befehle werden in der indirekten Rede wie folgt behandelt:

Subjekt	+	Verb	+	Objekt	+	to-*Infinitiv* (1–3)
Jeremy		**told**		me		to shut up.
Sarah		**asked**		us		to go home.
The doctor		**advised**		me		to take it easy.

1.11.6 Änderung von Zeit- und Ortsangaben

Das letzte Thema dieses Kapitels ist weniger eine Frage der Grammatik als eine der Logik. Achten Sie darauf, wie sich **this morning** im folgenden ändert, je nachdem, an welchem Tag berichtet wird:

direkte Rede →	indirekte Rede
<u>Donnerstag</u>	*zurückblickend am <u>Donnerstag</u>*
1. "Helen finally rang me up **this morning**," Bill said.	Bill said that Helen had finally rung him up **this morning**.
	zurückblickend am <u>Freitag</u>
	Bill said that Helen had finally rung him up **yesterday morning**.
	zurückblickend am <u>Samstag</u>
	Bill said that Helen had finally rung him up **on Thursday morning**.
	zurückblickend an irgendeinem Tag, wenn der Donnerstag im Gespräch bereits erwähnt worden ist
	Bill said that Helen had finally rung him up **that morning**.

Das nächste Beispiel verdeutlicht, wie das Wort **this** in der indirekten Rede wiedergegeben wird:

2. "And be careful when working near **this** machine."	The boss told me to be careful when working near **that** machine.
„Und paß auf, wenn du in der Nähe dieser Maschine arbeitest!"	*Der Chef hat mir gesagt, ich soll aufpassen, wenn ich in der Nähe der Maschine (da) arbeite.*

Wie im Deutschen müssen Adverbien und andere adverbiale Bestimmungen in der **indirekten Rede** geändert werden, wenn die *zeitliche oder örtliche Perspektive* beim Berichten anders ist (1, 2). Hier eine Liste der wichtigsten Änderungen:

Zeitangaben

today	→	**that (same) day**
tonight		**that night**
this morning/afternoon/evening *usw.*		**that morning/afternoon/evening** *usw.*
yesterday		**the day before, the previous day**
tomorrow		**the next day, the following day**
now		(wird oft nicht wiedergegeben) **then, at that point (in time),** *(sofort)* **straightaway**
next week/month/year		**the following week/month/year**
last night/week/month/year		**the previous night/week/month/year; the night/week/month/year before**
a week/month/year ago **a minute / an hour ago**		**a week/month/year before** **a minute / an hour before**

Ortsangaben

here	→	(wenn der Ort aus dem Zusammenhang klar hervorgeht) **there, in that place, at that spot**
		(wenn der Ort nicht klar ist, muß präzisiert werden, z. B.) **in the library, at the disco** *usw.*
in this street *usw.*		**in that street** *usw.*

Demonstrativadjektive

this, that	→	*(mst)* **the**
these, those		*(mst)* **the**

Übung C

Stellen Sie sich vor, Sie fliegen von den USA nach Europa zurück. Nach einem schönen Abendessen freuen Sie sich auf Ihre Nachtruhe. Plötzlich werden Sie von Ihrer bisher schweigsamen und auffallend bleichen Nachbarin angesprochen.

Lady:	"Are you a frequent flyer?"
You:	"Yes, I am."
Lady:	"Do you get frightened in aeroplanes?"
You:	"Sometimes I feel uneasy[1] when there's strong turbulence."
Lady:	"I'm always afraid that the plane will crash or that there might be a terrorist on board. Can you see that man with the eyeshades[2] sitting in the third row? I think he must be trying to hide his identity. We ought to tell one of the stewards."
You:	"He's probably just trying to get some sleep."
Lady:	"You may have noticed that I suffer from fear of flying. My therapist has persuaded me to go on this flight because he thinks it will cure me."
You:	"Do you feel it's helping?"
Lady:	"It's too early to tell. I used to be afraid of spiders. It took six months and fifty tarantulas to heal me. I was also scared of heights until I forced myself to go bungee jumping."
You:	"I'm very impressed, but if you don't mind I really would like to catch a few hours' sleep now."
Lady:	"Oh, but you mustn't! You see, part of the therapy is to talk about the fear as you expose yourself to it[3]. Of course, when I was bungee jumping there wasn't much time to talk, and nobody to talk to, really. But a nine-hour transatlantic flight is absolutely ideal. I'll begin by trying to describe my phobia in detail …"

In der Alten Welt wieder angekommen, spüren Sie, was „Jet-Lag" wirklich heißt. Da Sie ohnehin nicht einschlafen können und Ihr Partner höflich anfragt, wie denn der Flug gewesen sei, kommen Sie gleich zur Sache:

I was about to settle down to sleep when the lady sitting next to me asked me _____

_____. I replied _____, and she asked

_____. I said _____

_____ strong turbulence. She admitted _____

_____ a terrorist on board. She asked _____

_____ in the third row. She thought

_____ and that _____

_____ one of the stewards, to which I replied that _____

_____.

---

[1] to feel uneasy: *beunruhigt sein*; [2] eyeshades: *Augenblenden*; [3] to expose oneself to s.th.: *sich einer Sache aussetzen*

She remarked that _____ fear of flying. She explained

that her therapist _____

_____. I asked _____

_____. She said _____.

She then revealed _____ spiders and that

_____ to heal her. Also, _____

_____ bungee

jumping. In an attempt to shut her up, I said _____ but

_____. She grabbed me by the

arm and told me _____ because part of the therapy

_____ to it. She

admitted that when _____

and nobody to talk to, really. But she felt a nine-hour transatlantic flight _____

absolutely ideal. She then said _____

_____ …

1.12 Der Imperativ (die Befehlsform)

1.12.1 Die Bildung des Imperativs

Im Englischen gibt es nur *eine* Befehlsform, egal ob man eine Person oder gleich mehrere anspricht und ob man diese Person(en) duzen oder siezen würde.

1. **Look!** *Sieh mal!*

2. **Stop** tickling me! *Hör auf, mich zu kitzeln!*

3. **Keep** walking – if we turn round we're lost.

   Einfach weitergehen – wenn wir uns umsehen, sind wir aufgeschmissen!

4. Whatever you do, **don't mention** her back.

Was auch immer ihr tut, sagt ja nichts über ihren Rücken!

- Der *Imperativ* hat dieselbe Form wie der *Infinitiv ohne* **to** (1 – 4).
- Durch Voranstellung von **don't** wird der *Imperativ* verneint (4).

1.12.2   Der Gebrauch des Imperativs

1. Stop that noise, **will you**!	*Hört doch auf mit dem Krach!*
2. Go to bed now, **will you**?	*Nun aber ab ins Bett, verstanden?*
3. Sit down over here, **would you**.	*Setzen Sie sich doch hier hin!*
4. Stop saying things like that, **would you**!	*Hören Sie jetzt bitte auf, solche Dinge zu sagen!*

- Durch Anhängen von **will you!** wird der *Imperativ* betont (1). Diese Form wird meistens auf familiärer Ebene benutzt, oft bei Kindern, Schülern usw.
- Durch Anhängen von **will you?** mit Fragezeichen klingt der Befehl freundlicher (2).
- Durch Anhängen von **would you** wird der „Befehl" zu einer höflichen (3) oder dezidierten Aufforderung (4).

Diese Beispiele zeigen auch, daß der Imperativ im Englischen nicht immer mit einem Ausrufezeichen verwendet wird. Dies gilt auch für Fälle folgender Art:

5. **Take** the meat out of the freezer and **defrost** it thoroughly.	*Nehmen Sie das Fleisch aus der Gefriertruhe und lassen Sie es völlig auftauen!*

> Bei *Anweisungen* erscheint der **Imperativ** ohne Ausrufezeichen (5).

Das Ausrufezeichen wird im Englischen nur bei gehobener Stimmführung benutzt und erscheint deshalb viel seltener als im Deutschen.

6. **You pick up** all those bricks you've thrown on the floor!

   Du hebst aber jetzt die ganzen Bausteine auf, die du auf den Boden geschmissen hast!

7. **Don't you answer** me back!

   Untersteh dich, mir zu widersprechen!

8. **You wait** here and I'll talk to the surgeon.

   Warte hier, und ich rede mit dem Chirurgen.

> Durch die Einfügung von **you** klingt der Befehl bzw. die Aufforderung bestimmter oder auch bedrohlicher (6, 7). Bei einer gutgemeinten Aufforderung verleiht der Gebrauch von **you** dem **Imperativ** eine Art sanfte Bestimmtheit (8).

Zum Abschluß noch ein paar Besonderheiten:

9. **Never forget** what I've told you.

   Vergiß nie, was ich dir gesagt habe!

10. **Always lock** the front door when you leave the house.

    Schließ immer die Haustür ab, wenn du das Haus verläßt!

> **Never** und **always** können zur Verstärkung vor die Imperativform gesetzt werden (9, 10).

11. **Go and talk** to your teacher if you don't understand it.

    Red doch mit deinem Lehrer, wenn du es nicht verstehst!

12. **Try and plug** the hole with some cotton wool.

    Versuch doch, das Loch mit Watte zuzustopfen!

> Der sogenannte **Doppelimperativ** besteht aus zwei Verben, die durch **and** verbunden sind (nicht **to**!) (11, 12). Die Verben **go, come, try**[1] und **wait** werden oft auf diese Weise verwendet. Im Deutschen erscheint dafür meistens das Wort „doch".

Beachten Sie schließlich auch den folgenden, sehr idiomatischen Gebrauch der Befehlsform im Englischen:

13. **Don't**!

    Nicht (doch)!

---

[1] **try and** bei Vorschlägen, **try to** bei schwierigen bzw. unmöglichen Aufgaben

Übung A

Übersetzen Sie folgende Anweisungen ins Englische – und vergessen Sie nicht, daß das Ausrufezeichen nicht immer notwendig ist!

a. *Tu's nicht!*

___

b. *Stell doch[1] das Radio leiser!*

___

c. *Hört doch[1] auf zu mogeln[2]!*

___

d. *Lauf!*

___

e. *Lesen Sie das Kleingedruckte[3] sorgfältig durch!*

___

f. *Schnall dich an[4]!*

___

g. *Setz dich hin, während ich den Tee mache!*

___

1.13   lassen

In diesem Kapitel geht es um die verschiedenen englischen Entsprechungen des deutschen Wortes „lassen", das eine häufige Fehlerquelle für deutschsprachige Englischlernende darstellt.

1.13.1   *leave* und *let*

Oft durcheinandergebracht werden **leave** und **let**, die beide – je nach Kontext – mögliche Entsprechungen des deutschen „lassen" sind.

1. I **left** the bikes out all night.	*Ich habe die Fahrräder die ganze Nacht draußen gelassen.*

---

[1] Das „doch" brauchen Sie hier nicht zu übersetzen; [2] *mogeln:* to cheat; [3] *das Kleingedruckte:* the small print; [4] *sich anschnallen:* to put one's seatbelt on

2. Don't **leave** your luggage unattended.   *Lassen Sie Ihr Gepäck nicht unbeaufsichtigt!*

Leave[1] bedeutet „zurücklassen", „so lassen, wie/wo es ist/war". Es wird in folgender Konstruktion verwendet:

leave + *Objekt* + *Adjektiv* / **Past Participle** (1, 2)

Leave kommt als Übersetzung für „lassen" allein nur selten in Frage, für *Verbindungen* mit „lassen" aber um so häufiger:

3. She **left** me standing there like a fool.   *Sie ließ mich dort stehen wie einen Idioten.*

4. Just **leave** the dishes.   *Laß das Geschirr einfach stehen!*

5. I **left** my umbrella on the train.   *Ich habe meinen Regenschirm im Zug liegenlassen.*

6. She has **left** her third husband.   *Sie hat ihren dritten Mann verlassen.*

Und nun zu **let**:

7. My dad sometimes **let** me use his video camera.   *Mein Papa ließ mich manchmal seine Videokamera benutzen.*

8. She **lets** the kids do anything they want.   *Sie läßt die Kinder alles machen, was sie wollen.*

Let[2] bedeutet „erlauben", „zulassen" und wird in folgender Konstruktion verwendet:

let + *Objekt* + *Infinitiv* ohne **to** (7, 8)

Noch eine Besonderheit:

9. We **were** not **allowed to see** the patient.   *Man ließ uns den Patienten nicht sehen.*

Da **let** im *Passiv*[3] nicht möglich ist, wird folgende Struktur gebraucht:

be allowed to + *Grundform des Verbs* (9)

---

[1] **leave** ist ein unregelmäßiges Verb: **leave, left, left**; [2] **let** ist ebenfalls unregelmäßig: **let, let, let**; [3] vgl. Kapitel 1.6, S. 53 ff.

1.13.2 *have, get* und *make*

Das deutsche „lassen" wird auch im Sinne von „veranlassen, daß jemand etwas (für einen) macht" verwendet. Das wird wie folgt im Englischen ausgedrückt:

1. She **had him sew** the button onto her blouse.

   Sie ließ ihn den Knopf an ihre Bluse nähen (= Er mußte für sie ...).

2. She **makes him do** everything for her.

   Sie läßt ihn alles für sich machen (= Er muß alles für sie machen).

„Jemanden etwas machen lassen" wird im Englischen mit folgenden Konstruktionen ausgedrückt:

have + *Objekt* + *Infinitiv ohne* **to** (1) (neutraler Ausdruck)

make + *Objekt* + *Infinitiv ohne* **to** (2) (verwendet, wenn Druck ausgeübt wird)

Im *Passiv* dagegen wird **to** vor den Infinitiv gesetzt:

3. We **were made to** wait for almost an hour.

   Man ließ uns fast eine Stunde warten (= Wir mußten ... warten).

Im *Passiv* lautet die Konstruktion:

be made to + *Grundform des Verbs* (3)

Bei einer weiteren Verwendung von „lassen" steht nicht die Person, die für einen etwas macht, sondern das, was gemacht wird, im Vordergrund:

4. Apparently his wife **had the plaque put up**.

   Angeblich ließ seine Frau die Gedenktafel dort anbringen.[1]

---
[1] Das tat sie, weil ihr Mann in der Kneipe „praktisch sein Leben verbracht" hat!

5. **We're having the house painted** at the moment.

Wir lassen das Haus gerade streichen.

6. I must **get the car fixed** soon.

Ich muß das Auto bald reparieren lassen.

Für „lassen" im Sinne von „veranlassen, daß etwas gemacht wird" verwendet man im Englischen:

have + *Objekt* + **Past Participle** (4, 5) (neutraler Ausdruck)

get + *Objekt* + **Past Participle** (6) (etwas umgangssprachlicher)

Kurz zusammengefaßt:

Was drückt „lassen" aus?	englische Entsprechung
zulassen, erlauben *Laß mich bitte fahren!*	**let** + *Objekt* + *Infinitiv* ohne **to** **Let me drive,** please.
veranlassen, daß jemand etwas macht *Ich werde sie für mich die Steuerer-klärung machen lassen.*	**have** + *Objekt* + *Infinitiv* ohne **to** **make** + *Objekt* + *Infinitiv* ohne **to** (Druck, Zwang) I'll **have her fill out** my tax return for me.
veranlassen, daß etwas gemacht wird *Laß Champagner aufs Zimmer bringen!*	**have** + *Objekt* + **Past Participle** **get** + *Objekt* + **Past Participle** **Have some champagne brought** up to the room.
zurücklassen, so lassen, wie es ist oder war · *Ich hab' meine Brille zu Hause (liegen) gelassen.*	**leave** I **left** my glasses at home.

1.13.3 Idiomatische Wendungen

Zu guter Letzt einige idiomatische Redewendungen, die im Deutschen mit „lassen" aus-gedrückt werden:

Stop it!	*Laß das!*
Enough of that.	*Lassen wir das!*
I can't help it.	*Ich kann's nicht **lassen**.*
He can't stop lying.	*Er kann das Lügen nicht **lassen**.*
I'm afraid that can't be done.	*Das **läßt** sich leider nicht machen.*
keep s.o. waiting	*jmdn. warten **lassen***
drop s.th.	*etw. fallen **lassen***
grow a beard	*sich einen Bart wachsen **lassen***
put up with s.th.	*sich etw. gefallen **lassen***
leave the light on	*das Licht brennen **lassen***
think of s.th.	*sich etw. einfallen **lassen***
send for the doctor	*den Arzt kommen **lassen***

Übung A

Setzen Sie die richtige englische Entsprechung von „lassen" (bzw. gegebenenfalls „stehenlassen", „liegenlassen" o. ä.) ein.

I'll never understand women! They _____ you waiting for hours when you're going out. If you dare to disagree with them, they march off and _____ you standing there like a fool. They _____ their hair done almost every week, even though it always looks the same! They won't _____ you watch the football match on TV, but they _____ you do the washing up as if it was the most natural thing on earth. Honestly, Dad, I don't think I want to grow up …

1.14 *Phrasal Verbs*

Wir wenden uns jetzt den sogenannten **Phrasal Verbs** zu. Das sind Verbindungen aus:

> *Verb* + *Präposition* oder *Adverb* (z. B. **look at, go away**)

> bzw.

> *Verb* + *Adverb* + *Präposition* (z. B. **look forward to**)

Die grammatische Zusammensetzung dieser Ausdrücke ist für Sie aber unerheblich. **Phrasal Verbs** sind dadurch gekennzeichnet, daß sie die Bedeutung des Grundverbs erweitern oder aber eine ganz andere Bedeutung als das Grundverb haben. So heißt **look** etwa „gucken", „schauen", während **look for** mit „suchen" übersetzt wird. Manche **Phrasal Verbs** haben je nach Zusammenhang sogar mehrere unterschiedliche Bedeutungen. Man übersetzt **grow up** entweder mit „aufwachsen" oder aber mit „erwachsen werden", je nach Zusammenhang. Aus diesem Grunde sollten die **Phrasal Verbs** als Vokabeln gelernt werden.

1.14.1 Die wichtigsten *Phrasal Verbs*

Wir führen nun eine Liste wichtiger **Phrasal Verbs** auf, die es sich anzueignen lohnt. Da die Stellung des Objekts auch Schwierigkeiten bereiten kann (vgl. unten S.128 ff.), haben wir – wo nötig – **s.o.** (= **someone**, *jemanden, jemandem*) bzw. **s.th.** (= **something**, *etwas*) mit angegeben, damit die gesamte Struktur von vornherein klar ist.

ask for s.th.	*um etw. bitten*
beat s.o. up	*jmdn. zusammenschlagen*
blow s.th. up	*etw. in die Luft jagen*
break down	*eine Panne haben*
break out of s.th.	*aus etw. ausbrechen*
bring s.th. up	*etw. erwähnen*
call s.o. up	*jmdn. anrufen*
call in on s.o.	*bei jmdm. vorbeischauen*
calm down	*sich beruhigen*
care for s.o.	*sich um jmdn. kümmern*
catch up with s.o.	*jmdn. einholen*
cheer up	*fröhlicher werden*
cheer s.o. up	*jmdn. aufmuntern*
come in	*irgendwo hereinkommen*
deal with s.o./s.th.	*sich mit jmdm./etw. beschäftigen*
end up	*enden; „landen"*
figure out	*ausrechnen; „rauskriegen"*
fill s.th. in/out	*etw. ausfüllen*
find s.th. out	*etw. herausfinden*
get away	*entkommen*
get in	*einsteigen*
get off	*aussteigen*
get off s.th.	*aus etw. aussteigen*
get on	*einsteigen*
get on s.th.	*in etw. einsteigen*
get on / get along with s.o.	*sich mit jmdm. verstehen*
get out	*aussteigen*
get out of s.th.	*aus etw. aussteigen; aus etw. herauskommen (unangenehme Situation usw.)*
get up	*aufstehen*
give s.th. away	*etw. verschenken; etw. verraten*
give in	*aufgeben*
give up doing s.th.	*mit etw. aufhören*

go away	*weggehen*
go back	*zurückgehen*
go in	*hineingehen*
go on doing s.th.	*mit etw. weitermachen*
go out	*herausgehen; ausgehen*
go up	*hinaufsteigen, hinaufgehen*
grow up	*aufwachsen; erwachsen werden*
hang s.th. up	*etw. aufhängen*
invite s.o. out	*jmdn. einladen auszugehen / Essen zu gehen o. ä.*
knock s.o. down	*jmdn. überfahren*
knock s.th. down	*etw. abreißen/demolieren; etw. umstoßen*
leave s.th. out	*etw. weglassen*
lie down	*sich hinlegen*
look after s.o.	*sich um jmdn. kümmern*
look for s.o./s.th.	*jmdn./etw. suchen*
look forward to s.th.	*sich auf etw. freuen*
look s.th. up	*etw. nachschlagen*
look up	*hochschauen*
pick s.th. up	*etw. aufheben*
pick s.o. up	*jmdn. abholen; jmdn. vom Boden aufheben*
point s.th. out (to s.o.)	*(jmdn.) auf etw. aufmerksam machen*
pull s.th. down	*etw. abreißen*
put s.th. away	*etw. wegräumen*
put s.th. off	*etw. (zeitlich) verschieben*
put s.th. on	*etw. anziehen*
put s.o. up	*jmdn. bei sich übernachten lassen*
put up with s.th.	*etw. aushalten; sich etw. gefallen lassen*
ring s.o. up	*jmdn. anrufen*
run away with s.o.	*mit jmdm. durchbrennen*
set off	*aufbrechen*
show off	*angeben*
show s.o. round	*jmdn. herumführen*
sit down	*sich hinsetzen*
slow down	*langsamer fahren/werden usw.*
stand up	*aufstehen*
stay up	*aufbleiben*
switch s.th. off	*etw. ausschalten*
switch s.th. on	*etw. an-/einschalten*
take s.th. off	*etw. ausziehen*
take s.th. out	*etw. herausnehmen*
tear s.th. up	*etw. zerreißen*
throw s.th. away	*etw. wegwerfen*
try s.th. on	*etw. anprobieren*
try s.th. out	*etw. ausprobieren*

turn s.o. down	*jmdm. etw. ablehnen*
turn s.th. down	*etw. ablehnen; etw. leiser stellen*
turn s.th. off	*etw. ausschalten*
turn s.th. on	*etw. an-/einschalten*
turn round	*sich umdrehen*
turn up	*erscheinen, auftauchen, kommen*
turn s.th. up	*etw. lauter stellen*
wait up	*aufbleiben*
wake up	*aufwachen*
wake s.o. up	*jmdn. aufwecken*
walk out on s.o.	*jmdn. verlassen*
wash up	*abspülen* (Geschirr usw.)
wash s.th. up	*etw. abspülen*
watch out for s.th.	*auf etw. achten*
write s.th. down	*etw. auf-/niederschreiben*
wear off	*nachlassen* (Schmerz usw.)

Übung A

Setzen Sie die richtige *Präposition* bzw. das richtige *Adverb* ein.

a. Turn the stereo _____ – it's far too loud!

b. Do you get _____ _____ your mother-in-law[1]?

c. I can't put _____ going the dentist's any longer.

d. My brother gave _____ some of his best video nasties[2]!

e. What we've now got to figure _____ is how Orville's luggage ended _____ in Portugal[3].

---

[1] mother-in-law: *Schwiegermutter*; [2] video nasties: *Horrorvideos*; [3] Der Witz spielt auf den ersten Motorflug im Jahre 1903 durch die Amerikaner Wilbur und Orville Wright an. Er nimmt die ärgerliche Tendenz vorweg, daß aufgegebenes Gepäck unterwegs verlorengeht.

Übung B

Fügen Sie das richtige Verb – **put** oder **take** – in der richtigen Zeitform ein.

a. _____ off your suit and _____ on something a bit more comfortable.

b. Can you _____ me up for the night?

c. She _____ out a pipe and started smoking it.

d. We've all seen your glass eye, Grandad, now _____ it away!

Übung C

Ersetzen Sie das unterstrichene Wort durch ein **Phrasal Verb**.

a. She refused my offer. _____

b. He told us to enter. _____

c. We discovered what had happened. _____

d. He requested our assistance. _____

1.14.2 Die Wortstellung bei *Phrasal Verbs*

Zunächst geht es um Verbindungen ohne Objekt:

1. When did you **get up** this morning?   *Wann bist du heute morgen aufgestanden?*

2. I think I'd better **lie down** for a while.   *Ich glaube, ich sollte mich jetzt ein bißchen hinlegen.*

Bei **Phrasal Verbs** ohne Objekt bleiben Verb und Ergänzung (Präposition bzw. Adverb) *grundsätzlich zusammen* (1, 2).

Nun zu den **Phrasal Verbs**, die mit einem Objekt verbunden werden:

3. They **put off the meeting** till next week.   *Sie haben die Sitzung auf nächste Woche verschoben.*

4. She **put off going to the doctor's** until it was too late.   *Sie zögerte ihren Besuch beim Arzt hinaus, bis es zu spät war.*

5. He **put off what he had been planning to do.**   *Er verschob seine Pläne.*

Im allgemeinen steht das Objekt – ob Substantiv (3), Verb (4) oder Satzteil (5) – *nach* der Präposition bzw. dem Adverb.

Einige Ausnahmen:

6. He **tore my love letters up**.   *Er zerriß meine Liebesbriefe.*

7. She **switched the TV off**.   *Sie schaltete den Fernseher aus.*

Ein *kurzes Objekt* kann *zwischen* Verb und Präposition bzw. Adverb stehen (6,7).

So hätte Satz 3 auch wie folgt lauten können:

They <u>put the meeting off</u> till next week.

Für Pronomen (wie **him, them, it, her** usw.) ist diese Position bei vielen **Phrasal Verbs** sogar die einzig mögliche:

She wrote down my phone number. → She <u>wrote it down</u>.
She wrote my phone number down. → She <u>wrote it down</u>.

Schließlich gibt es eine Reihe von **Phrasal Verbs**, die in der Regel nicht getrennt werden:

8. I don't know how you **put up with her**!   *Ich weiß nicht, wie du es bei ihr aushältst!*

9. Go home, Joey – Mrs Watkins **is looking after you** while we're in Tenerife.   *Nun flieg endlich nach Hause, Joey! Mrs. Watkins paßt doch auf dich auf, während wir auf Teneriffa sind!*

Einige **Phrasal Verbs** werden normalerweise nicht durch ein Objekt getrennt (8, 9).

Bei solchen **Phrasal Verbs** steht **s.o.** bzw. **s.th.** (in der Liste auf Seite 125–127) *hinter* der Präposition bzw. dem Adverb (z. B. **look after s.o.**).

Nur im *sehr gestelzten formellen Englisch* kann man diese Verbindungen voneinander trennen:

10. At what is she looking, may I ask?	*Was betrachtet sie, wenn ich fragen darf?*

Viel üblicher wäre:

11. What is she **looking at**?	*Was sieht sie sich an?*

Übung D

Ersetzen Sie die unterstrichenen Wörter durch das entsprechende Pronomen und setzen Sie dieses an die richtige Stelle im Satz, z. B.: **I rang up** <u>my girlfriend</u>. → **I rang her up** _____ .

a. He never puts on <u>his wedding ring</u>. → He never puts _____ on _____.

b. Who's looking after <u>the kids</u>? → Who's looking _____ after _____ ?

c. She walked out on <u>her husband</u>. → She walked _____ out _____ on _____ .

d. Why don't you clean up <u>the mess</u>? → Why don't you clean _____ up _____ ?

1.15 Der Konjunktiv *(Subjunctive)*

1.15.1 Der Konjunktiv Präsens

Der Konjunktiv als grammatische Form ist im Englischen nur noch vereinzelt anzutreffen. Er erscheint beispielsweise in einigen festen Redewendungen, die man am besten auswendig lernt:

1. God **bless** you.	*Gott segne dich / Sie. /* (wenn jemand niest, auch) *Gesundheit!*
2. Heaven **forbid**.	*Gott behüte!*
3. Long **live** …	*Es lebe … !*

Das Wichtigste bei der Bildung des *Konjunktiv Präsens* erkennt man schon an diesen Beispielen:

> Im *Konjunktiv Präsens* gilt für alle Personen die **Grundform des Verbs** (ohne **to**!) – z. B. **be, say, go** usw. (1–3). Also kein **-s** bei der 3. Person Singular!

Nach einigen Verben erscheint der *Konjunktiv Präsens* häufiger:

4. I suggested she **look** for another job.	*Ich schlug vor, daß sie sich nach einer neuen Stelle umsehen sollte.*
5. He demanded that the meeting **take** place within a week.	*Er verlangte, daß die Sitzung innerhalb einer Woche stattzufinden habe.*

> Verben, die *einen Vorschlag, eine Bitte, eine Forderung, einen Befehl* o. ä. ausdrücken (wie z. B. **suggest**, **propose**, **ask**, **request**, **demand**, **insist**), werden oft mit dem *Konjunktiv Präsens* verbunden (4, 5).

In solchen Fällen ist eine Konstruktion mit **should**[1] aber auch möglich, ja sogar geläufiger:

6. I insisted that we **should meet** in the bar.	*Ich bestand darauf, daß wir uns in der Bar treffen sollten.*

Noch eine letzte Anwendungsmöglichkeit des *Konjunktiv Präsens*:

7. It's vital that the deadline **be** met.	*Es ist zwingend notwendig, daß der Termin eingehalten wird.*

> Bei Konstruktionen wie **it's important/vital/essential** o. ä. **(that) ...**, die die *Dringlichkeit* von etwas zum Ausdruck bringen, wird der *Konjunktiv Präsens* ebenfalls gebraucht (7).

1.15.2 Die Vergangenheitsform des Konjunktivs *(Past Subjunctive)*

Von der Form her ist die Vergangenheit des Konjunktivs mit der *einfachen Vergangenheit* identisch – mit einer einzigen Ausnahme:

1. I wish I **was/were** 20 years younger.	*Ich wünschte, ich wäre 20 Jahre jünger.*

---

[1] vgl. Kapitel 1.10, S. 100 ff.

2. I'd like to think that, even if I **were** homeless, I'd still have a sense of style.

   Ich möchte meinen, daß ich, selbst wenn ich obdachlos wäre, noch einen Sinn für Stil hätte.

> Beim Verb **to be** kann als Vergangenheitsform des Konjunktivs neben **I/he/she/it was** auch **I/he/she/it were** verwendet werden (1, 2).

Der Gebrauch dieser Zeitform ist noch eingeschränkter als bei der Gegenwartsform. Er beschränkt sich fast ausschließlich auf einige Wendungen, die man auswendig lernen sollte. Diese drücken in der Regel einen *Wunsch* oder einen *Vorschlag* aus und sind hier unterstrichen:

3. I wish I **knew** her name.

   Ich wünschte, ich wüßte, wie sie heißt.

4. **If I were you** I would get a divorce.

   Ich an deiner Stelle würde mich scheiden lassen.

5. It's (about) time / It's high time you **grew** up.

   Es ist an der Zeit / höchste Zeit, daß du erwachsen wirst!

Übung A

Setzen Sie die richtige Form der in Klammern angegebenen Verben ein.

It was a cold October morning, but the funfair[1] was open. The kids insisted Ben _____ _____ (take) them on the big dipper[2]. "It's about time you _____ (realize) you can't have everything you want," Ben replied, but the kids kept moaning at him to be a sport[3]. "If I _____ (be) you I wouldn't let them go on it," said his

---

[1] funfair: *Rummelplatz*; [2] big dipper: *Achterbahn*; [3] to be a sport: *kein Spielverderber sein*

wife Carol, who got seasick on the children's swing. "It's vital that they _____ _____ (learn) to accept no for an answer." "I wish we _____ (have) as much money as Uncle Barry," said the kids, "then we could go on anything we wanted." As usual, that did the trick[1] …

But as soon as they started off, they realized something was wrong. They moved slowly up the first incline[2] – then suddenly slipped back down again. "I wish I _____ (know) what's going on here!" Ben exclaimed, as a worker casually[3] gave them a push from behind. The same thing happened again. Ben was terrified. "Is there anyone behind us?" asked the kids. "Heaven _____ (forbid)!" Ben groaned[4]. At the fourth attempt they managed to get up the slope. They hadn't gone far when they suddenly came to a halt again, this time high up in the air. The kids found it great fun, but Ben demanded that someone _____ (come) to their rescue at once. This time the same worker climbed up the huge frame like a monkey and walked towards them, cigarette in mouth, as if it _____ (be) the most natural thing in the world. Again they were given a push, and eventually their adventurous trip came to an end without any further mishap[5].

Ben was just recovering when the man from the funfair suggested they _____ (have) another go[6] as the trip hadn't been much fun. Before he could refuse, the kids were back in the car. "Long _____ (live) the big dipper!" they cried, as they set off on another adventure …

1.16 Frageform und Verneinung

1.16.1 Die Frageform

Folgende Frageform ist für Deutschsprachige relativ unproblematisch:

1. **Is he** angry at you?   *Ist er sauer auf dich?*

2. **Have you been** on holiday?   *Waren Sie im Urlaub?*

3. **Will you marry** me?   *Heiratest du mich?*

4. **Must you make** such silly comments   *Mußt du ständig diese dummen Kommentare*
   all the time?   *abgeben?*

---

[1] as usual, that did the trick: *wie immer hatte das die gewünschte Wirkung*; [2] incline: *Neigung*; [3] casually: *lässig*; [4] to groan: *stöhnen*; [5] without any further mishap: *ohne weitere Zwischenfälle*; [6] to have another go: *noch einmal mitfahren*

> Fragesätze mit **be** (1) und den Hilfsverben **have** (**have seen, have said** usw.) (2), **will** (**will go** usw.) (3), **can, could, may, might, must** (4), **should, need** und **ought** werden wie im Deutschen durch einfache Umstellung von Subjekt und Hilfsverb gebildet. Im Gegensatz zum Deutschen steht das Hauptverb nicht am Ende des Satzes (4).

In allen anderen Fällen unterscheidet sich die Satzgliedfolge im Englischen grundsätzlich von der im Deutschen:

5. **Do you think** I'm crazy?   *Glaubst du, ich bin verrückt?*

6. **Did you see** her face?   *Hast du ihren Gesichtsausdruck gesehen?*

7. **Did you have** a nice time?   *Habt ihr eine schöne Zeit gehabt?*

8. **Do you have** one with fewer buttons?   *Haben Sie einen mit weniger Knöpfen?*

> Ansonsten werden Fragen folgendermaßen gebildet:
>
> **do/does** (Präsens) bzw. **did** (Vergangenheit) + *Infinitiv* ohne **to** (5-8).
>
> Die Satzgliedstellung ist wie folgt:
>
> | | *Subjekt* | *Prädikat* (Verb) | *Objekt* |
> |---|---|---|---|
> | Aussagesatz | **She** | **like<u>s</u>** | **him.** |
> | Fragesatz | <u>**Does**</u> **she** | **like** | **him?** |

Folgende Handhabung gilt, wenn der Satz ein Fragewort enthält:

9. **When did you get** here?   *Wann bist du angekommen?*

10. **Where does he live**?   *Wo wohnt er?*

11. **Who sold you** this old banger?

Wer hat dir denn diese alte Klapperkiste verkauft?

12. **Which chapter comes** next?

Welches Kapitel kommt als nächstes?

Fragen mit Fragewörtern wie **when, why, which** usw. werden ebenfalls mit **do** + *Infinitiv* ohne **to** gebildet (9,10).

Ausnahme: wenn das Fragewort *Subjekt* (11) oder *Teil des Subjekts des Satzes* ist (12). Dann folgt das Verb ohne Umschreibung mit **do**.

1.16.2 Die Verneinung

1. That **isn't** / That's **not** fair.

Das ist ja nicht fair!

2. We **haven't decided** where we're going on holiday yet.

Wir haben noch nicht entschieden, wohin wir in Urlaub fahren.

3. I **won't tell** anyone, I promise.

Ich sag's niemandem, versprochen!

4. You **shouldn't say** things like that.

Du solltest solche Dinge nicht sagen.

5. She **might not like** you.

Vielleicht mag sie dich nicht.

Sätze mit **be** (1) und den Hilfsverben **have** (2), **will** (3), **can, could, must, should** (4), **need** und **dare** bilden die Verneinung durch Anhängen von **-n't**.

Bei den Hilfsverben **may, might** und **ought (to)** sowie zur Betonung fügt man **not** hinzu (5).

Gelegentlich findet man auch **mightn't** und **oughtn't**.

Beachten Sie dabei:

- **I am / I'm** wird zu **I'm not**, betont auch **I am not**.

- **I can** wird zu **I can't**, betont auch **I cannot** (zusammengeschrieben!).

- **I will / I'll** wird zu **I won't**, betont auch **I will not**.

Bei den anderen Verben verhält es sich ähnlich wie bei der Frageform. Es wird mit einer Form von **do** umschrieben:

6. I **don't know** where my glasses are.

Ich weiß nicht, wo meine Brille ist.

7. I **didn't mean** it like that.

So hab' ich's nicht gemeint.

8. I **didn't have** time to give you a ring.

Ich hab' keine Zeit gehabt, dich an-zurufen.

> Die anderen Verben bilden die Verneinung wie folgt:
>
> **don't/doesn't** (Präsens) bzw. **didn't** (Vergangenheit) **+ *Infinitiv*** *ohne* **to** (6, 7).
>
> Das gilt auch, wenn **have** Vollverb ist (8).
>
> Nur zur Betonung bzw. im förmlichen Stil wird **not** voll ausgeschrieben.

Abschließend eine Besonderheit, die für das britische Englisch charakteristisch ist: Im Präsens gibt es für **have** im Sinne von „besitzen, haben" zwei mögliche Formen der Verneinung:

9. I **haven't got** / I **don't have** many friends.

Ich hab' nicht viele Freunde.

1.16.3 Die verneinte Frage

Verneinte Fragen sind in der Regel rhetorisch – d. h. man rechnet mit einer zustimmenden bzw. mit gar keiner Antwort:

1. **Isn't this** a lovely party?

Ist das nicht eine tolle Party?

2. **Can't you look** where you're going?

Können Sie nicht ein bißchen besser auf-passen?

3. **Don't you realize** what that means?

Weißt du nicht, was das bedeutet?

> Bei verneinten Fragen wird **-n't** an das erste Verb (mst. Hilfsverb) angehängt (1–3).

 am I wird zu **aren't I**!

1.16.4 Kurzantworten

Sehr idiomatisch sind Kurzantworten wie folgende:

1. – "**Do** you understand?"
   – "Yes, **I do**. / No, **I don't**."

   – „*Verstehen Sie das?*"
   – „*Ja (, ich verstehe). / Nein (, ich verstehe das nicht).*"

2. – "**Can** we go now?"
   – "Yes, **we can**. / No, **we can't**."

   – „*Können wir jetzt gehen?*"
   – „*Ja (, können wir). / Nein (, können wir nicht).*"

3. – "**Did** you remember the passports?" – „*Hast du an die Reisepässe gedacht?*"
   – "Yes, **I did**. / No, **I didn't**." – „*Ja (, hab' ich). / Nein (, hab' ich nicht).*"

> Bei Kurzantworten wird das erste Verb (mst. Hilfsverb) des Fragesatzes wiederholt (1–3).

1.16.5 Frageanhängsel

Wenn man sich bei einer Frage die Zustimmung des Gesprächspartners wünscht oder erhofft, fügt man im Deutschen oft ein Anhängsel wie „nicht wahr?", „gell?", „ne?", „oder?" usw. am Ende der Frage hinzu. Im Englischen werden solche rhetorischen Fragen wie folgt gehandhabt:

1. You are a friend of Mark's, **aren't you**? *Sie sind doch ein Freund von Mark, nicht wahr?*

2. You have invited Rosie, **haven't you**? *Du hast Rosie schon eingeladen, gell?*

3. We can't ask her to do that, **can we**? *Das können wir doch nicht von ihr verlangen, oder?*

4. You never were streetwise, **were you**?

Mann, du hast aber auch nie gewußt, wo's langgeht!

> Bei Fragen, die eine Bestätigung erwarten oder erhoffen, provozieren oder einfach eine Aussage emotional hervorheben wollen, werden **be, have** und die Hilfsverben (**will, can, must, should** usw.) wiederholt (sogenannte Frageanhängsel).
>
> Bei einem bejahten Satz erscheint das Frageanhängsel in der verneinten Form (1, 2), bei einem verneinten Satz in der bejahten Form (3, 4).

Da Fragen mit anderen Verben mit **do** gebildet werden, empfehlen wir zunächst einen Zwischenschritt: Bilden Sie als erstes eine „normale Frage", bis das Ganze automatisch abläuft; z. B.:

5. You know the answer. → **Do you know** the answer? → **You know** the answer, **don't you**?

6. She travels a lot. → **Does she travel** a lot? → **She travels** a lot, **doesn't she**?

Die Vollverben (außer **be** und **have**) bilden Frageanhängsel mit der entsprechenden Form von **do** (5, 6).

Auch hier erscheint in einem bejahten Satz das Frageanhängsel in der verneinten Form und umgekehrt.

Übung A

Fügen Sie die richtige Form der in Klammern angegebenen Verben ein. Fragen erkennen Sie am Fragezeichen am Ende des Satzes, bei Verneinungen wird **not** in Klammern angegeben. Frageanhängsel erscheinen immer am Ende des Satzes. Benutzen Sie wo möglich Kurzformen wie **haven't, doesn't** usw.

Wayne: "What _____ (be) on TV?"

Tracy: "How _____ (I, should) know?"

Wayne: "_____ (you, not buy[1]) a TV guide?"

Tracy: "Yes, but _____ (I, not have) time to study it fully yet."

Wayne: "What _____ (you, mean)?"

Tracy: "_____ (you, not realize) how many channels we have these days?"

Wayne: "_____ (I, not know) – ten, twelve?"

Tracy: "Twenty-nine! You never take any interest in what's going on, _____ _____ ?"

Wayne: "_____ (I, not think) it's important to know how many channels we have! What _____ (I, not can) understand is why we never watch TV then."

Tracy: "It's because I'm too busy studying the TV guide to actually watch anything, _____ !"

---

[1] **Simple Past!**

2 Die Artikel

2.1 Der unbestimmte Artikel

Hier geht es um die englischen Entsprechungen von „ein(e)" usw. So unscheinbar diese Wörter sein mögen, sie stellen dennoch eine der häufigsten Fehlerquellen Englischlernender dar. Deswegen gehen wir auch hier ganz gezielt auf die Probleme ein, die Deutschsprachige erfahrungsgemäß mit dem **unbestimmten Artikel** im Englischen haben.

2.1.1 Die Bildung des unbestimmten Artikels

Die Bildung des unbestimmten Artikels ist sehr viel einfacher als die der deutschen Artikel, denn es gibt nur zwei Formen, die zu lernen sind:

1. **a** meeting
2. **a** train
3. **a** hotel
4. **a** unit
5. **a** TV

6. **an** agreement
7. **an** egg
8. **an** hour
9. **an** uncle
10. **an** MCP (= *Chauvi*)

Der **unbestimmte Artikel a** steht vor Wörtern, die *in der Aussprache* mit einem Konsonanten (Mitlaut wie **b,g,m,n** usw.) beginnen (1–5). Die Schreibung ist dabei unerheblich (vgl. 4: **unit**, gesprochen [ˈjuːnɪt]).

Der **unbestimmte Artikel an** steht vor Wörtern, die *in der Aussprache* mit einem Vokal (**a,e,i,o,u**) beginnen (6–10). Auch hier ist die Schreibweise irrelevant (vgl. 8: **hour**, gesprochen [ˈaʊə]). Das „**-n**" von **an** wird beim Sprechen mit dem darauffolgenden Wort verbunden (vgl. **an apple**, gesprochen [ənˈæpl]).

2.1.2 Der Gebrauch des unbestimmten Artikels

1. I thought he was **an Englishman**, too, but in fact he's Irish.

   Ich dachte auch, daß er Engländer sei, aber er ist eigentlich Ire.

2. – "Are you **a Germanist**?"
   – "No, I'm **a Catholic**."

   – „Sind Sie Germanist?"
   – „Nein, ich bin Katholik."

3. At first sight I would never have guessed you were **a plastic surgeon**.

   Auf den ersten Blick wär' ich nie darauf gekommen, daß Sie Schönheitschirurg sind.

4. He's **a boy scout**.

   Er ist Pfadfinder.

| 5. "Good morning, I'm **a Jehovah's Witness**, fourth dan[1]." | *„Guten Morgen, ich bin Zeuge Jehovas, vierter Dan."* |

Im Gegensatz zum Deutschen wird der *unbestimmte Artikel* im Englischen bei Angaben zu *Staatsangehörigkeit* (1), *Konfession* (2, 5), *Beruf* (3) und ganz allgemein bei *Gruppenzuordnungen* (2, 4) verwendet.

Noch ein wichtiger Unterschied zum deutschen Gebrauch:

| 6. Would you like to be **a princess**? | *Möchtest du Prinzessin sein?* |

| 7. He's **an MP**. | *Er ist Unterhausabgeordneter.* |

Aber:

| 8. She's **MP for Southend-on-Sea**. | *Sie ist Unterhausabgeordnete für Southend-on-Sea.* |

Auch bei *Titeln* (6) und *Ämtern* (7) wird im Englischen der *unbestimmte Artikel* verwendet.

Ausnahme: Der Titel bzw. das Amt kann nur <u>eine</u> Person innehaben – *kein* unbestimmter Artikel (8)!

Auch in folgenden Fällen gibt es Unterschiede zwischen Deutsch und Englisch:

| 9. **As an expert** in this field I should know. | *Als Experte auf diesem Gebiet muß ich es doch wissen.* |

---

[1] Leistungsgrad beim Karate, Judo usw.

10. I'm afraid I'm not much good **as an artist**.

    Ich bin als Künstler leider nicht sehr begabt.

Aber:

11. **As Chairman of the Board** he has all the power he needs.

    Als Vorstandsvorsitzender hat er alle Macht, die er braucht.

Nach **as** (= *als*) wird in der Regel im Englischen der **unbestimmte Artikel** gebraucht (9,10).

Ausnahme: Das betreffende Amt o. ä. kann nur <u>eine</u> Person innehaben (11).

---

12. The apples are only **25p a pound**. What's wrong with them?

    Die Äpfel kosten nur 25 Pence das Pfund. Was stimmt da nicht?

13. He can do over **50 miles an hour** on his new bike.

    Mit seinem neuen Fahrrad schafft er über 80 km/h.

14. We go to church at least **twice a year**.

    Wir gehen mindestens zweimal im Jahr in die Kirche.

Bei Angaben zu *Preis* (12), *Geschwindigkeit* (13), *Häufigkeit* (14) o. ä. entspricht das englische **a/an** dem deutschen „pro", „je", „in der / im …" usw.

---

15. I've told you **a hundred** times not to talk with your mouth full!

    Ich hab' dir schon hundertmal gesagt, daß du nicht mit vollem Mund reden sollst!

16. He claims he's had over **a thousand** girlfriends.

    Er behauptet, daß er über tausend Freundinnen gehabt hat.

Vor **hundred** und **thousand** steht im Englischen **a** (15,16) bzw. (zur Betonung) **one**.

Bisher behandelten wir ausschließlich Fälle, in denen der unbestimmte Artikel nur im Englischen gebraucht wird. Den umgekehrten Fall gibt es aber auch:

17. Quick, I need **some information** on flight times!

    Schnell, ich brauch' eine Information über Flugzeiten!

18. Did he have **any advice** for you?

    Hatte er einen Ratschlag für dich?

19. I've got **good news** and **bad news** for you.	*Ich hab' eine gute und eine schlechte Nachricht für dich.*
20. Only **one piece of hand luggage** per passenger.	*Nur ein Handgepäck pro Fluggast!*

> Bei **information, news, advice** und **hand luggage** steht im Englischen kein unbestimmter Artikel. Statt dessen verwendet man **some** (17) bzw. in Fragen und in der Verneinung **any** (18) oder auch gar nichts (19).
>
> Wenn man betonen möchte, daß es sich um *eine* Information usw. handelt, kann man auch **a piece of** sagen (20).

Einen weiteren wichtigen Unterschied zum Deutschen stellt eine Reihe von Gegenständen dar, die für Englischsprachige gewissermaßen aus zwei gleichen Teilen bestehen und deswegen in der Grammatik oft als „**pairs**" (= *Paare*) bezeichnet wird:

21. Put on **a** different **pair of trousers**, would you!	*Zieh doch bitte eine andere Hose an!*
22. Do you need **glasses** or something?	*Brauchst du eine Brille oder was?*

> Bei folgenden Wörtern wird im Englischen der unbestimmte Artikel nicht verwendet. Statt dessen sagt man **some** bzw. **any, a pair of** (21) oder auch gar nichts (22). Die Liste ist der besseren Übersichtlichkeit halber nach Sachgruppen unterteilt.
>
> | | |
> |---|---|
> | **(a pair of) glasses** | *eine Brille* |
> | **(a pair of) binoculars** | *ein Fernglas* |
> | **(a pair of) goggles** | *eine Schutz- / Taucherbrille* |
> | **(a pair of) trousers** | *eine Hose* |
> | **(a pair of) jeans** | *(eine) Jeans* |
> | **(a pair of) shorts** | *(eine) Shorts* |
> | **(a pair of) swimming trunks** | *eine Badehose* |
> | **(a pair of) underpants** | *eine Unterhose* |
> | **(a pair of) panties** | *ein Damenslip* |
> | **(a pair of) pants** | *eine Unterhose[1]* |
> | **(a pair of) pyjamas** | *ein Schlafanzug* |
> | **(a pair of) scissors** | *eine Schere* |
> | **(a pair of) scales[2]** | *eine Waage* |
>
> Diese Wörter werden im Englischen alle im *Plural* gebraucht.

---

[1] Im amerikanischen Englisch bedeutet **pants** „eine Hose"; [2] Heute findet man auch **a scale**.

2.1.3 Der unbestimmte Artikel als Zahlwort

Der unbestimmte Artikel **a/an** ist im Englischen zugleich ein Zahlwort. Er wird nur dann verwendet, wenn das jeweilige Substantiv auch „gezählt" werden und im Plural stehen kann. Wenn ein Substantiv nicht zählbar ist, also keine Pluralform hat, kann es mit dem unbestimmten Artikel nicht verbunden werden. Das ist im Deutschen nicht anders (man sagt z. B. nicht „ein Mitleid") und bereitet im allgemeinen keine Probleme.

Allerdings kann man im Deutschen bei feststehenden Ausdrücken wie „was für ein(e)", „so ein(e)" oder „solch ein(e)" usw. den unbestimmten Artikel verwenden, obwohl das dazugehörige Substantiv gar nicht im Plural stehen kann. In solchen Fällen wird im Englischen **a/an** nicht verwendet:

1. **What a** lovely bobble hat!	*Was für eine hübsche Pudelmütze!*
2. **What** rotten luck!	*So ein Pech!*
3. **What** dreadful weather!	*Was für ein scheußliches Wetter!*
4. I've never seen **such** beautiful snow.	*Ich hab' noch nie so einen schönen Schnee gesehen.*

> Nur wenn das anschließende Substantiv zählbar ist, wird nach **what** bzw. **such** der unbestimmte Artikel benutzt (1). Ansonsten steht <u>kein</u> Artikel (2 – 4).

Ein paar Tips: Fragen Sie sich, ob man „**two** + Substantiv" sagen kann – dann ist das Wort auch zählbar, z. B. **hat** → **two hats**. **Snow** aber steht nur im Singular.

Außerdem: Die meisten *abstrakten* Begriffe können nur im Singular stehen (z. B. **happiness, anger** usw.).

Beachten Sie jedoch: **What a pity / What a shame!** = *Wie schade!*

2.1.4 Die Stellung des unbestimmten Artikels

Bei der Stellung von **a/an** haben Deutschsprachige nur selten Probleme. Aber auch hier gibt es ein paar Sonderfälle zu beachten:

1. We only met **half an hour** ago.	*Wir haben uns erst vor einer halben Stunde kennengelernt.*
2. She waited for **quite a while**.	*Sie wartete eine ziemlich lange Zeit.*
3. That's **rather a / a rather** personal question.	*Das ist eine ziemlich persönliche Frage.*

> Der **unbestimmte Artikel** steht in der Regel *nach* **half** und **quite** (1, 2) und wahlweise vor oder nach **rather** (3).

Beachten Sie:
- „Ein halbes Jahr" wird normalerweise im Englischen mit **six months** wiedergegeben.

- Im amerikanischen Englisch hört man auch **a half hour**.

Noch ein Unterschied in der Wortstellung:

4. She's got **a room of her own /**
her own room now.
Sie hat jetzt ein eigenes Zimmer.

5. We'd love to have **a house of our own.**
Wir hätten so gern ein eigenes Haus.

> Die übliche englische Entsprechung von „ein eigener/eigenes, eine eigene" usw. ist:
>
> **a/an + *Substantiv* + of my/your/his/her/its/our/their own** bzw.
>
> **my/your/his/her/its/our/their own + *Substantiv*** (4, 5).

2.1.5   Redewendungen mit dem unbestimmten Artikel

Zu guter Letzt ein paar nützliche Redewendungen, die man am besten auswendig lernen sollte:

have a headache	*Kopfweh haben*
have a temperature	*Fieber haben*
be in a hurry	*es eilig haben*
make a noise	*Lärm machen*
What do you do for a living?	*Was machen Sie beruflich?*
for a change	*zur Abwechslung*
for a long time	*lange*
as a rule	*in der Regel*
as a whole	*als Ganzes*
three (four *usw.*) times in a row	*dreimal (viermal usw.) hintereinander*
without a break	*ohne Unterbrechung*

Übung A

Setzen Sie den *unbestimmten Artikel* **a/an** bzw. – wo nötig – **some / a piece of / a pair of** ein.

1st man: "Let me give you _____ advice. Never go by train when you're in a hurry."

2nd man: "What _____ nonsense!"

1st man: "No, it's not! As _____ longstanding commuter[1] – pun intended[2]! – I can honestly say it's by far[3] the worst way to travel."

2nd man: "But that's _____ such _____ sweeping statement[4], you can't be serious. You can get to places in _____ half _____ hour by train that would take hours by car."

1st man: "Oh really? In my experience it's more a case of waiting for one and _____ half hours for _____ train that is delayed because there are leaves on the track[5]. Last weekend I ruined _____ trousers on _____ seat which had fresh graffiti on it. If I were _____ politician, I'd ban trains. You're not _____ MP by any chance, are you?"

2nd man: "No. But try and guess what I do for _____ living."

1st man: "Mm, I suppose you could be _____ teacher ..."

2nd man: "Well, I'm not! I'm _____ train driver. And I'll tell you something else. I think you need _____ glasses! Do you know the name of the pub we're in right now?"

1st man: "Er, no ..."

2nd man: "It's the *Railwayman's Arms*!"

---

[1] commuter: *Pendler*; [2] pun intended: *das Wortspiel ist beabsichtigt* – **longstanding** heißt hier sowohl *langjährig* als auch *„leidgeprüft"* (dadurch, daß er jeden Tag auch <u>stehen</u> muß, da er keinen Sitzplatz im Zug bekommt!); [3] by far: *bei weitem*; [4] sweeping statement: *pauschale Feststellung*; [5] leaves on the track: *Blätter auf dem Gleis* (ein leidiges Thema beim britischen Eisenbahnnetz)

2.2   Der bestimmte Artikel

Wir wenden uns jetzt den englischen Entsprechungen von „der, die, das" usw. zu.

2.2.1   Die Bildung des bestimmten Artikels

So kompliziert wie der bestimmte Artikel im Deutschen mit seinen drei Geschlechtern und den verschiedenen Fällen ist das englische Gegenstück nicht:

1. **the** table	*der Tisch*	3. **the** knife	*das Messer*
2. **the** fork	*die Gabel*	4. **the** spoons	*die Löffel*

> Der ***bestimmte Artikel*** im Englischen heißt **the**, ganz egal, ob das Substantiv im Deutschen männlich, weiblich oder sächlich ist (1–3).
>
> Diese Form gilt auch für den Plural (4).

Allein in der Aussprache gilt es, einen wichtigen Unterschied zu beachten:

5. the coast	*die Küste*	7. the hotel	*das Hotel*
6. the island	*die Insel*	8. the hour	*die Stunde*

> Vor Wörtern, die *in der Aussprache* mit einem Konsonanten beginnen, spricht man **the** [ðə] aus (5,7).
>
> Vor Wörtern, die *in der Aussprache* mit einem Vokal anfangen, sagt man [ðiː]. Diese Form wird auch zur Betonung verwendet:
> **This is the** [ðiː] **chance!** – *Das ist die Gelegenheit (schlechthin)!*

2.2.2   Der Gebrauch des bestimmten Artikels

Ganz allgemein muß man feststellen: Der bestimmte Artikel im Englischen wird nicht so häufig gebraucht wie seine deutsche Entsprechung. Im folgenden wird eine Reihe von Fällen behandelt, in denen der bestimmte Artikel im Deutschen verwendet wird, im Englischen dagegen nicht:

1. Are you looking forward to going to **school**?	*Freust du dich denn darauf, in die Schule zu kommen?*
2. Do I have to go to **church** every Sunday, Mum?	*Muß ich denn auch jeden Sonntag in die Kirche, Mama?*

3. Nicole was taken to **hospital** with concussion.

Nicole wurde mit einer Gehirnerschütterung ins Krankenhaus gebracht.

4. When does your dad get out of **prison**, Brian?

Wann wird dein Papa aus dem Gefängnis entlassen, Brian?

5. I can't get out of **bed** in the mornings.

Ich komm' morgens einfach nicht aus dem Bett.

Folgende Wörter werden <u>ohne</u> **the** gebraucht, sofern ihre Funktion als Institution oder Einrichtung im Vordergrund steht:

school (1)**, college, university; work; church** (2)**; hospital** (3)**; prison** (4)**, court; bed** (5).

Allerdings ist der Gebrauch von **the** mit diesen Wörtern auch möglich:

6. Hey, Mike, there's a fire at **the school** – let's go and cheer!

Hey, Mike, die Schule brennt! Gehen wir doch hin zum Jubeln!

7. My wife cleans **the church** every week – I just wish she'd clean our flat occasionally too.

Meine Frau putzt jede Woche die Kirche. Es wär' schön, wenn sie ab und zu auch mal unsere Wohnung saubermachen würde!

8. Mum's at **the hospital** visiting Dad's latest victim.

Mama ist im Krankenhaus und besucht Papas jüngstes Opfer.

9. Johnny is giving another live concert in **the prison** tomorrow.

Johnny gibt morgen wieder ein Live-Konzert im Gefängnis.

10. She told him to hide under **the bed**.

Sie sagte ihm, er solle sich unterm Bett verstecken.

Der *bestimmte Artikel* **the** wird bei **school, church, hospital, bed** usw. verwendet, wenn der *konkrete Gegenstand* (z. B. das Gebäude) gemeint ist (6 – 10).

Bei Verkehrsmitteln sieht der Gebrauch des bestimmten Artikels ganz ähnlich aus:

11. – "Did you come **by car** or **by bus**?"

– „*Sind Sie mit dem Auto oder mit dem Bus gekommen?*"

– "Actually I came **by bike**."

– „*Weder noch – ich bin mit dem Fahrrad da.*"

Verbindungen aus **by** + Verkehrsmittel (als allgemeine Transportmöglichkeit) stehen <u>ohne</u> **the** (11).

Ganz anders ist es aber in folgenden Fällen:

12. **The train** was late, **the bus** broke down, and **the taxi** didn't turn up at all.	*Der Zug hatte Verspätung, der Bus hatte eine Panne, und das Taxi kam überhaupt nicht.*

> Der ***bestimmte Artikel*** wird bei Verkehrsmitteln verwendet, wenn man an einen *ganz bestimmten* Bus, Zug o. ä. denkt (12).

Nun zu Zeitangaben:

13. Things are pretty quiet around here **in February**.	*Hier ist im Februar nicht viel los.*
14. I start my new job **on Monday**.	*Den neuen Job fang' ich am Montag an.*

> Monate sowie Wochen- und Festtage stehen im Englischen – sofern sie als *allgemeine Zeitangaben* gebraucht werden – ohne **the** (13, 14).
>
> Beachten Sie auch: Im amerikanischen Englisch, aber zunehmend auch im britischen Englisch, wird die Präposition **on** bzw. **in** oft nicht verwendet: "See you **Monday**."

Natürlich gibt es auch hier die Ausnahme:

15. **The Christmas that you broke your right arm** was one to remember.	*An das Weihnachtsfest, an dem du dir deinen rechten Arm gebrochen hast, werde ich mich immer erinnern.*
16. I'll never forget **the Monday after my 30th birthday**.	*Den Montag nach meinem 30. Geburtstag werde ich nie vergessen!*

> Nur wenn von einem *ganz bestimmten* Monat bzw. Wochen- oder Festtag die Rede ist – also einem, der durch einen Zusatz näher definiert ist –, wird im Englischen der ***bestimmte Artikel*** verwendet (15, 16).

Bei Jahreszeiten ist der Gebrauch von **the** nach einer Präposition (wie **in**) möglich, aber nicht sehr gebräuchlich:

17. What's the weather like in (the) winter here?	*Wie ist das Wetter hier im Winter?*

Werden Jahreszeiten durch eine Jahreszahl näher bestimmt, wird in der Regel der bestimmte Artikel verwendet:

18. We first met in **the** summer of 1993.	*Wir trafen uns zum erstenmal im Sommer 1993.*

Wir kommen zu den Mahlzeiten:

19. **Lunch** is nearly ready.   *Das Mittagessen ist fast fertig!*

20. I'll drop by after **dinner**.   *Ich schau' nach dem Abendessen vorbei.*

Bei *Namen von Mahlzeiten* wird im Englischen im allgemeinen kein bestimmter Artikel gebraucht (19, 20).

Ausnahmen:

21. **The dinner we had there** was simply magnificent.   *Das Abendessen, das wir dort bekamen, war einfach einmalig.*

Nur wenn die Bezeichnung einer Mahlzeit *durch eine Zusatzangabe näher definiert* ist, wird der **bestimmte Artikel** im Englischen verwendet (21).

Auch bei Namen gelten die bisher aufgeführten Regeln:

22. What's wrong with **Wendy**?   *Was hat denn Wendy?*

23. Where's **Dad**?   *Wo ist denn Papa?*

24. Blimey! – Something must have happened to **old Walter**!   *Um Gottes willen! **Dem** alten Walter muß etwas passiert sein!*

25. **Dr Barker** is an excellent physician.   *Frau Doktor Barker ist eine ausgezeichnete Ärztin.*

Personennamen im Singular sowie *Verwandtschaftsbezeichnungen* werden in der Regel ohne **the** gebraucht (22, 23).

Das gilt auch, wenn ein Adjektiv oder ein Titel davorsteht (24, 25).

Aber auch hier wirkt sich eine einschränkende Bemerkung auf den Gebrauch des bestimmten Artikels aus:

26. **The Alison I mean** was in my class at school.

    Die Alison, die ich meine, ging mit mir in die Schule.

Wird der Name durch eine *Zusatzbemerkung* eingeschränkt, dann steht der **bestimmte Artikel** davor (26).

Im Plural sieht es bei Namen etwas anders aus – normalerweise wird im Deutschen kein Artikel verwendet, im Englischen dagegen ist er obligatorisch. Auch wenn der Artikel im Deutschen meist weggelassen wird: Im Englischen muß er verwendet werden.

27. We've been invited to **the Coopers** for brunch.

    Wir sind bei (den) Coopers zum Brunch eingeladen.

Bei *Familiennamen im Plural* wird der **bestimmte Artikel** im Englischen – oft anders als im Deutschen – immer verwendet (27).

Nun ein paar wichtige Informationen zu geographischen Bezeichnungen:

28. We'd planned to go to **Turkey**, but in the end we went skiing in **Switzerland**.

    Wir wollten ursprünglich in die Türkei, aber am Schluß sind wir dann zum Ski-laufen in die Schweiz gefahren.

29. We used to live in **Vinicombe Street**.

    Früher wohnten wir in der Vinicombe Street.

30. The demonstration ended at **Trafalgar Square**.

    Die Demonstration endete am Trafalgar Square.

31. **Mount Everest** is rapidly becoming a mountain of rubbish.

    Der Mount Everest wird immer mehr zum Müllberg.

32. We spent our last summer holidays at **Lake Geneva**.

    Unseren letzten Sommerurlaub verbrachten wir am Genfer See.

Bezeichnungen von *Ländern* (28), *Straßen* (29), *Plätzen* (30), *Bergen* (31) und *Seen* (32) stehen im Englischen in der Regel <u>ohne</u> **the**.

Pluralnamen sind dagegen für Deutschsprachige unproblematisch:

33. **the Philippines**   *die Philippinen*   35. **the Bahamas**   *die Bahamas*

34. **the Channel Islands**   *die Kanalinseln*   36. **the Alps**   *die Alpen*

Musikinstrumente stellen einen der seltenen Fälle dar, in denen der bestimmte Artikel im Englischen – im Gegensatz zum Deutschen – verwendet werden kann:

37. Maybe she can sing and play **the guitar** — but she's still a hopeless History teacher!

Mag sein, daß sie singen und Gitarre spielen kann, sie ist aber trotzdem eine Niete als Geschichtslehrerin!

Aber:

38. He plays **bass guitar** for "The Jingles".

Er ist Bassist bei den „Jingles".

Bei *Musikinstrumenten* wird im Englischen der ***bestimmte Artikel*** verwendet (37).

Ausnahme: Besonders bei der Bezeichnung von Besetzungen in Popgruppen u. ä. steht oft wie im Deutschen kein Artikel (38).

Nun zum letzten wichtigen Unterschied zwischen den beiden Sprachen in diesem Abschnitt:

39. She raised **her arm** to catch the taxi driver's attention.

Sie hob den Arm, um den Taxifahrer auf sich aufmerksam zu machen.

40. He broke **his nose** skateboarding.

Er hat sich beim Skateboardfahren die Nase gebrochen.

41. She took off **her coat** and made herself at home.

Sie zog den Mantel aus und machte es sich bequem.

Aber:

42. **He** looked **her in the eye** and said, "No way!"

Er sah ihr in die Augen und sagte: „Niemals!"

Bei *Körperteilen* und *Kleidungsstücken* wird im Englischen – im Gegensatz zum Deutschen – das ***Possessivpronomen*** (**my, your, his, her, its, our, their**) verwendet (39–41).

Ausnahme: Wenn die Person, von deren Körperteil bzw. Kleidungsstück die Rede ist, <u>nicht</u> Subjekt des Satzes ist, dann lautet die Struktur in der Regel wie in Beispiel 42:

Subjekt	+	*Verb*	+	*Personalpronomen*	+	*Präposition*	+	**the**	+	Körperteil bzw. Kleidungsstück
She		**took**		**him**		**by**		**the**		**arm.**

2.2.3 Der bestimmte Artikel bei abstrakten Begriffen

Gerade bei abstrakten Begriffen neigen deutschsprachige Englischlernende dazu, **the** viel zu oft zu gebrauchen. Hier einige Beispiele für die richtige englische Entsprechung der deutschen Abstrakta:

1. He's one of those loonies who think they can change **society**.

   Er ist einer jener Spinner, die glauben, die Gesellschaft ändern zu können.

2. **Religion** means nothing to me.

   Die Religion bedeutet mir nichts.

Abstrakte Begriffe wie **love, hate, happiness, anger, luck, man** (= *der Mensch*), **woman** (= *die Frau*), **posterity** (= *die Nachwelt*) usw. werden in der Regel <u>ohne</u> **the** gebraucht (1, 2).

3. Personally, I don't think **television** is all it's cracked up to be.

   Ich für meinen Teil halte das Fernsehen für nicht so toll, wie die Leute sagen.

Bei diesem Witz geht es übrigens nicht um den konkreten Fernsehapparat, sondern um das Fernsehen als „Institution".

Beachten Sie auch:

4. What's on (the) television [*gesprochen auch*: (the) telly] tonight?

   Was kommt heute abend im Fernsehen?

Zurück zu den abstrakten Begriffen. Was passiert, wenn diese durch einen Zusatz modifiziert werden?

5. **True love** is hard to find.

   Die wahre Liebe läßt sich nur schwer finden.

6. **German industry** is facing a major crisis.

   Die deutsche Industrie steht vor einer schweren Krise.

Aber:

7. **The German car industry** has been
   badly hit by the recent scandals.

   *Die deutsche Automobilindustrie ist durch
   die Skandale der letzten Zeit schwer ange-
   schlagen.*

Im allgemeinen werden abstrakte Begriffe auch dann ohne **the** verwendet, wenn
ein Adjektiv vor ihnen steht (5, 6), die Begriffe aber in ihrer nicht weiter einge-
schränkten Gesamtbedeutung gesehen werden. Der durch das Adjektiv „verengte"
Begriff wird in diesem Fall in seinem Gesamtumfang betrachtet.

Ausnahme: Wenn durch das Adjektiv das Substantiv so präzisiert wird, daß es
bewußt als *bestimmter Teilbereich eines größeren Ganzen* erscheint (7), wird der
bestimmte Artikel **the** gesetzt.

Wenn die Modifizierung aber erst *nach* dem Substantiv erfolgt, gilt folgende Handhabung:

8. **The love she found** was not to last.

   *Die Liebe, die sie fand, sollte nicht lange
   währen.*

9. **The people sitting at the back of the
   room** started to get restless.

   *Die Leute, die im hinteren Teil des
   Raumes saßen, wurden langsam unruhig.*

Aber:

10. **People of my generation** tend not
    to like today's pop music at all.

    *Die Leute meiner Generation mögen in
    der Regel die heutige Popmusik überhaupt
    nicht.*

Abstrakte Begriffe mit *nachfolgender* Modifizierung werden meistens mit **the** ver-
bunden (8, 9). Oft spielt dabei auch eine Rolle, daß der Begriff vorher schon einmal
erwähnt wurde.

Ausnahme: wenn es sich *trotz der Modifizierung eindeutig um eine Verallgemeine-
rung* handelt (10).

Entscheidend ist immer, ob der Begriff als etwas Allgemeines (*ohne* **the**) oder als etwas
Spezifisches (*mit* **the**) gesehen wird.

2.2.4 Die Wortstellung beim bestimmten Artikel

Wie beim unbestimmten Artikel gibt es bei der Wortstellung relativ wenige Problemfälle:

1. The theme park offers **double the
   fun** for **half the price**.

   *Der Freizeitpark bietet den doppelten
   Spaß zum halben Preis.*

2. **All the seats** were taken.   *Alle Plätze waren besetzt.*

3. **Both (the) flats** had already been sold.   *Beide Wohnungen waren bereits verkauft worden.*

The steht hinter **half, double** und **all** (1, 2). Gelegentlich erscheint es auch hinter **both**, jedoch *nie* davor (3)!

Bei **most** hängt die Formulierung von der Bedeutung ab:

4. **Most men** find her irresistible.   *Die meisten Männer finden sie unwiderstehlich.*

5. **Most of the men** found her irresistible.   *Die meisten (der) Männer fanden sie unwiderstehlich.*

Most ohne **the** wird bei allgemeinen Aussagen verwendet (4).

Most of the + *Substantiv* deutet an, daß es sich um die Mehrheit, die Majorität, *in einer bestimmten Gruppe* handelt (5).

2.2.5   Redewendungen mit dem bestimmten Artikel

Abschließend auch hier ein paar Redewendungen zum Auswendiglernen:

with the help of	*mit Hilfe von*
with the exception of	*mit Ausnahme von*
at the expense of	*auf Kosten (von)*

Übung A

Setzen Sie – wo nötig – den *bestimmten Artikel* ein.

On _____ Easter Sunday we were invited to _____ lunch by Sarah and Andy. We got up bright and early and went to _____ church, then drove to a nearby hill to let Wills roll his Easter eggs down it[1]. Wills was only 18 months then and a real holy terror[2]

---

[1] Das Herunterrollenlassen der Ostereier ist ein alter Brauch in Großbritannien; [2] holy terror: *Nervensäge*

who would never go to _____ bed. He just never seemed to get tired, but _____ poor Charlie and I were completely worn out[1]. _____ most people seem to think _____ life is easy when you've got a job like ours. We have to travel a lot, you see – in fact I was in _____ Switzerland only yesterday, and I'm off to _____ Turkey next week. Still, we do all right, I suppose, with _____ help of our three au pairs …

We went into town by _____ Tube[2], as it's almost impossible to get a parking space anywhere near _____ Sloane Square.

Sarah and I had known each other since we were at _____ college, and we often got together to play _____ piano or listen to some pop music.

After _____ lunch we settled down to watch _____ TV. Well, to be more precise, Andy, Sarah and I did. Charlie was talking to _____ plants in _____ drawing room – and Wills wandered off. We searched through all _____ rooms in _____ house for _____ little scamp[3] – it's rather a large house, you know – and finally located[4] him. He had locked himself in one of _____ bathrooms and didn't answer our calls.

_____ poor Charlie got into a right royal flush[5] – he was terrified in case[6] Wills had taken any tablets as I sometimes do. We finally managed to rescue Wills with _____ help of _____ caretaker[7], who broke down _____ door. There was Wills – fast asleep in the bath, clutching[8] a rubber duck.

_____ life has been much easier for us ever since this little episode – we now let Wills sleep in _____ bathroom instead of in _____ bed!

---

[1] completely worn out: *ganz erschöpft*; [2] Tube: *(Londoner) U-Bahn*; [3] scamp: *Bengel*; [4] to locate: *finden*; [5] to get into a right royal flush: *sich mächtig aufregen*; [6] in case: *falls*; [7] caretaker: *Hausmeister*; [8] to clutch: *umklammern*

3   Das Substantiv

3.1   Der Plural

3.1.1   Die Bildung des Plurals

Alles in allem ist die Bildung des *Plurals* (der *Mehrzahl*) im Englischen nicht so kompliziert wie im Deutschen:

1.	car	–	cars	3.	plate	–	plates
2.	camera	–	cameras	4.	song	–	songs

> Der *Plural* des Substantivs wird meistens durch Anhängen von **-s** an den Singular gebildet (1–4).

Es gibt jedoch eine Reihe von Ausnahmen:

5.	bus	–	bus**es**	8.	church	–	church**es**
6.	pass	–	pass**es**	9.	fax	–	fax**es**
7.	crash	–	crash**es**				

> Substantive, die auf **-s, -ss, -sh, -ch** oder **-x** enden, bekommen im *Plural* **-es** angehängt (5–9).

10.	body	–	bod**ies**	12.	fly	–	fl**ies**
11.	brandy	–	brand**ies**	13.	hobby	–	hobb**ies**

Aber:

14.	toy	–	toy**s**	15.	play	–	play**s**

> - Bei Substantiven, die mit einem **-y** nach einem *Konsonanten* (**b, d, p** usw.) enden, wird das **-y** im *Plural* zu **-ies** (10–13).
> - Wenn ein **-y** am Ende nach einem *Vokal* erscheint, wird einfach ein **-s** angehängt (14, 15).

3.1.2   Unregelmäßige Pluralformen

Auch im Englischen gibt es unregelmäßige Pluralbildungen, die auswendig gelernt werden sollten:

1. The **shelves** I put up yesterday fell down in the middle of the night.

   Die Regale, die ich gestern aufgestellt habe, sind mitten in der Nacht heruntergefallen.

2. These days I only eat **loaves** and fishes – it's that new miracle diet.

   Zur Zeit esse ich nur Brot und Fisch – das ist diese neue Wunderdiät[1].

Bei Substantiven, die auf **-f** bzw. **-fe** enden, wird aus dem **-f(e)** im *Plural* **-ves** (1, 2). Einige wichtige Beispiele:

calf – **calves**	**half** – **halves**	**leaf** – **leaves**
life – **lives**	**loaf** – **loaves**	**knife** – **knives**
shelf – **shelves**	**wife** – **wives**	**wolf** – **wolves**

Manche Wörter können zusätzlich den *Plural* durch Anhängen von **-s** bilden:

hoof – **hooves/hoofs**	**dwarf** – **dwarves/dwarfs**
scarf – **scarves/scarfs**	**wharf** – **wharves/wharfs**[2]

Bei der Endung **-o** ist die Sache nicht so eindeutig:

3. My daughter's allergic to **tomatoes**.

   Meine Tochter ist gegen Tomaten allergisch.

---

[1] Der Witz ist eine Anspielung auf ein Ereignis aus der Bibel – die Speisung der 5000. **Fishes** ist übrigens in diesem Zusammenhang die veraltete Pluralform – auf den heutigen Gebrauch gehen wir auf S. 159 ein;
[2] wharf: *Werft*

4. She used to eat two **kilos** of them a day.   *Früher aß sie zwei Kilo davon am Tag.*

5. Now she's turned her attention to **avocado(e)s** instead.   *Jetzt konzentriert sie sich statt dessen auf Avocados.*

Viele Substantive, die auf **-o** enden, bilden den *Plural* auf **-oes** (3). Einige wichtige Beispiele:

cargo – cargoes[1], hero – heroes, potato – potatoes, torpedo – torpedoes

Andere dagegen haben einfach **-s** im *Plural* (4). Das gilt grundsätzlich für folgende Kategorien:

- Kurzformen (wie **kilo – kilos, photo – photos**)
- Völkernamen (wie **Eskimo – Eskimos, Filipino – Filipinos, Navajo – Navajos**)
- Wörter mit fremdem Einschlag, die anderen Sprachen entlehnt wurden (wie **dynamo – dynamos, fiasco – fiascos, macho – machos, piano – pianos**)
- Wörter, in denen dem *End-o* ein Vokal vorangeht (wie **radio – radios, rodeo – rodeos, studio – studios, video – videos**)

Schließlich ist bei einer Reihe von Wörtern, die auf **-o** enden, die Wahl zwischen der Endung **-os** und **-oes** im *Plural* möglich (5), z. B.:

buffalo, grotto, halo, mango, memento, mosquito, motto, tornado, volcano, yoyo, zero

---

Nun zur Mehrzahl des Wortes **man:**

6. Do you notice many differences between **Englishmen** and **German men**?   *Stellst du viele Unterschiede zwischen Engländern und deutschen Männern fest?*

7. The **Germans** are a bit more pushy for a start.   *Die Deutschen sind auf alle Fälle etwas forscher.*

Das Wort **man** hat in der Regel die Pluralform **men**, und zwar auch bei zusammengesetzten Substantiven (6). Vgl. auch:

woman – women, Frenchman – Frenchmen, henchman – henchmen[2], Scotsman – Scotsmen usw.

---

[1] im Amerikanischen **cargos**;   [2] henchman: *Spießgeselle*

Bei manchen Nationalitätsbezeichnungen fügt man aber nur **-s** hinzu (7). Vgl. auch:

Norman – Normans, Roman – Romans

Bezieht man sich ausdrücklich nur auf die Männer bzw. Frauen, wird **men** bzw. **women** noch hinzugefügt (6). Vgl. auch:

Roman women usw.

Auch wenn emanzipatorische Stimmen für den „mannunabhängigen" Plural **womyn** statt **women** plädieren, raten wir Ihnen, auf jeden Fall die konventionelle Pluralform zu verwenden!

Manche Pluralbildungen gehen auf alte Formen zurück und müssen auswendig gelernt werden:

8. I can't dance – I've got two left **feet**.   *Ich kann nicht tanzen – ich hab' zwei linke Füße!*

Folgende Wörter haben ganz unregelmäßige Pluralformen:

child – children	**foot – feet**	**goose – geese**
louse – lice[1]	**mouse – mice**	**tooth – teeth**

Andere Substantive sehen im Plural nicht anders aus als im Singular:

9. I tried counting **sheep**, but the batteries in my calculator ran out.   *Ich hab's mit Schäfchen-Zählen versucht, aber die Batterien meines Taschenrechners haben den Geist aufgegeben.*

Folgende Substantive haben dieselbe Form im *Plural* wie im Singular:

deer – deer[2]	**fish – fish**[3]	**grouse – grouse**[4]
salmon – salmon[5]	**sheep – sheep**	**trout – trout**[6]

Das gilt auch für Nationalitätsbezeichnungen auf **-ese** und **-ss**:

Chinese – Chinese	**Japanese – Japanese**	**Swiss – Swiss**

[1] lice: *Läuse*; [2] deer: *Hirsch, Reh*; [3] **fishes** wird auch gebraucht, besonders wenn es um verschiedene Arten von Fisch geht; [4] grouse: *Waldhuhn*; [5] salmon: *Lachs*; [6] trout: *Forelle*; die Regelung gilt auch für andere Fischarten.

Nun zu den Zahlen:

10. I'll take three **dozen** of these.	*Ich nehme davon drei Dutzend.*
11. There was a 50-**mile** tailback on the M1.	*Auf der Autobahn M1 gab es einen Rückstau von 80 Kilometern.*
12. She married a seven-**foot** tall basketball player.	*Sie heiratete einen über zwei Meter großen Basketballspieler.*

> Nach einer Zahl wird kein *Plural* **-s** an die Form von **dozen, hundred, thousand, million** usw. angehängt (10). Die Wörter bleiben unverändert.
>
> Bei Maßangaben aus *Zahl + Substantiv* steht das Substantiv in der Singularform, wenn es in *attributiver* Stellung gebraucht wird (d. h. vor einem anderen Substantiv, vgl. 11,12).
>
> Aber: **The tailback stretched for 50 miles.**

Auch im Englischen sind die Fremdwörter nicht unproblematisch:

13. I don't accept his **criteria** for judging such cases.	*Ich akzeptiere seine Kriterien bei der Beurteilung solcher Fälle nicht.*

14. There we are – all gone! See? I wiped all the **hippopotami** off the bar.

Da, sehen Sie? Alles weg! Ich hab' sämtliche Nilpferde von der Theke abgewischt!

> Eine Reihe von Fremdwörtern hat die *ursprüngliche Pluralform* beibehalten (13). Hier die wichtigsten darunter:
>
> **analysis – analyses; bacterium – bacteria; bureau – bureaux; crisis – crises; criterion – criteria; phenomenon – phenomena; stimulus – stimuli; thesis – theses**

Einige andere haben sowohl eine „englische" als auch die ursprüngliche Form im
Plural (14):

**antenna – antennas/antennae; cactus – cactuses/cacti; concerto – concertos/concerti;
formula – formulas/formulae; hippopotamus – hippopotamuses/hippopotami;
index – indexes/indices; stadium – stadiums/stadia**

Folgendes gilt für zusammengesetzte Substantive:

15. I can't stand **day trips** to **holiday resorts**.

    Ich kann Tagesausflüge zu Ferienorten nicht ausstehen!

16. Having been married seven times, the poor man has had seven **mothers-in-law**.

    Da der Arme siebenmal verheiratet war, hat er schon sieben Schwiegermütter gehabt.

Die meisten zusammengesetzten Substantive haben die Pluralform beim zweiten
Element (15).

Bei einigen Zusammensetzungen (besonders solchen mit Substantiv plus Präposition) erhält das *erste Element* die Pluralendung (16). Hier einige andere wichtige
Beispiele:

brother-in-law – brothers-in-law, father-in-law – fathers-in-law[1] usw.;
passerby – passersby

Bei einigen wenigen erhalten beide Elemente Pluralformen:

woman driver – women drivers; woman priest – women priests

Schließlich sind bei ein paar Zusammensetzungen zwei Pluralformen möglich:

spoonful – spoonfuls oder (*seltener*) **spoonsful**

Eine ganz ungewöhnliche Pluralbildung ist in den folgenden Beispielen zu beobachten:

17. He always mixes up **6's** and **9's** when he's writing.

    Beim Schreiben bringt er die 6 und die 9 immer durcheinander.

18. You spell committee with two **m's** and two **t's** in English.

    „Committee" schreibt man im Englischen mit zwei m und zwei t.

19. Why do you always get tanked up at office **do's**?

    Warum läßt du dich bei Betriebsfesten immer vollaufen?

20. We still have fond memories of the **1970s/1970's**.

    Wir denken immer noch gerne an die siebziger Jahre zurück.

---

[1] *aber*: in-laws: *angeheiratete Verwandte*

161

> In Ausnahmefällen kann der *Plural* im Englischen mit **-'s** gebildet werden:
>
> • bei geschriebenen Zahlen und bei einzelnen Buchstaben (17, 18)
>
> • um unschöne oder verwirrende Formen zu vermeiden (19; *dos* bzw. *does* wäre verwirrend)
>
> • bei Jahreszahlen (20), wobei man auf den Apostroph auch verzichten kann.

Übung A

Setzen Sie in die Lücken jeweils den *Plural* des angegeben Wortes ein.

a. Polygamous[1]_____ (life) may be threatened by several _____ (wife) with _____ (knife).

b. These _____ (phenomenon) do not fulfil the usual _____ (criterion) for scientific experiments.

c. There are three pubs and two _____ (church) in our road.

d. The _____ (child) say they like travelling with _____ (woman driver) because the ride is always nice and bumpy[2].

e. I've got eleven _____ (in-law) altogether, seven of whom are _____ (sister-in-law).

f. She was afraid there might be _____ (bacterium) in the raw _____ (fish).

g. There was a fifty-thousand _____ (dollar) reward for the arrest of the murderer.

3.1.3   Der Gebrauch des Plurals

Bereits in Kapitel 2.1 über den unbestimmten Artikel sind wir einer Reihe von englischen Wörtern begegnet, die – im Gegensatz zum Deutschen – nur im Plural gebraucht werden (vgl. S. 142). Hier noch einmal eine Übersicht:

---

[1] polygamous: *polygam*; [2] nice and bumpy: *schön holprig*

Folgende Substantive stehen immer im *Plural* und erscheinen mit der Pluralform des Verbs:

engl. Plural	dt. Singular	engl. Plural	dt. Singular
barracks[1]	*Kaserne*	**pliers**	*(Kombi)Zange*
binoculars	*Fernglas*	**police**[3]	*Polizei*
clothes	*Kleidung*	**pyjamas**	*Schlafanzug*
congratulations	*Glückwunsch*	**scales**[4]	*Waage*
dentures	*Gebiß*	**scissors**	*Schere*
glasses, specs,		**shears**	*Heckenschere*
spectacles	*Brille*	**surroundings,**	
goggles	*Schutz-, Taucher-*	**environs**	*Umgebung*
	brille	**swimming trunks**	*Badehose*
goods	*Ware*	**thanks**	*Dank*
headquarters[1]	*Zentrale*	**tights**	*Strumpfhose*
jeans	*Jeans(hose)*	**tongs**	*Zange*
outskirts	*Stadtrand*	**trousers**	*Hose*
pants	*Unterhose*[2]	**underpants, briefs**	*Unterhose*

Andererseits gibt es auch einige englische Substantive, die im Gegensatz zu ihren deutschen Entsprechungen keine Pluralform bilden. Auch hier eine Übersicht:

Folgende Wörter stehen *nie im Plural*, sondern werden immer mit dem Verb im *Singular* verbunden:

engl. Singular	dt. Plural
advice	*Rat(schlag), Ratschläge*
furniture	*Möbel*
information	*Information(en)*
knowledge	*Wissen, Kenntnis(se)*
news[5]	*Nachricht(en)*
progress	*Fortschritt(e)*

Noch eine Besonderheit:

1. The **committee has/have decided** to postpone the meeting.   *Das Komitee hat beschlossen, die Sitzung zu verschieben.*

---

[1] Diese Wörter werden gelegentlich auch mit einem Verb im Singular verbunden; [2] im Amerikanischen „Hose"; [3] Trotz seiner Singularform wird dieses Wort als *Plural* aufgefaßt; [4] Man findet heutzutage auch **a scale**; [5] Trotz **-s** am Ende wird **news** nur im Singular benutzt.

Manche Gruppenbezeichnungen können als *Singular* oder als *Plural* betrachtet werden, je nachdem, ob man die Gruppe eher als geschlossene Einheit sieht (Singular) oder an die einzelnen Mitglieder denkt (Plural) (1). Hier die wichtigsten:

army	*Armee*	**gang**	*Gang*
audience	*Zuschauer, -hörer*	**government**	*Regierung*
class	*Klasse*	**group**	*Gruppe*
club	*Club*	**jury**	*Geschworene*
company	*Firma*	**orchestra**	*Orchester*
congregation	*Gemeinde*	**public**	*Öffentlichkeit*
crew	*Besatzung, Crew*	**staff**	*Personal*
family	*Familie*	**team**	*Team*

Im amerikanischen Englisch werden diese Wörter in der Regel nur mit Verben im Singular verbunden. Auch im britischen Englisch könnten Sie folgender Variante begegnen:

2. The government **has** decided to publicize **their** policy document in advance of the scheduled date.

   Die Regierung hat beschlossen, ihr neues Programm vor dem vorgesehenen Termin zu veröffentlichen.

Gelegentlich „ändert sich die Perspektive" des Muttersprachlers innerhalb eines Satzes (2). Diese Betrachtungsänderung innerhalb eines Satzes wird aber nicht zur Nachahmung empfohlen!

Auch der nächste Fall ist eine Frage der Betrachtungsweise:

3. One hundred thousand dollars **isn't** nearly a large enough settlement, Your Honour. After all, my client deserves something, too.

   Einhunderttausend Dollar sind bei weitem nicht genug, Euer Ehren. Schließlich sollte mein Mandant auch ein bißchen was haben.

Wenn eine Zahl oder Summe als *Gesamtheit* betrachtet wird, steht das dazugehörige Verb im *Singular* (3).

Bei Substantiven, die auf **-ics** enden, gilt folgendes:

4. I'm studying **politics** – **it's** a fascinating subject.

   Ich studiere Politik – es ist ein faszinierendes Fach.

5. People began to realize his **politics were** failing.

   Die Leute merkten allmählich, daß seine Politik scheiterte.

Substantive, die auf **-ics** enden, werden als Singular betrachtet, wenn sie ein Schul- bzw. Universitätsfach, einen Wissenschaftsbereich oder eine Disziplin anderer Art bezeichnen (4). Noch einige Beispiele:

acoustics	*Akustik*	**linguistics**	*Sprachwissenschaft*
athletics	*Leichtathletik*	**maths[1],**	*Mathe,*
economics	*Wirtschafts-*	**mathematics**	*Mathematik*
	wissenschaft	**physics**	*Physik*
gymnastics	*Gymnastik*	**statistics**	*Statistik*

Manche (wie **acoustics, economics, politics, statistics**) werden als *Plural* gebraucht, wenn sie *nicht* als Fachbezeichnung verwendet werden (5).

Einige Fremdwörter sind besonders tückisch:

6. The **media has** been hounding Andy for days.

   Die Medien sind seit Tagen hinter Andy her.

7. I think **this graffiti is** very artistic.

   Ich halte diese Graffiti für sehr kunstvoll.

8. **This data is** not very convincing.

   Diese Daten sind nicht sehr überzeugend.

Eine Reihe von Fremdwörtern wird trotz ihrer Pluralform oft als *Singular* verstanden und gebraucht (6 – 8).

Weitere Beispiele sind: **strata** (Sg. oder Pl.), **visa** (Pl. **visas**), **spaghetti** (nur Sg.).

Schließlich gibt es einige Wörter, die im Singular und Plural jeweils eine andere Bedeutung haben:

Singular		*Plural*	
damage	*Schaden, Schäden*	**damages**	*Schadenersatz*
hair	*Haar, Haare*	**hairs**	*(einzelne) Haare[2]*
stair	*Stufe*	**stairs**	*Treppe*
step	*Steinstufe*	**steps**	*Steintreppe*

---

[1] Im amerikanischen Englisch heißt das Fach **math**; [2] etwa auf der Brust oder von der Katze

Übung B

Übersetzen Sie in folgendem Text die eingeklammerten Wörter ins Englische.

If you remembered to wear your _____ (*Brille*), you wouldn't keep having to look for your _____ (*Schlafanzug*). And if you're not careful, you're going to fall down the _____ (*Treppe*) with those big _____ (*Füße*) of yours. Did you know that according to _____ (*Statistik*), the vast majority[1] of accidents happen in the home? And we wouldn't get any _____ (*Schadenersatz*) if you fell over or walked into some _____ (*Möbel*) and did your frail[2] body some serious _____ (*Schaden*). Let me give you some _____ (*Rat*), though I know I won't get any _____ (*Dank*) for it: keep your specs[3] next to your _____ (*Gebiß*) on the bedside locker. You'd never leave the bedroom without your _____ (*Zähne*), would you? What's that you're trying to say? Oh, you've been without your gnashers[4] all day because you couldn't find them without your _____ (*Brille*)? Well, there's no answer to that …

3.2 Der Genitiv

Der **Genitiv** wird gebraucht, wenn es um Besitz im weitesten Sinne geht. Deshalb ist er im Deutschen auch als **Besitzfall** oder **Wesfall** bekannt.

3.2.1 Die Bildung des Genitivs

Achten Sie in folgenden Beispielsätzen auf die unterschiedliche Handhabung bei *Menschen und Tieren* einerseits und *Dingen* andererseits:

1. I forgot to mention that my **uncle's** beard is almost three feet long.

   Ich hab' vergessen, dir zu sagen, daß der Bart meines Onkels fast einen Meter lang ist.

2. I've told you a dozen times not to pinch the **dog's** biscuits.

   Ich hab' dir schon ein dutzendmal gesagt, du sollst die Hundekekse nicht mopsen!

---

[1] the vast majority: *die überwältigende Mehrheit*; [2] frail: *gebrechlich*; [3] specs: *(umgs.) Brille*; [4] gnashers: *(umgs.) Gebiß*

3. He's the **boss's** favourite.   *Er ist der Liebling des Chefs.*

4. Your **friends'** behaviour was atrocious.   *Das Benehmen deiner Freunde war entsetzlich.*

5. The **children's** school uniforms have cost me a fortune.   *Die Schuluniformen der Kinder haben mich ein Vermögen gekostet.*

Aber:

6. She just got up and left in the **middle of the meal**.   *Mitten im Essen stand sie einfach auf und ging.*

Der Genitiv wird wie folgt gebildet:

- Bei *Menschen und Tieren im Singular* fügt man ein **-'s** an das Substantiv an (1,2).

  Wenn das Wort schon mit **-s** endet, hängt man ebenfalls ein **-'s** an (3). Auch ein einfacher Apostroph (**-'**) ist möglich[1].

- Bei *Menschen und Tieren im Plural* wird bei regelmäßiger Pluralform ein *einfacher Apostroph* (**-'**) hinzugefügt (4).

- Bei *unregelmäßigen Pluralformen* wird, wie beim Singular, ein **-'s** hinzugefügt (5); vgl. auch **men's socks, the women's 100 metres** usw.

Diese Formen werden als **s-Genitiv** bezeichnet.

- Bei *Dingen* wird meistens **of the** vorangesetzt (6).

Diese Form nennt man den **of-Genitiv.**

---

[1] Es hätte im dritten Beispiel also auch **the boss' favourite** stehen können (ebenfalls [ˈbɔsɪz] ausgesprochen).

3.2.2 Der Gebrauch des Genitivs

Dinge werden zwar in der Regel mit **of the** verbunden, aber nicht immer:

1. You'll be enchanted by **Canada's** natural beauty.	*Sie werden von der natürlichen Schönheit Kanadas verzaubert sein.*
2. **Florence's** museums and works of art attract thousands of visitors every year.	*Die Museen und Kunstwerke von Florenz ziehen jährlich Tausende von Besuchern an.*
3. Did you see the picture of me in **yesterday's** newspaper?	*Hast du das Bild von mir gestern in der Zeitung gesehen?*
4. The **hotel's** fire precautions were inadequate.	*Die Brandschutzmaßnahmen im Hotel waren mangelhaft.*

Der **s-Genitiv** ist bei manchen Dingen neben dem *of-Genitiv* möglich (1–4). Diese Form ist besonders gebräuchlich bei Orts- und Ländernamen (1, 2) sowie bei Zeitangaben wie **last night, today, yesterday** usw. (3).

Im Zweifelsfall sollten Sie jedoch den **of-Genitiv** benutzen, auch wenn es sich um einen Satz wie den folgenden handelt:

5. This is **the signature of the man** who delivered the package.	*Das ist die Unterschrift des Mannes, der das Paket lieferte.*

Nur durch den Gebrauch von **of** kann der Bezug des Relativsatzes (**who delivered the package**) zum Subjekt (**the man**) deutlich vermittelt werden. Eine Formulierung wie: **This is the man's signature who delivered the package** klingt unbeholfen und außerdem verwirrend.

Nun zu Zeitangaben:

6. There was **a minute's silence** during the match.	*Das Spiel wurde durch eine Schweigeminute unterbrochen.*
7. There will be **six weeks' delay** in the delivery of your toilet.	*Es wird eine sechswöchige Verzögerung bei der Lieferung Ihres WC geben.*
8. See you again in **three days' time**.	*Wir sehen uns in drei Tagen wieder.*

Der **s-Genitiv** wird bei Zeitangaben verwendet, wenn auf die Zeitangabe ein Substantiv folgt (6–8)[1].

Dabei erscheint **-'s** bei *Zeitangaben im Singular* (6) und **-s'** bei *Zeitangaben im Plural* (7, 8).

---

[1] Im Beispiel 7 wäre folgende Formulierung auch möglich gewesen: **a six-week delay.**

3.2.3 Der Genitiv ohne nachfolgendes Substantiv

Besonders in der gesprochenen Sprache sind folgende Kurzformen des *Genitivs* sehr gebräuchlich:

1. – "That's **Janine's coat**." – „*Das ist Janines Mantel!*"

   – "No it's not, it's **David's**." – „*Stimmt doch nicht, er gehört David!*"

2. – "Is this **your car**?" – „*Ist das Ihr Auto?*"

   – "Yes, it's **mine**." – „*Ja, es gehört mir!*"

> Wenn aus dem Zusammenhang klar hervorgeht, worauf sich der *Genitiv* bezieht, kann das nachfolgende Substantiv (*Bezugswort*) entfallen (1, 2)[1].

Auch in anderem Zusammenhang darf das Bezugswort fehlen:

3. I've got to go to the **dentist's** tomorrow. *Ich muß morgen zum Zahnarzt.*

4. I'll probably stay the night at my **aunt's**. *Ich übernachte wahrscheinlich bei meiner Tante.*

5. – "Where were you?" – „*Wo warst du?*"

   – "I was at **David's**." – „*Ich war bei David.*"

> Bei *Geschäften, Arztpraxen* u. ä. (3) sowie bei Angaben zu *privaten Unterkünften* (4, 5) wird in der Regel auf das Bezugswort (z. B. **shop, office, house, flat** usw.) verzichtet, da dieses als bekannt vorausgesetzt wird.

3.2.4 Der „doppelte" Genitiv

Beachten Sie folgende Strukturen, die ganz anders sind als im Deutschen:

1. He's a client **of Mr Burk's / of my sister's**. *Er ist Klient von Herrn Burk / meiner Schwester.*

2. She's dating a cousin **of mine**. *Sie geht zur Zeit mit einem Cousin von mir.*

---

[1] Die substantivischen Pronomen (z. B. **mine**), die anstelle des Possessivpronomens + Substantiv (z. B. **my banana**) stehen, werden im Abschnitt 4.2.5 (S. 185 – 186) aufgeführt.

Wenn vor dem Bezugswort **a/an, this/that** usw. oder ein Zahlwort (**two, three** usw.) steht, wird meistens der sogenannte *„doppelte" Genitiv* gebraucht (1, 2). Dieser besteht aus:

of + (**the/my** usw.) *Substantiv* mit **s**-*Genitiv* bzw.

of + *substantivischem Possessivpronomen* (**mine, yours, his, hers, ours, theirs**)

Dieser Gebrauch deutet auch darauf an, daß es sich um einen Teil einer Gruppe handelt (die Übersetzung zu Beispiel 2 könnte auch lauten: ... *mit einem meiner Cousins* ...).

Leider bereitet der richtige Gebrauch des Apostrophs heutzutage auch englischen Muttersprachlern zunehmend Schwierigkeiten, wie das Foto zeigt:

Übung A

Kreuzen Sie jeweils die richtige Lösung an (gelegentlich sind mehrere Lösungen möglich).

1. a) Bertrands' aunt is a real dragon. ☐
   b) Bertrand's aunt is a real dragon. ☐
   c) The aunt of Bertrand is a real dragon. ☐

2. a) Chinas' population is still rapidly growing. ☐
   b) China's population is still rapidly growing. ☐
   c) The population of China is still rapidly growing. ☐

3. a) You must do an hours exercise every day. ☐
   b) You must do an hour's exercise every day. ☐
   c) You must do an hours' exercise every day. ☐

4. a) That English grammar is my one. ☐
   b) That English grammar is of me. ☐
   c) That English grammar is mine. ☐

5. a) Mr Cass' dog has had puppies. ☐
   b) Mr Cass's dog has had puppies. ☐
   c) Mr Cass dog has had puppies. ☐

6. a) A friend of Paul dropped by last night. ☐
   b) One of Paul's friends dropped by last night. ☐
   c) A friend of Paul's dropped by last night. ☐

3.3 Großschreibung der Substantive

Im Gegensatz zum Deutschen werden die englischen Substantive in der Regel klein geschrieben. Auf die Ausnahmen zu dieser Regel richten wir unser Augenmerk in diesem Kapitel.

1. I suppose we'll have to invite your mother to dinner at **Easter** as usual.

   Ich nehme an, daß wir deine Mutter wie immer über Ostern zum Essen einladen müssen.

Nur in wenigen Fällen werden englische Substantive groß geschrieben (1). Fast immer erscheinen solche Substantive auch im Deutschen groß.

Englische Wörter aus folgenden Bereichen werden groß geschrieben:

Eigennamen, Titel, Anreden:	**Matthew; Mr Parrot, Dr Rita Hardy, Judge Pickles; Grandad, Auntie Liz**
Völkernamen und Sprachen:	**the Germans, the Scots, the Welsh; Japanese, Russian**
Orts- und Ländernamen:	**Venice, Bangkok, Los Angeles; Belgium, Australia**
Wochentage, Monate:	**Wednesday; February, December**
Feste:	**New Year's Day, Christmas, Thanksgiving Day, Whitsun**

Religiöse Bezeichnungen:	**God; Jew, Hindu, Moslem, Baptist; Islam, Catholicism, Buddhism; the Bible**
Historische Ereignisse und Bezeichnungen:	**Magna Carta, the Indo-China War, the Treaty of Versailles**
Institutionen und Organisationen:	**the Royal Academy of Arts, the Samaritans**
Buch-, Film- und Musiktitel, Denkmäler und Kunstwerke usw.:	**The Name of the Rose[1], Schubert's Unfinished Symphony, Nelson's Column, The Rape of Europa**

2. And what about me? Do you think **I** like being left out of things?

    Und was ist mit mir? Glaubt ihr, es gefällt mir, links liegengelassen zu werden?

> Im Gegensatz zum Deutschen wird die englische Entsprechung von „ich", **I**, groß geschrieben (2).

Bei den Jahreszeiten ist die Handhabung nicht so eindeutig:

3. I can't wait for **summer** – we're going to Greece on holiday.

    Ich kann den Sommer kaum erwarten – wir fahren nämlich nach Griechenland in Urlaub.

> Die vier Jahreszeiten **spring, summer, autumn** und **winter** werden meistens klein geschrieben (3), erscheinen aber auch gelegentlich in der Großschreibung.

Bei Schulfächern dagegen herrscht die umgekehrte Tendenz:

4. I can't stand Mondays – we've got two hours of **Maths** and no **English**.

    Ich kann Montage nicht ausstehen – wir haben zwei Stunden Mathe und kein Englisch.

> Schul- und Studienfächer (**Geography, Biology, Maths[2]** usw.) werden meistens groß geschrieben (4), können aber – abgesehen von den Fremdsprachen (**French, English, Latin** usw.) – auch klein geschrieben werden.

---

[1] Bei Buch- und Filmtiteln werden in der Regel das erste und das letzte Wort sowie alle Substantive und die sinntragenden Adjektive groß geschrieben. Klein bleiben generell Artikel (**a, the**), Präpositionen (**in, on**) und Konjunktionen (**and, but**); [2] Im amerikanischen Englisch heißt das Fach **Math**.

Namen und Anreden sind ebenfalls etwas kompliziert:

5. What's for dinner, **Dad**?   *Was gibt's zum Abendessen, Papa?*

6. Nobody bakes bread like **my mum**.   *Niemand bäckt Brot so wie meine Mama.*

> Namen bzw. Anreden wie **Dad, Mum, Uncle Hugh, Granny** usw. werden meistens groß geschrieben (5). Wenn sie jedoch nach einem Possessivpronomen erscheinen (**my, his** usw.), werden sie in der Regel klein geschrieben, da sie dann als „normale" Substantive gelten (6).

Abschließend ein paar Anmerkungen zu Abkürzungen:

7. Hello, RSPCA[1]?   *Hallo, Tierschutzverein?*

8. Get back to me asap[2]!   *Melde dich so bald wie möglich!*

> Abkürzungen von Organisationen o. ä. werden in der Regel groß geschrieben (7).
>
> Manche Abkürzungen, besonders solche aus dem Alltag, werden auch klein geschrieben (8). Vgl. auch **pto** [ˌpiːtiːˈəʊ] für **please turn over** („bitte wenden").

---

[1] RSPCA [ˌɑːrespiːsiːˈeɪ]: die Abkürzung für "Royal Society for the Prevention of Cruelty to Animals": der allein im Auto gelassene Hund greift zum Autotelefon, um den Mißstand dem Tierschutzverein zu melden;
[2] asap [ˌeɪeɪesˈpiː]: die Abkürzung für "as soon as possible"

Übung A

Im folgenden Text ist bis auf das erste Wort in jedem Satz alles klein geschrieben. Unterstreichen Sie alle Wörter, die groß geschrieben werden müßten.

Some people in europe make a fuss[1] because the shops aren't open on sundays. They should try living in jerusalem. As friday is the moslems' holy day, the shops in the arab quarter are closed. Then comes saturday, which is the sabbath for the jews. Back in 1962, when i was studying history in israel under professor solomon yadin, i remember going out one friday night to see the film "the ten commandments", featuring my favourite film star, charlton heston. Having only recently arrived in israel, i hadn't realized that the sabbath begins at sunset on friday, which means that all cinemas as well as shops, libraries, cafés etc. run by jews close several hours before the sun goes down. Then there's sunday, the day of rest for the christians who live in the holy city. As a result, a multicultural city like this, representing the three religions of islam, judaism and christianity, partly shuts down for three days at the weekend. It's a good way of forcing you to plan ahead if you want to avoid starvation[2], and it certainly gave me plenty of time to study without distraction[3] – in fact, i was able to present my doctoral thesis[4] to the university of jerusalem after just two years of research[5]. It was entitled[6] "cultural cross-fertilization[7] in the ancient near east with special reference to[8] public holidays".

3.4 Das grammatische Geschlecht der Substantive

Unbelebte englische Substantive sind im allgemeinen „geschlechtsneutral". Auch bei Berufsbezeichnungen und dergleichen wird nur relativ selten zwischen männlichen und weiblichen Vertretern des Berufs unterschieden:

1. **boss**	*Chef*	(female) **boss**	*Chefin*
2. **cousin**	*Cousin*	(female) **cousin**	*Cousine*
3. **doctor**	*Arzt*	(lady/female) **doctor**	*Ärztin*
4. **politician**	*Politiker*	(female) **politician**	*Politikerin*
5. **pupil**	*Schüler*	(female) **pupil**	*Schülerin*
6. **priest**	*Priester, Pfarrer*	(woman/female) **priest**	*Priesterin*
7. **teacher**	*Lehrer*	(woman/lady/female) **teacher**	*Lehrerin*

[1] to make a fuss: *viel Aufhebens machen*; [2] if you want to avoid starvation: *wenn man nicht verhungern will*; [3] without distraction: *ohne Ablenkung*; [4] doctoral thesis: *Doktorarbeit*; [5] research: *Forschungsarbeit*; [6] it was entitled: *sie trug den Titel*; [7] cultural cross-fertilization: *gegenseitige kulturelle Befruchtung*; [8] with special reference to: *unter besonderer Berücksichtigung von*

8. And, of course, he was more worried than ever about inconveniencing a **lady doctor** on a Saturday night.

Natürlich war er noch mehr als sonst beunruhigt, daß er ausgerechnet eine Ärztin am Samstagabend stören mußte.

Zur Hervorhebung sowie um Mißverständnisse zu vermeiden, ob es sich um eine Frau oder einen Mann handelt, kann man bei Berufsbezeichnungen **woman**, **female** bzw. **lady** voransetzen (1–8).

Wo sowohl **lady** als auch **female** vorangestellt werden können, kann man generell sagen, daß **lady** besonders höflich klingt, während **female** eher in sachlicheren Zusammenhängen gebraucht wird, etwa bei Statistiken. Achten Sie darauf, daß **woman**, **female** bzw. **lady** nicht beliebig austauschbar sind.

Nun zu Berufen, die früher fast ausschließlich von Frauen ausgeübt wurden:

9.	**midwife**	*Geburtshelferin*	(male) **midwife**	*Geburtshelfer*
10.	**model**	*Mannequin*	(male) **model**	*Dressman*
11.	**nurse**	*Krankenschwester*	(male) **nurse**	*Krankenpfleger*

Bei Berufen, die in der Regel von Frauen ausgeübt werden, fügt man bei der männlichen Berufsbezeichnung manchmal **male** hinzu (9–11), besonders dann, wenn aus dem Zusammenhang nicht klar hervorgeht, ob es sich um eine weibliche oder männliche Person handelt.

Oft weist schon das Pronomen **she** bzw. **he** darauf hin, so daß eine weitere Hervorhebung durch **male** überflüssig erscheint. Das gleiche gilt auch umgekehrt für **woman**, **female** bzw. **lady** (1–8).

Bei einigen Substantiven trennt man jedoch noch streng zwischen Damen und Herren:

12.	**actor**	*Schauspieler*	**actress**[1]	*Schauspielerin*
13.	**boyfriend**[2]	*Freund*	**girlfriend**[2]	*Freundin*
14.	**waiter**	*Kellner, „Ober"*	**waitress**	*Kellnerin, „Fräulein"*

> Bei einigen Substantiven gibt es unterschiedliche Bezeichnungen für Männer und Frauen (12–14). Diese sollte man einfach als Vokabeln lernen.

In letzter Zeit entwickelt sich der Sprachgebrauch weg von solchen traditionellen „weiblichen" Bezeichnungen hin zu neutralen, nicht mehr geschlechtsspezifischen Begriffen. Wir raten Ihnen, generell die „neutrale" Form auch in bezug auf Frauen zu verwenden, wo dies möglich ist. Weibliche Berufsbezeichnungen wie folgende werden heutzutage meistens als leicht herabwürdigend angesehen:

	früher:		*heute:*	
15.	**authoress**	→	(female) **author**	*Schriftstellerin*
16.	**conductress**	→	(female/woman) **conductor**	*Dirigentin*
17.	**manageress**	→	(female) **manager**	*Managerin*
18.	**mayoress**	→	(lady) **mayor**	*Bürgermeisterin*

Diese Tendenz zur „Neutralisierung" hat auch dazu geführt, daß das Wort **-man** in Zusammensetzungen heutzutage oft durch **-person** o. ä. ersetzt wird: **spokesman** (*Sprecher*) → **spokesperson, fireman** → **firefighter**. Leute, deren emanzipatorische Bestrebungen extreme Formen annehmen, plädieren auch für die Ersetzung z. B. von **manhole** (*Kanalschacht*) durch **personhole** und wollen neben **history** (*Geschichte*) auch **herstory** sehen. Solche Sonderbarkeiten werden sich jedoch auf längere Sicht wohl kaum durchsetzen können.

Übung A

Übersetzen Sie folgende Sätze und benutzen Sie weibliche Substantive nur dort, wo es notwendig bzw. sinnvoll ist.

a. *Meine Schwester ist Geschichtslehrerin an dieser Schule.*

_____

b. *Nach siebzehn Dirigenten wird das Orchester nun von einer Dirigentin geleitet*[3].

_____

---

[1] Auch **actor** wird inzwischen für eine Schauspielerin gebraucht; [2] Wenn Liebe im Spiel ist, wird unterschieden, ansonsten meist nur **friend**; [3] *ein Orchester leiten*: to conduct an orchestra

c. *Mein jüngster Sohn will Dressman[1] werden.*

_____

d. *Die Chefin möchte dich sprechen.*

_____

e. *Sie sagt, sie möchte lieber zu[2] einer Ärztin gehen.*

_____

---

[1] Achtung: unbestimmter Artikel bei Berufsbezeichnungen – vgl. Kap. 2.1, S.140; [2] *sie möchte lieber zu ... gehen*: she would rather see ...

4   Die Pronomen

4.1   Die Personalpronomen

Pronomen – das ist ein Fremdwort aus dem Lateinischen mit der Bedeutung „für den Namen" (*pro + nomen*). **Personalpronomen** werden auch **persönliche Fürwörter** genannt. Die englische Entsprechung **pronoun** erhellt die Bedeutung noch näher, denn ein Pronomen steht anstelle eines Substantivs (*pro + noun*).

4.1.1   Die Form der Personalpronomen im Englischen

Während es bei den persönlichen Pronomen im Deutschen noch vier verschiedene grammatische Fälle gibt (Nominativ, Genitiv, Dativ, Akkusativ), hat das Englische nur deren zwei, nämlich den Subjektfall und den Objektfall.

Darüber hinaus gibt es nur *eine* Form der Anrede (**you**), die sowohl Singular und Plural (*du/ihr*) als auch die familiäre und höfliche Anrede (*du/Sie*) abdeckt.

Die Übersicht:

Subjekt		Objekt	
I	*ich*	**me**	*mich/mir*
you	*du; Sie*	**you**	*dich/dir; Sie/Ihnen*
he	*er*	**him**	*ihn/ihm*
she	*sie*	**her**	*sie/ihr*
it	*es; er; sie*	**it**	*es/ihm; ihn/ihm; sie/ihr*
we	*wir*	**us**	*uns*
you	*ihr; Sie*	**you**	*euch; Sie/Ihnen*
they	*sie* (Plural)	**them**	*sie/ihnen* (Plural)

4.1.2   Der Gebrauch der Personalpronomen im Englischen

Zunächst zum Gebrauch bei Lebewesen:

1. I could watch **the tigress** for hours – **she**'s so beautiful.

    Die Tigerin könnte ich stundenlang beobachten – sie ist einfach wunderschön.

2. I've got a pet rabbit. **His** name is "Fluffy".

    Ich habe einen Hasen als Haustier. Er heißt „Fluffy".

3. **He** got sick to death of his ladder, bell and mirror.

Er hatte den Schnabel voll von seiner Leiter, der Glocke und dem Spiegel!

4. She gave **the monkey** a banana and **it** bit her.

   Sie gab dem Affen eine Banane, worauf er sie biß.

5. **The female puffin** remains near the nest to guard **her** eggs.

   Die Papageientaucherin bleibt in der Nähe ihres Nests, um ihre Eier zu bewachen.

- Neben den Menschen unterscheidet man bei *Haustieren* und anderen Tieren, wenn man eine *emotionale Beziehung* betonen will, nach dem Geschlecht (**he/she**) (1 – 3).

- Bei *Tieren*, zu denen eine „sachliche Beziehung" dargestellt werden soll, verwendet man **it** (4), außer wenn es um spezifische geschlechtliche Unterschiede geht (5).

Nun zu den Sachen und Dingen:

6. – "Where's my rubber spider?"
   – "I put **it** on Mum's bedside locker."

   – *„Wo ist meine Gummispinne?"*
   – *„Ich habe sie auf Muttis Nachttisch gelegt."*

7. That's a good **idea**. I think I'll use **it** in my next novel.

   Das ist ein guter Einfall. Ich glaube, ich werde ihn in meinem nächsten Roman verwenden.

8. See the **yacht** with the Union Jack? **She**'s all mine!

   Siehst du die Jacht mit der britischen Flagge? Sie gehört mir ganz alleine!

Dinge und *abstrakte Begriffe* werden in der Regel als sächlich betrachtet (6, 7), es sei denn, man hegt eine besonders innige Beziehung zu ihnen. Dies ist gelegentlich der Fall bei Autos, Booten und dergleichen, die dann als *weiblich* angesehen werden (8).

4.1.3 Die Stellung der Personalpronomen

Wenn Sie sich die Übersetzungen der *Pronomen im Objektfall* in der Übersicht zu Anfang des Kapitels genau angesehen haben, haben Sie sicherlich gemerkt, daß diese Pronomen gleich *zwei* deutsche Entsprechungen haben:

1. I saw **him** in town. *(direktes Objekt)*	*Ich hab' **ihn** in der Stadt gesehen.*
2. I gave **him** the message. *(indirektes Objekt)*	*Ich hab' **ihm** die Nachricht gegeben.*

In Sätzen mit einem *Substantiv* als *direktem* Objekt und einem *Pronomen* als *indirektem* Objekt bestehen folgende Möglichkeiten in der Wortstellung:

3. We showed the video **to them**.	*Wir zeigten ihnen das Video.*
oder	
4. We showed **them** the video.	*Wir zeigten ihnen das Video.*
5. She bought the socks **for him**.	*Sie kaufte die Socken für ihn.*
oder	
6. She bought **him** the socks.	*Sie kaufte ihm die Socken.*

Bei bestimmten Verben können die Präpositionen **to** und **for** in Verbindung mit einem Personalpronomen entfallen. In diesem Fall folgt das Pronomen unmittelbar auf das Verb (4,6).

Zu solchen Verben in Verbindung mit **to** zählen z. B.:

bring, give, hand, lend, offer, owe, pass (= *reichen*)**, promise, sell, send, show, teach, tell, write**

Verben mit **for** sind u. a.:

buy, cook, fetch, find, get (= *holen*)**, leave** (= *über-, hinterlassen*)**, make**

Wenn beide Objekte Pronomen sind, sieht die Wortstellung wie folgt aus:

7. We showed **it to them**.	*Wir zeigten es ihnen.*
oder	
8. We showed **them it**.	*Wir zeigten es ihnen.*
9. She bought **them for him**.	*Sie kaufte sie für ihn.*
oder	
10. She bought **him them**.	*Sie kaufte sie ihm.*

Bei zwei Objekten in Form von Pronomen bestehen folgende Möglichkeiten:

Verb + *direktes Objekt* + *Präposition* + *indirektes Objekt* (7, 9)

bzw. – anders als im Deutschen:

Verb + *indirektes Objekt* + *direktes Objekt* (8, 10)

Übung A

Ersetzen Sie die unterstrichenen Teile der folgenden Sätze durch Pronomen und geben Sie alle möglichen Strukturen an, z. B.: **She passed the tomato ketchup to me.** → **She passed it to me. / She passed me it.**

a. He lent me his car for the night.

_____

b. My mother bought the magazines for me.

_____

c. Mr Tanimura taught the boys Japanese.

_____

d. She sent the flowers to my sister and me.

_____

4.1.4   Objektform im Englischen, Subjektform im Deutschen

Eine kleine Besonderheit zum Abschluß:

1. Hello, Samaritans? It's **me** again …

   Hallo, Telefonseelsorge, ich bin's wieder …

2. I thought it was **them**.   *Ich dachte, daß sie es waren.*

3. It was **her** – I recognized her face.   *Sie war's – ich hab' ihr Gesicht erkannt.*

4. – "Who wants to come?"   – „Wer will mit?"
    – "**Me**!"   – „Ich!"

Nach **it is / it was** usw. (1–3) sowie in Kurzantworten (4) wird die Objektform der Personalpronomen verwendet (**me** statt **I, them** statt **they** usw.)[1].

Das Verb steht in Sätzen wie Beispiel 2 im Singular (im Gegensatz zum Deutschen!).

Übung B

Setzen Sie beim folgenden Text die passenden *Personalpronomen* ein. Die deutsche Entsprechung wird jeweils in Klammern angegeben.

I have a cat called Freda. I love _____ (*sie*) dearly and _____ (*sie*) loves _____ (*mich*). My sister Tracy has a very clever parrot called Fred who likes to come out with[2] long words and then string _____ (*sie*) together[3] to form nonsense sentences. _____ (*er*) really drives everybody up the wall[4], except Tracy. And if there's anyone to blame for Fred's constant nerve-wracking chatter[5] it's _____ (*sie*), because _____ (*sie*) has been teaching _____ (*ihn*) all along[6]. _____ (*ich*) think _____ (*sie*) probably gets her dictionary out and reads _____ (*es*) to _____ (*ihm*) whenever the rest of _____ (*uns*) are out of the house. That parrot certainly seems to know a lot more words than anybody I know, but I'm sure _____ (*er*) doesn't know what half of _____ (*ihnen*) mean.

There's only one thing that can shut _____ (*ihn*) up, as became obvious when Freda once came in with a mouse between her teeth and dropped _____ (*sie*) in front of Fred's cage. That literally stopped _____ (*ihn*) in mid-speech, and had Tracy screaming hysterically. Of course, it's all Uncle Roger's fault[7] for giving _____ (*ihn ihr*) in the first place. But then _____ (*ich*) can't complain because it was _____ (*er*) who gave _____ (*mir*) Freda. Uncle Roger owns a pet shop, _____ (*Sie*) see. _____ (*er*) wants Tracy and _____ (*ich*) to help _____ (*ihm*) out this summer – as a reward _____ (*wir*) can each take an animal home with _____ (*uns*). I wonder if _____ (*er*) could spare half a dozen of those white mice …

---

[1] vgl. aber auch Kapitel 5.4 „Der Vergleich", S. 218; [2] to come out with s.th.: *etw. „vom Stapel lassen"*; [3] to string s.th. together: *etw. aneinanderreihen*; [4] to drive s.o. up the wall: *jmdn. auf die Palme bringen*; [5] nerve-wracking chatter: *nervenaufreibendes Geplapper*; [6] all along: *die ganze Zeit*; [7] it's all Uncle Roger's fault: *Onkel Roger ist an allem schuld*

4.2   Die Possessivpronomen

Die *Possessivpronomen* – oder *besitzanzeigenden Fürwörter* – bezeichnen die englischen Entsprechungen von „mein", „meine", „meinem", „meiner", „meines" usw. Auch hier gibt es nicht so viele verschiedene Formen zu lernen wie im Deutschen.

4.2.1   Die adjektivischen Possessivpronomen

Hier haben wir es wieder einmal mit dem hintergründigen englischen Humor zu tun:

1. So then she called me an egoist and went home to **my** mother-in-law.

   Dann nannte sie mich einen Egoisten und ging heim zu meiner Schwiegermutter.

2. You should be very proud, I hear **your** son's in advertising.

   Sie sollten sehr stolz sein – ich hab' gehört, daß Ihr Sohn in der Werbebranche tätig ist.

Die **adjektivischen Possessivpronomen** sind im Englischen *unveränderlich* (1, 2). Hier die Übersicht der verschiedenen Formen:

my	*mein(e, -es, -er* usw.*)*
your	*dein* usw.; *Ihr* usw.
his	*sein* usw.
her	*ihr* usw.
its	*sein* usw.; *ihr* usw.
our	*unser* usw.
your	*euer* usw.; *Ihr* usw.
their	*ihr* (Plural) usw.

4.2.2   *its – it's*

Achten Sie in den folgenden Sätzen auf den Unterschied zwischen **its** und **it's**:

1. Look at that poor dog – **it's** limping.

    Schau den armen Hund an – der hinkt ja.

2. I think **it's** hurt **its** paw.

    Ich glaube, er hat sich an der Pfote weh getan.

- **Its** (ohne Apostroph) ist ein **Possessivpronomen** und wird in der Regel mit einem *Substantiv* verbunden (2).

- **It's** (mit Apostroph) ist die Kurzform von **it is** (1) bzw. **it has** (2).

4.2.3   *one's*

Während die Possessivpronomen im allgemeinen keinen Apostroph haben, gibt es eine Ausnahme:

1. One has to look after **one's** money these days.

    Man muß heutzutage schon auf sein Geld achten.

One's (= *sein* usw.) ist das **adjektivische Possessivpronomen** zu **one** (= *man*) und erscheint immer mit einem Apostroph (1).

Beachten Sie jedoch, daß der Gebrauch von **one** etwas *unpersönlich* und *förmlich* klingt und somit der Sprachebene vom deutschen „man" nicht unbedingt entspricht. Der Beispielsatz würde natürlicher klingen in der Formulierung: **You have to look after your money these days.**

4.2.4 Das Possessivpronomen bei *someone, everyone* usw.

Es wird Ihnen vielleicht schon aufgefallen sein, daß es im Englischen außer **one's** keine „geschlechtsneutralen" Possessivpronomen gibt. Was macht man dann bei **someone, everyone** usw.?

1. Has everyone got **his or her** ticket ready?	*Hat jeder seine Karte bereit?*
2. Everyone got **their** Christmas bonus today except me.	*Alle außer mir haben heute ihr Weihnachtsgeld bekommen.*
3. When someone says they want to wash **their** hands, they often mean that they want to go to the toilet.	*Wenn jemand sagt, daß er sich die Hände waschen will, meint er oft, daß er die Toilette benutzen möchte.*

Bei **someone, everyone** usw. gibt es zwei verschiedene Möglichkeiten für das Possessivpronomen:

• das etwas umständliche **his or her** (1)

• das grammatisch unlogische **their** (2, 3)

Bei längeren Sätzen wird **their** grundsätzlich bevorzugt, bei kürzeren Sätzen im gesprochenen Englisch ebenfalls.

Zum Gebrauch der *Possessivpronomen* bei Körperteilen und Kleidungsstücken vgl. Abschnitt 2.2.2, S.151. Die *Possessivpronomen* + *-ing-Form* werden in Abschnitt 1.7.9, S.70–71 behandelt.

4.2.5 Die substantivischen Pronomen

Possessivpronomen können auch substantivisch verwendet werden. Ein paar Beispiele machen das deutlich:

1. – "That's my toothpaste you're using!"	– *„Das ist meine Zahnpasta, die du da nimmst!"*
– "No it's not, it's **mine**!"	– *„Stimmt doch gar nicht, sie gehört mir!"*
2. That's a beautiful car. Don't tell me it's **yours**!	*Das ist aber ein wunderschönes Auto. Sag bloß, es ist deins!*
3. After 30 years of paying back the mortgage, the house is **ours** at last.	*Nachdem wir 30 Jahre lang unsere Hypothek abbezahlt haben, gehört das Haus jetzt endlich uns!*

Substantivische Possessivpronomen ersetzen Possessivpronomen + Substantiv (z. B. **my car**). Sie werden, bis auf **mine** und **his**, durch Anhängen von **-s** an das Possessivpronomen gebildet (1 – 3):

mine	*mein(e)s, meine(r)* usw.
yours	*dein(e)s* usw.; *Ihr(e)s* usw.
his	*sein(e)s* usw.
hers	*ihr(e)s* usw.
its	*sein(e)s* usw.; *ihr(e)s* usw.
ours	*uns(e)res* usw.
yours	*eu(e)res* usw.; *Ihr(e)s* usw.
theirs	*ihr(e)s* (Plural) usw.

Zum Gebrauch von **... of mine** usw. vgl. Abschnitt 3.2.4, S. 169 ff.

Übung A

In folgendem Dialog streiten sich zwei Kinder über den Besitz eines Hundes, der ihnen gerade über den Weg gelaufen ist. Fügen Sie in die Lücken jeweils das passende Possessivpronomen ein bzw. – wo nötig – die Abkürzung **it's**.

Daniel: _____ my puppy.

Nicole: No it isn't, it's _____!

Daniel: It licked _____ hand first.

Nicole: Well, it licked both of _____.

Daniel: No it didn't, it licked _____ face.

Nicole: As it followed both of us down the street, let's be fair and say it's

_____.

Daniel: All right. But that means I can say it's _____ and you

can say it's _____.

Nicole: Okay, but stop pulling _____ collar – you'll hurt

_____ neck.

Daniel: Not _____ neck – _____ neck.

Look, it says Florence on the dog tag[1].

---
[1] dog tag: *Hundemarke*

Nicole: It also says "Please return me to 20 Wood Close, Norham – it would make

_____ owners very happy and mean a reward of £20 for

you."

Daniel: That means my share will be £10, and so will _____.

Nicole: Except that I saw her first …

4.3   Die Reflexivpronomen

Die *Reflexivpronomen* werden auch als *rückbezügliche Fürwörter* bezeichnet, weil sie die Handlung auf den Handelnden rückbeziehen (z. B. „ich wasche mich", „er ärgert sich").

4.3.1   Die Bildung der Reflexivpronomen

Im Englischen sehen die Reflexivpronomen so aus:

1. He **cuts himself** every time he shaves.   *Er **schneidet sich** jedesmal, wenn er sich rasiert.*

2. I can help you, George, but first you have to admit to **yourself** that you have a problem.

   Ich kann dir schon helfen, George, aber du mußt dir erst eingestehen, daß du ein Problem hast[1].

---

[1] In Großbritannien wird die Milch zum Teil noch vom **milkman** frühmorgens an die Haustür gebracht, was manche Vögel dazu verleitet, mit dem Schnabel den Aludeckel zu durchbohren, damit sie sich an der sahnigen Milch oben in der Flasche laben können.

Die Reflexivpronomen **myself, yourself** usw. entsprechen dem deutschen „mich/mir", „dich/dir" usw. (1,2). Hier eine Übersicht:

I could injure **myself**.	*Ich könnte mich verletzen.*
You could injure **yourself**.	*Du könntest dich /* *Sie könnten sich verletzen.*
He could injure **himself**.	*Er könnte sich verletzen.*
She could injure **herself**.	*Sie könnte sich verletzen.*
It could injure **itself**.	*Es/Er/Sie könnte sich verletzen.*
One could injure **oneself**.	*Man könnte sich verletzen.*
We could injure **ourselves**.	*Wir könnten uns verletzen.*
You could injure **yourselves**.	*Ihr könntet euch /* *Sie könnten sich verletzen.*
They could injure **themselves**.	*Sie könnten sich verletzen.*

4.3.2 Der Gebrauch der Reflexivpronomen

Der wichtigste Unterschied zum Deutschen besteht darin, daß es keineswegs zu jedem deutschen Reflexivpronomen ein entsprechendes englisches gibt:

1. I can't **concentrate** on my homework with all that noise going on.

   *Ich kann **mich** bei dem ganzen Krach nicht auf meine Hausaufgaben **konzentrieren**.*

2. **Hurry up**! The taxi's been waiting for ages!

   ***Beeil dich**! Das Taxi wartet schon eine Ewigkeit!*

Eine Reihe gängiger englischer Verben hat – im Gegensatz zu ihren deutschen Entsprechungen – <u>kein</u> Reflexivpronomen (1, 2). Hier eine Liste der wichtigsten:

argue/quarrel	*sich streiten*
change / get changed	*sich umziehen*
concentrate (on)	*sich konzentrieren (auf)*
dress / get dressed	*sich anziehen*
get annoyed	*sich ärgern*
get ready	*sich fertigmachen*
hurry up	*sich beeilen*
be interested in	*sich interessieren für*
look forward to	*sich freuen auf*
meet	*sich treffen*
move	*sich bewegen*
remember	*sich erinnern*
wash / get washed	*sich waschen*

4.3.3 selbst/selber

Die **-self-**Form im Englischen hat noch eine weitere Funktion:

1. William says he wrote the play **himself**.   *William behauptet, er habe das Stück **selbst** geschrieben.*

2. I'm an umbrella man **myself**.

   *Ich **selbst** bevorzuge Regenschirme.*

3. The burglar **himself** told the police.   *Der Einbrecher **selbst** hat die Polizei informiert.*

> Die englischen Reflexivpronomen entsprechen auch dem deutschen „selbst" bzw. „selber". Sie stehen meistens am Ende des Satzes (1, 2) oder zur besonderen Betonung hinter dem Substantiv bzw. Pronomen (3).

4.3.4   *each other / one another* (reziproke Pronomen)

Reziproke Pronomen beschreiben ein gegenseitiges Verhältnis:

1. I don't know why we argue so much – we're not even married to **each other**.   *Ich weiß nicht, warum wir uns so streiten – wir sind nicht mal **miteinander** verheiratet.*

2. Will you stop hitting **each other / one another!**   *Hört endlich auf, **euch / einander** zu schlagen!*

> Wenn man dem deutschen Pronomen „sich" usw. das Wort „gegenseitig" bzw. „einander", „miteinander", „voneinander" o. ä. hinzufügen kann, nimmt man im Englischen **each other** (bei zwei Handelnden, 1) bzw. **one another** (bei zwei oder mehr Handelnden, 2).

Noch zwei kontrastierende Beispiele, um den Unterschied zwischen diesem Gebrauch und dem der Reflexivpronomen zu verdeutlichen:

3. They **helped themselves**.   *Sie haben sich bedient.*

4. They **helped each other**.   *Sie haben sich (gegenseitig) geholfen.*

4.3.5 sich = *her, him* usw.

Das deutsche „sich" bedeutet im Englischen nicht automatisch **himself/herself/itself**:

1. He's always got at least three dogs   *Er hat immer mindestens drei Hunde*
   trailing **behind him**.   *hinter sich herzuckeln.*

2. She didn't have any of her credit cards   *Sie hatte keine ihrer Kreditkarten bei sich.*
   on her.

Bei einigen Präpositionen – besonders solchen mit *räumlicher Bedeutung* wie **behind, in front of, on** und **over** sowie bei **with** – wird im Englischen meistens das einfache Personalpronomen **him, her** bzw. **it** im Gegensatz zum deutschen Reflexivpronomen gebraucht (1, 2).

Nur um Mißverständnisse zu vermeiden, kann man eventuell auch im Englischen ein Reflexivpronomen gebrauchen:

3. He placed the trophy in front of   *Er stellte die Trophäe vor sich hin.*
   himself.

In diesem Fall wäre **... in front of him** möglicherweise verwirrend gewesen, da es sich auf jemand anderen hätte beziehen können.

Übung A

Vervollständigen Sie folgenden Text, indem Sie die eingeklammerten Ausdrücke ins Englische übersetzen.

Richard: _____ (*Beeil dich*), Joan! We're supposed to be

              _____ (*uns treffen mit*) George at seven!

Joan: I'm still _____ (*mich anziehen*)!

Richard: I thought you were _____ (*dich freuen*
              auf) La Bohème!

Joan: I am, but you know I can't _____ (*mich bewegen*) as fast

as you with this rheumatism of mine.

Richard: I honestly can't _____ (*mich erinnern*) ever getting to

the opera on time since we've been married.

Joan: Well, at least I _____ (*mich waschen*) before we go out.

And I have to sort out all the things I need to take with _____

(*mir*) – the libretto, my throat pastilles, jewellery …

Richard: Will you stop talking and _____ (*dich konzentrieren*) on

_____ (*dich fertigmachen*[1])!

Joan: And will you stop _____ (*dich ärgern*[1]) with me like

that! Why do we have to _____ (*uns*

streiten) and _____ (*uns gegenseitig*

anbrüllen[2]) like this?

Richard: Because firstly it's the première, secondly we're both appearing in the first

act, and thirdly the maestro _____ (*selbst*) said he

would fire us if we were late for yet another performance!

4.4   Die Demonstrativpronomen und Demonstrativadjektive

In diesem Kapitel geht es uns in erster Linie um die englischen Entsprechungen von „diese(r)".

4.4.1   Der Gebrauch der Demonstrativpronomen und Demonstrativadjektive

Die englischen Demonstrativpronomen und -adjektive lassen sich in zwei Kategorien aufteilen:

1. Is **this** your toupet?   *Ist das Ihr Toupet?*

2. **These** are my five ex-husbands.   *Das sind meine fünf Ex-Ehemänner.*

3. Come here **this** minute!   *Komm sofort her!*

---

[1] Benutzen Sie hier die **-ing-*Form*** des Verbs; [2] *anbrüllen*: to shout at

4. We can't solve **these** problems overnight.

Diese Probleme können wir nicht von heute auf morgen lösen.

5. I'm finding **this** heat unbearable.

Diese Hitze ist für mich unerträglich.

This (Singular) und **these** (Plural) deuten meistens auf etwas Näherliegendes, etwas unmittelbar Vorliegendes oder gerade Erwähntes (1, 2).

Mit diesen *Demonstrativpronomen* kann man auch Zeitangaben und abstrakte Begriffe emotional verstärken (3–5).

Bei der zweiten Kategorie spielt oft die Distanz (sowohl im räumlichen als auch im übertragenen Sinne) eine wichtige Rolle:

6. **That** isn't my handwriting.

Das ist nicht meine Handschrift.

7. **Those** biscuits are fattening.

Die Kekse da machen dick.

8. **That**'s your problem.

Das ist dein Problem.

9. **Those** were his very words.

Das waren genau seine Worte.

10. **That** was the end of the matter.

Damit war die Sache erledigt.

That (Singular) und **those** (Plural) können auf etwas Fernerliegendes deuten (6, 7), sich auf etwas gerade Gesagtes/Erzähltes beziehen (8, 9) oder auch eine gewisse Distanz zu etwas ausdrücken (10).

Häufig ist die Wahl zwischen **this/these** und **that/those** eine sehr subjektive Frage der Perspektive, und in vielen Fällen sind sie austauschbar:

11. Which shirt do you prefer – **this** one or **that** one?

Welches Hemd gefällt dir besser – dieses hier oder dieses?

This/these bzw. **that/those** werden oft im selben Satz zur Unterscheidung zwischen zwei oder mehr Dingen gebraucht (11).[1]

Der Sprecher könnte in Beispiel 11 durchaus das eine Hemd in der linken Hand halten und das andere in der rechten. Die „Nähe" bzw. „Ferne" spielt also hier keine Rolle.

Zum Abschluß die emotionale Komponente bei **that/those**:

---

[1] Zum Gebrauch des „Stützworts" **one** vgl. Kapitel 5.6, S. 221–222.

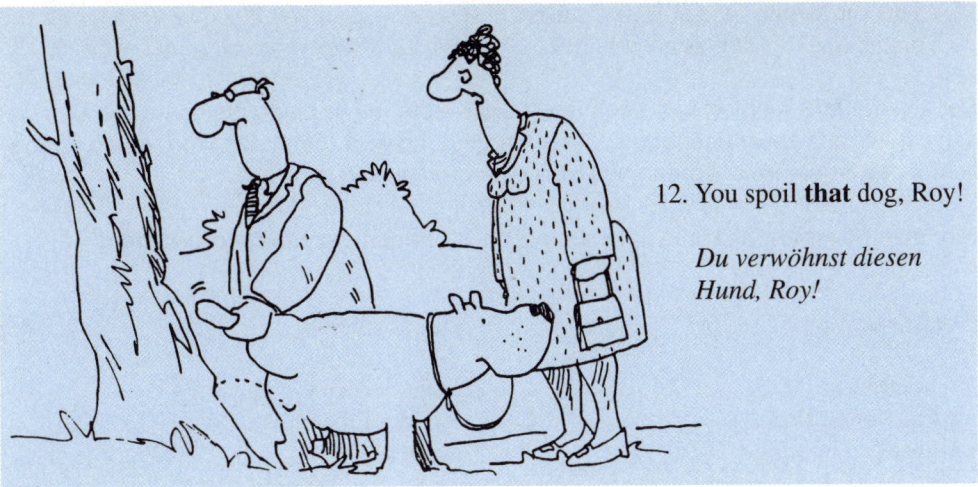

12. You spoil **that** dog, Roy!

   Du verwöhnst diesen Hund, Roy!

13. I love **those** chocolates!   *Ich liebe diese Pralinen!*

That bzw. **those** wird auch verwendet, um die *negative oder positive Grundeinstellung* des Sprechers zu etwas zu verstärken (12,13).

Übung A

Setzen Sie bei folgenden Sätzen **this/these** bzw. **that/those** in die Lücken ein. Gelegentlich sind zwei Lösungen möglich.

a. Are _____ your children over there?

b. _____ are my twin brothers – _____ one's Rick and

   _____ one's Mick.

c. _____ isn't what I said.

d. Would you come _____ way, please.

e. I really liked _____ sports model we saw in the Jaguar showroom.

4.5 Die Relativpronomen und Relativsätze

4.5.1 Die Bildung der Relativpronomen

Vergleichen Sie folgende Formulierungen:

1. This car has got 50,000 miles on the clock. It's still as good as new.

   Dieser Wagen hat 80.000 Kilometer auf dem Tacho. Er ist noch so gut wie neu.

2. This car, **which** has got 50,000 miles *Dieser Wagen, der 80.000 Kilometer auf*
   on the clock, is still as good as new. *dem Tacho hat, ist noch so gut wie neu.*

Der zweite Satz klingt etwas eleganter als der erste, da er beide Elemente aus Beispiel 1 in einem Satz zusammenbringt. Diese Verbindung wird durch das Wort **which** ermöglicht – das ist ein Relativpronomen, das einen Relativsatz einleitet.

Hier eine Übersicht über die unterschiedlichen Formen der *Relativpronomen*:

bei Personen:	bei Sachen:
who, that	**that, which**
who, whom, that	**that, which**
whose	**whose**

4.5.2   Der Gebrauch der Relativpronomen

1. The girl **who/that** punched you in the *Das Mädchen, das dich ins Gesicht ge-*
   face wants to apologize. *schlagen hat, möchte sich entschuldigen.*

2. The CD **that/which** I lent you is all *Die CD, die ich dir geliehen habe, ist*
   scratched. *völlig zerkratzt.*

3. Our pet mouse, **who** we thought was *Unsere Maus, die wir für einen Mäuserich*
   a male, has just had nine babies. *hielten, hat gerade neun Mäusebabys ge-*
   worfen.

Im *Nominativ* oder Subjektfall (1. Fall, Frage: *wer?/was?*) verwendet man bei Personen **who** oder **that**[1] (1) und bei Dingen **that**[1] oder **which** (2).

Bei Tieren verwendet man **that**[1] oder **which**, bei emotionaler Beziehung zum Tier auch **who** (3).

---

4. The lady **that/who/whom** you just *Die Dame, die Sie gerade umgefahren*
   knocked down is the headmistress. *haben, ist die Direktorin.*

5. The biscuits **that/which** you've brought *Die Kekse, die du uns gebracht hast,*
   us have all been nibbled at. *sind alle angeknabbert.*

6. I'm afraid the dog **that/which** you *Leider hatte der Hund, den Sie gebissen*
   bit had rabies. *haben, die Tollwut.*

---

[1] **That** ist grundsätzlich nur bei sogenannten unentbehrlichen Relativsätzen (s. unten) und ohne vorangesetzte Präposition (vgl. S. 195–196) möglich.

Im **Akkusativ** oder Objektfall (4. Fall, Frage: **wen?/was?**) verwendet man bei Personen **that/who** (seltener **whom**) (4) und bei Dingen **that/which** (5).

Bei Tieren verwendet man **that/which** (6), gelegentlich auch **who/whom**.

7. You bet I'm bored. I must be the only boy in the world **whose** father bought him a model houseboat.

   Und wie ich mich langweile! Ich bin wohl der einzige Junge auf der ganzen Welt, der von seinem Vater ein Modellhausboot geschenkt bekommen hat!

8. The aircraft **whose** wing fell off has been grounded.

   Das Flugzeug, dessen Tragfläche abgefallen war, ist aus dem Verkehr gezogen worden.

Im **Genitiv** (2. Fall, Frage: **wessen?**) nimmt man bei Personen (7) und Dingen (8) **whose** („dessen"/„deren").

Jetzt bleibt nur noch der 3. Fall, den es im Englischen in diesem Sinne gar nicht gibt:

9. We don't really like the woman **that** Daddy is married **to** at the moment.

   Die Frau, mit der Papi momentan verheiratet ist, mögen wir nicht besonders.

förmlich:

   … the woman **to whom** Daddy is married …

10. The house **that** we lived **in** in Thailand had poppies growing in the garden.

    Im Garten des Hauses, in dem wir in Thailand wohnten, wuchs Mohn.

11. Who was the man **with whom** she wrote the piece?

    Wer war der Mann, mit dem sie das Stück geschrieben hat?

12. The gateway **through which** you have just walked is 800 years old.

    Das Tor, durch das Sie gerade gegangen sind, ist 800 Jahre alt.

Statt eines **Dativs** (3. Fall, Frage: **wem?/was?**) gibt es im Englischen eine Verbindung mit einer **Präposition** (**to, in, with** usw.).

- Im Gegensatz zum Deutschen steht die Präposition meistens *hinter* dem Verb bzw. Partizip (9, 10).

- Das **Relativpronomen** lautet bei Personen **that/who** (seltener **whom**) (9, 11) und bei Dingen **that/which** (10, 12).

- Wenn dem **Relativpronomen** eine Präposition vorangeht, nimmt man nicht **that**, sondern bei Menschen **whom** (**by/for/with <u>whom</u>** usw., 11) und bei Dingen **which** (**on/with/through <u>which</u>** usw., 12).

Übung A

Fügen Sie ein passendes **Relativpronomen** in die Lücken ein.

a. Hey, there's that girl _____ you were chatting up[1] yesterday!

b. The young writer _____ first novel won a national prize is now a bus driver.

c. The cat _____ scratched you doesn't seem to like men with whiskers[2].

d. Is that the colleague _____ you introduced me to at the cocktail party?

4.5.3   Entbehrliche und unentbehrliche Relativsätze

Es gibt zwei verschiedene Arten von Relativsätzen, nämlich entbehrliche und unentbehrliche. Bis vor kurzem konnte man sagen, daß es im Englischen auch ein optisches Kennzeichen für diesen Unterschied gab: die Kommas. Im heutigen Englisch wird die Kommasetzung jedoch viel lascher gehandhabt als früher. Dennoch führen wir hier die traditionellen Regeln auf, um Ihnen den Unterschied zwischen den beiden Sorten von Relativsätzen deutlich zu machen.

Fangen wir mit einem „entbehrlichen" Relativsatz an:

1. My grandmother, who writes soap operas, never went to school.

   Meine Großmutter, die Seifenopern schreibt, ist nie in die Schule gegangen.

In entbehrlichen Relativsätzen könnte man den Relativsatz herausnehmen oder „ausklammern", ohne die Grundaussage des Satzes zu zerstören (1).

---

[1] to chat up: *anmachen*; [2] whiskers: *Barthaare; Schnurrhaare*

Nimmt man in Beispiel 1 den Relativsatz heraus, erhält man folgende Aussage:

2. My grandmother never went to school. *Meine Großmutter ist nie in die Schule gegangen.*

Die Grundaussage bleibt gleich. Was im Relativsatz gesagt wird, ist eine *Zusatzinforma-tion*, die für den Hauptsatz nicht zwingend notwendig ist. Solche Relativsätze sind nor-malerweise durch Kommas vom Rest des Satzes getrennt, aber – wie vorhin angedeu-tet – wundern Sie sich nicht, wenn Sie einen entbehrlichen Relativsatz ohne Kommas in einer englischen Zeitung finden:

3. Her father who works in a bank paved the way for her career as a callgirl. *Ihr Vater, der Banker ist, ebnete ihr den Weg für ihre Karriere als Callgirl.*

Strenggenommen wären in diesem Satz Kommas notwendig, da der Relativsatz ledig-lich eine Zusatzinformation anbietet.

Nun aber zu den „unentbehrlichen", den „notwendigen" Relativsätzen:

4. Men who never stop talking are a pain in the neck. *Männer, die nie aufhören zu reden, sind Nervensägen.*

Unentbehrliche Relativsätze sind *für den Sinn des Gesamtsatzes absolut notwen-dig* (4). Man kann sie nicht ausklammern, ohne den Sinn der Gesamtaussage zu entstellen. Sie werden grundsätzlich nicht durch Kommas vom Rest des Satzes getrennt.

Würde man hier in unserem Beispiel den Relativsatz wegnehmen, bliebe folgende Aus-sage übrig:

5. Men are a pain in the neck. *Männer sind Nervensägen.*

Ein solches Pauschalurteil über die Männer wäre sicherlich nicht gerechtfertigt. Aber an diesem Beispiel erkennt man auch die Hauptfunktion eines solchen Relativsatzes:

Ein *unentbehrlicher Relativsatz* bestimmt das Wort näher, auf das er sich bezieht (4).

Hier noch eine kleine Hilfe, damit Sie die „unentbehrlichen" Relativsätze besser er-kennen können:

▌ Wenn man im Deutschen „derjenige/diejenige" usw. sagen könnte, handelt es sich
▀ um einen notwendigen Relativsatz.

Es ist besonders deswegen so wichtig, entbehrliche von unentbehrlichen Relativsätzen unterscheiden zu können, weil nur bei unentbehrlichen Relativsätzen eine bestimmte, typisch englische Konstruktion möglich ist. Sehen Sie sich dazu folgende Beispiele an:

6. **The bedtime stories (that/which) my father used to tell us** were quite scary.

   *Die Gutenachtgeschichten, **die** uns mein Vater früher erzählte, waren ziemlich gruselig.*

7. Was **the camera (that/which) you lent me** very expensive?

   *War die Kamera, **die** du mir geliehen hast, sehr teuer?*

> Bei *unentbehrlichen Relativsätzen* kann man das **Relativpronomen** **that, who** oder **which** *weglassen*, wenn es Objekt des Relativsatzes ist. Das erkennt man daran, daß ein Substantiv (6: **my father**) bzw. ein Pronomen (7: **you**) auf das Relativpronomen folgt.

In folgendem Satz kann das Relativpronomen dagegen *nicht weggelassen* werden, weil es Subjekt des Relativsatzes ist (und ein Verb darauf folgt):

8. The shop **that sold** chemistry sets was destroyed in an explosion.

   Der Laden, der Chemiebaukästen verkaufte, flog bei einer Explosion in die Luft.

Übung B

Fügen Sie in folgenden Sätzen, wo nötig, Kommas ein und streichen Sie das ***Relativpronomen*** (**who, which** oder **that**), wo es entbehrlich ist.

a. My father who is a policeman comes home with some incredible stories.

b. The vase that you've just dropped was a priceless Grecian urn[1].

c. Dogs that jump up and lick your face are revolting[2].

d. The Beetle and Wedge Hotel which I can highly recommend has an excellent restaurant.

e. The cake which you baked is much better than Mr Kipling's.

4.5.4 Das deutsche „(das,) was" usw. in Relativsätzen

Abschließend ein paar Besonderheiten:

1. She sings in the shower, **which** wakes the whole household up.

   *Sie singt in der Dusche, **was** den ganzen Haushalt aufweckt.*

---

[1] Grecian urn: *griechische Urne*; [2] revolting: *ekelhaft*

> Das deutsche „was" als Zusammenfassung eines ganzen Satzteils wird im Englischen durch **which** wiedergegeben (1).

2. Can you understand **what** he's saying?   *Verstehst du, **was** er sagt?*

3. Drink this – it's just **what** you need after a night on the town.   *Trink das – es ist genau **das, was** du nach einer durchzechten Nacht brauchst.*

> „Das, was" bzw. „was" wird durch das ***Relativpronomen* what** (nicht **that what*) wiedergegeben (2, 3).

4. There's something (that) I've got to tell you.   *Es gibt **etwas, das** ich dir sagen muß.*

5. He twisted everything (that) I said.   ***Alles, was** ich gesagt habe, hat er verdreht.*

6. Is there anything (that) I can get you?   *Gibt es **irgendwas, das** ich dir besorgen kann?*

> Bei „alles, was/das", „etwas, was/das", „irgend etwas, was/das" lautet das englische ***Relativpronomen* that**. Oft wird es aber weggelassen (4 – 6).

Übung C

Fügen Sie in folgendem Text wo nötig ein passendes ***Relativpronomen*** ein.

A Risky Undertaking

There was great excitement in our street last week. Mr Todd, _____ had been seriously ill in hospital for six weeks, had returned home on Saturday. On Monday morning his neighbour, Mrs Prior, saw something _____ was to cause quite a stir[1] in the neighbourhood: an undertaker[2] in a black suit had called at the Todds' house. Mrs Prior didn't know _____ to tell first, but by lunchtime everyone in the street knew about the sad fate[3] of their poor neighbour.

When she had told everyone _____ she could think of, Mrs Prior then decided to ring Mrs Todd up to offer her condolences[4] and ask if there was anything _____ she could do. Imagine her surprise when it was Mr Todd _____ answered the phone! Mrs Prior told him that the entire neighbourhood had assumed he had passed away[5], _____

---

[1] to cause a stir: *für Aufregung sorgen*; [2] undertaker: *Leichenbestatter*; [3] sad fate: *trauriges Schicksal*;
[4] condolences: *Beileid*; [5] to pass away: *entschlafen*

had Mr Todd in fits of laughter[1]. He explained to her that the man _____ appearance had caused such a stir was Mrs Todd's hairdresser. He was indeed an undertaker, but had a sideline[2] as a hairdresser _____ earned him a bit of extra money. On that particular morning there happened to be a funeral to _____ he had to go, but he decided he could do Mrs Todd's hair beforehand. He had put on his undertaker's outfit in order to save time, not realizing the potential effect of _____ he had done. When he was told about it, he was mortified[3]. He swore that the first thing _____ he would buy was a white mac[4] to cover up his macabre uniform in future. Meanwhile, everyone in our street nearly died laughing.

4.6 Die unbestimmten Pronomen (*some, any, much, many* usw.)

4.6.1 *some/any*

Some ist gewissermaßen das „neutralste" Wort, mit dem man eine unbestimmte Menge oder Zahl ausdrücken kann. Es gibt nichts über die Größe der Menge preis:

1. There are **some** men in uniform who want to see you.

   Da sind einige uniformierte Männer, die mit Ihnen sprechen möchten.

2. You've spilt **some** tomato soup on your tie.

   Du hast Tomatensuppe auf deinen Schlips gekleckert.

3. Could you lend me **some** aspirins?

   Könntest du mir ein paar Aspirin borgen?

4. Have **some** celery sticks.

   Nehmen Sie sich doch ein paar Sellerie-stangen!

5. For **some** reason I feel quite at home here.
   Aus irgendeinem Grund fühle ich mich hier ganz wie zu Hause.

---

[1] it had him in fits of laughter: *es löste bei ihm einen Lachkrampf aus*; [2] sideline: *Nebenbeschäftigung*; [3] he was mortified: *er war zutiefst betroffen*; [4] mac: *Regenmantel*

Some wird bei „positiven" Aussagen oder Erwartungen gebraucht. Genauer gesagt, es erscheint in der Regel:

- in positiven Aussagesätzen (1, 2)

- in Fragen, bei denen eine positive Antwort erwartet oder erhofft wird (3)

- in höflichen Aufforderungen oder Anfragen (4)

- in der Bedeutung „irgendein(e, -es)" usw. (5)

Nun zu **any**:

6. But I have**n't** got **any** socks without holes.

   Aber ich habe doch keine Socken ohne Löcher!

7. There is**n't any** room for you in the car.

   Im Auto ist kein Platz für dich.

8. Are there **any** electricians in the audience?

   Gibt es Elektriker im Publikum?

9. Choose **any** book you like.

   Nehmen Sie sich irgendein Buch.

10. Wow! She can test my eyes **any** time!

    Wow! Die kann mir aber jederzeit die Augen testen!

Any wird bei „negativen" Aussagen und Erwartungen gebraucht. Genauer gesagt, es erscheint in der Regel:

- in verneinten Sätzen (6, 7), auch mit Wörtern, die etwas verneinen oder einschränken, wie **never, rarely, hardly, without** usw.

- in Fragen, wenn man sich über die Antwort unsicher ist bzw. eine negative Antwort erwartet (8)

- in der Bedeutung „jede(r, -s) (beliebige)", „irgendein(e, -s)", „irgendwelche(r, -s)" (9, 10)

Beachten Sie auch:

11. I'm looking for **someone** – **anyone** – to go to the dance with.

Ich suche jemanden – irgendeinen –, mit dem ich tanzen gehen kann.

12. I don't care how it was in "the good old days", if **someone** wants to buy a screw, **they** have to buy the whole packet!

Es ist mir egal, wie es in „guten alten Zeiten" war! Wenn jemand eine Schraube kaufen will, muß er halt die ganze Packung nehmen!

> Die Zusammensetzungen mit **some** und **any** (**somebody/anybody, someone/ anyone; something/anything; somewhere/anywhere**) verhalten sich ähnlich wie **some** und **any** (11, 12[1]).

Noch eine Variante:

13. There is**n't any** beer left.
    → There's **no** beer left.

Es ist kein Bier mehr übrig.

14. We have**n't got** any complaints.
    → We've got **no** complaints.

Wir haben keinen Grund zur Beschwerde.

15. **No** evidence of a fight was to be found.

Es gab keine Anhaltspunkte für eine Auseinandersetzung.

> Anstelle von **not ... any** kann man auch **no ...** sagen (13, 14). Es klingt betonter und auch etwas formeller.
>
> Am Anfang eines Satzes <u>muß</u> man die **no**-*Variante* nehmen (15).
>
> Das gilt auch für die Zusammensetzungen:
>
> | not ... anybody | – **nobody** | | not ... anything | – **nothing** |
> | not ... anyone | – **no-one** | | not ... anywhere | – **nowhere** |

---

[1] Hier findet man nach **someone** das etwas unlogische **they** (12 – vgl. auch Abschnitt 4.2.4). Es dient dazu, die umständliche Formulierung **he or she** zu vermeiden.

Übung A

Fügen Sie in folgendem Text jeweils den passenden Ausdruck ein.

You must be starving after that long train journey – have _____
(some/any) of this chicken salad. I don't suppose you've had _____
(something/anything) to eat since you left Edinburgh this morning. Or perhaps you had
_____ (something/anything) in the dining car[1]? I must say, I wouldn't eat
_____ (some/any) food on a train if you paid me.

_____ (Not anybody/Nobody) in their right mind[2] would eat the sand-
wiches they make – you just don't know how long they've been wrapped up in that cling
film[3]. No, there's _____ (not anything/nothing) wrong with this chicken
salad – I only made it last Friday. But you don't have to eat it. Have _____
(something/anything) you like – I brought a lot of food back from the picnic on Sunday. For
some reason, _____ (not anybody/nobody) seemed to be very hungry …

4.6.2 *a lot of / lots of, much, many*

Durch diese Ausdrücke wird im Englischen „viel" oder „viele" wiedergegeben, wobei die
Varianten **a lot of** bzw. (etwas umgangssprachlicher) **lots of** deutlich überwiegen.

1.	There are **lots of advantages** to learning English.	*Es hat viele Vorteile, Englisch zu lernen.*
2.	I spent **a lot of money** on food.	*Ich hab' viel Geld fürs Essen ausgegeben.*
3.	There hasn't been **a lot of sunshine** lately.	*In letzter Zeit hat es nicht viel Sonne gegeben.*
4.	He doesn't say **a lot**, does he?	*Er sagt nicht viel, oder?*

- **A lot of** (= *viel*) bzw. **lots of** (= *viele*) werden in normalen Aussagesätzen (1, 2) und in negativen Sätzen (3) sowie in Fragen benutzt, jedoch *nicht nach* **very, so, that, too, as** und **how.**
- **Of** entfällt, wenn kein Substantiv folgt (4).
- Während man **such a lot of** sagen kann, kann **lots of** nicht durch ein voran-gehendes Adverb qualifiziert werden.

---

[1] dining car: *Speisewagen*; [2] ... in their right mind: *kein normaler Mensch*; [3] cling film: *Klarsichtfolie*

4.6 *Die unbestimmten Pronomen* (some, any, much, many *usw.*)

Gerade in einem Satz wie Beispiel 2 neigen viele Deutschsprachige dazu, **much** zu verwenden. Dabei ist dessen Gebrauch relativ eingeschränkt:

5. There is**n't much** to do in this hotel.   *In diesem Hotel gibt es nicht viel zu tun.*

6. Did you get **much money** for your old car?   *Hast du für dein altes Auto viel Geld gekriegt?*

7. I appreciate that **very much**.   *Ich bin Ihnen dafür sehr dankbar.*

> **Much** (= *viel*) wird in folgenden Fällen verwendet:
> - in verneinten Sätzen (5)
> - in Fragen (6)
> - nach **very, so, that, too, as** und **how** (7)
> - mit einem nachfolgenden, nichtzählbaren Substantiv (6).

Und nun zu **many**:

8. I have**n't** got **many** more chapters to read.   *Ich habe nicht mehr viele Kapitel zu lesen.*

9. Have you been to **many** foreign countries?   *Haben Sie viele fremde Länder besucht?*

10. She's got **so many** boyfriends she can't remember all their names.   *Sie hat so viele Freunde, daß sie sich nicht alle ihre Namen merken kann.*

> **Many** (= *viele*) wird nur bei *zählbaren Begriffen* verwendet, und zwar:
> - in verneinten Sätzen (8)
> - in Fragen (9)
> - nach **very, so, that, too, as** und **how** (10).

Da Deutschsprachige „viel(e)" sehr oft mit **much** bzw. **many** übersetzen, noch einmal zur Festigung:

Die geläufigste Übersetzung des deutschen „viel(e)" in Aussagesätzen lautet **a lot (of) / lots of**, jedoch nicht nach **very, so, that, too, as** und **how**.

Und wenn **much** oder **many** doch in einem Aussagesatz erscheinen:

11. **Much** depends on the outcome of the meeting.   *Vieles hängt vom Ergebnis der Sitzung ab.*

12. **Many** people are moving south in search of work.

Viele Leute ziehen nach Süden auf der Suche nach Arbeit.

> In normalen Aussagesätzen klingen **much** und **many** ohne Qualifizierung durch **very, so** usw. etwas förmlich (11,12). In der Umgangssprache wird daher **a lot (of) / lots of** bevorzugt.

Übung B

A lot (of), lots of, much oder **many**? Fügen Sie in folgendem Telefongespräch jeweils in die Lücken einen passenden Ausdruck ein.

Mark: "Have you got _____ work to do?"

Pete: "Yes, quite _____."

Mark: "How _____ pages do you still have to write?"

Pete: "Not too _____, but there are still _____ tricky problems to solve."

Mark: "You've always got so _____ work to do and so _____ commitments[1] – that doesn't leave _____ time for pleasure, does it?"

Pete: "No, but it's a good excuse when people like you who haven't got _____ to do keep ringing up and trying to persuade me to come down to the pub!"

4.6.3   *a few / a little / a bit of; few/little*

1. I've got **a few pounds** left – let's go on the roller-coaster.

   Ich habe noch ein paar Pfund übrig – laßt uns mal Achterbahn fahren.

2. Could I have **a little mustard** to go with this?

   Könnte ich etwas Senf dazu haben?

3. Don't forget you've still got **a bit of gardening** to do.

   Vergiß nicht, daß du noch ein bißchen was im Garten tun mußt.

4. – "Can you lend me **a little sugar**?"
   – "Yes, I think I've got **a bit** left."

   – „*Kannst du mir etwas Zucker leihen?*"
   – „*Ja, ich glaub', ich hab' noch etwas übrig.*"

---

[1] commitments: *Verpflichtungen*

- **a few** (= *einige*, *ein paar*) wird nur bei Personen oder zählbaren Gegenständen gebraucht (1)

- **a bit of**[1] / **a little** (= *ein bißchen*, *etwas*) werden gebraucht, wenn es sich um etwas nicht Zählbares handelt (2 – 4), wobei **a bit of** umgangssprachlicher klingt

- **a bit** alleinstehend entspricht dem deutschen „etwas" (4), **a bit** + Adjektiv dem deutschen „ein bißchen" (**a bit tired** = *ein bißchen müde*)

Wenn diese Ausdrücke ohne **a** verwendet werden, ändert sich die Bedeutung wie folgt:

5. **Few people** have any sympathy with him.

   Nur wenige Leute haben Mitleid mit ihm.

6. There's **little hope** of her winning the elections now.

   Sie hat kaum noch eine Aussicht auf Erfolg bei der Wahl.

- **few** (= *(nur) wenige*) wird bei Personen oder zählbaren Begriffen gebraucht (5)

- **little** (= *wenig, kaum ein(e)* usw.) wird gebraucht, wenn es sich um etwas nicht Zählbares handelt (meistens bei abstrakten Begriffen!) (6)

Abschließend noch ein paar allgemeine Hinweise:

- **Few** und **little** klingen isoliert etwas förmlich und erscheinen oft mit **very**.

  Andere mögliche Ausdrücke sind:

  statt **few: not many, hardly any**

  statt **little: not much, hardly any**

- **Little** erscheint oft in bestimmten Verbindungen, wie z. B. **he/she has little chance of …ing** (= *er/sie hat kaum noch eine Chance zu …*), **he/she had little choice but to …** (= *er/sie hatte kaum noch eine andere Möglichkeit, als zu …*), **he/she has little hope of …ing** (= *er/sie hat kaum Aussicht auf Erfolg bei …*), **there's little point in …** (*es hat wenig Sinn zu …*).

Übung C

Übersetzen Sie die deutschen Wörter in Klammern.

I don't know why you're spending such _____ (*viel*) time revising for your exams at the last minute – there's _____ (*wenig*) chance of

---

[1] bei Flüssigkeiten meistens **a drop of** / **a spot of**

you passing them now, considering how _____ (*viele*) lessons you've missed this term. When I think of all the excuse notes[1] I had to write for you! It seems like every _____ (*paar*) days it was "Dear Mrs Handley, Would you please excuse Peter from class today as he's feeling _____ (*ein wenig*) poorly[2]", and then having to find _____ (*jemanden*) to take the note to school. Poorly! Hangovers[3] is what I call it – _____ (*ein paar*) pints[4] too many with the lads. I can't understand why there's so _____ (*wenig*) discipline around these days. Too _____ (*viele*) late nights, far too _____ (*wenig*) sleep – no wonder society's going to the dogs[5]. Talking of which[6], perhaps what you need is _____ (*jemand*) to take you to your class on a lead[7]. I don't mind people having _____ (*ein bißchen*) fun, but you can't just do _____ (*was auch immer*) you like and expect to get away with it[8]. Well, there won't be _____ (*viel*) joy when the exam results come out, that's all I can say. How do you think you're going to find a job without _____ (*irgendwelche*) qualifications? If you ask me, _____ (*ein paar*) years in the army would sort you out, but they're hardly going to let you join up at the ripe old age of[9] forty-five, are they?

4.7 Die Fragewörter

4.7.1 Die Form der Fragewörter im Englischen

Zunächst eine Liste der wichtigsten *Fragewörter* im Englischen:

how ...?	*wie ...?*
what ...?	*was ...?*
when ...?	*wann ...?*
where ...?	*wo ...?*
which ...?	*welche(r,-s) ...?*
who ...?	*wer ...?*
who(m) ...?	*wen/wem ...?*
whose ...?	*wessen ...?*
why ...?	*warum ...?*

[1] excuse note: *Entschuldigung*; [2] poorly: *schlecht, krank*; [3] hangover: *Kater*; [4] pint: *(Glas) Bier*; [5] to go to the dogs: *vor die Hunde gehen*; [6] talking of which: *apropos (Hunde)*; [7] lead: *(Hunde)Leine*; [8] to get away with it: *ungeschoren davonkommen*; [9] at the ripe old age of ...: *im fast biblischen Alter von ...*

1. **What** did you take that I didn't?

Was hast du genommen, das ich nicht genommen habe?

Übung A

In Kapitel 1.16 wurden „Frageform und Verneinung" erläutert. Die folgende Übung dient der Auffrischung der Regeln zur Bildung der Frageform. Leiten Sie aus folgenden Aussagen jeweils eine Frage ab, z. B. **Richard is buying a new computer.** → **What is Richard buying?**

a. I'm meeting Terry at 8 o'clock.

When _____

b. I prefer the blue one.

Which _____

c. The Millers flew to Zanzibar.

Where _____

d. Ruby and Tim are going to travel by hovercraft.

How _____

e. She shares a flat with a flute-player.

Who _____

4.7.2   *who/whom*

Im Englischen gibt es eine Objektform zu **who**, nämlich **whom**, die aber relativ selten gebraucht wird:

1. **Who** did you buy these flowers **for**?	*Für wen hast du diese Blumen gekauft?*
2. **Who** did you give the letter **to**?	*Wem hast du den Brief gegeben?*
3. **Whom** are you addressing?	*An wen richtet sich Ihre Frage?*
4. **To whom** have I the pleasure of speaking?	*Mit wem habe ich das Vergnügen zu sprechen?*

Who ist die gebräuchlichste Objektform im gesprochenen Englisch (1, 2). Dabei fungiert es sowohl als direktes („wen?") als auch als indirektes Objekt („wem?").

Das ungebräuchlichere **whom** wird in folgenden Fällen benutzt:

• bei förmlicher Ausdrucksweise (3)

• wenn dem Fragewort eine Präposition (wie **to**, **for**, **with** usw.) vorangeht (4)

4.7.3   *what/which* + Substantiv

Beachten Sie folgenden Unterschied:

1. **What car** do they drive?	*Was für ein Auto haben sie?*
2. **Which car** was he driving?	*Mit welchem Wagen ist er gefahren?*

What + *Substantiv* leitet eine *allgemeine Frage* ein (1).

Mit **which** + *Substantiv* fragt man nach einer Person/Sache *aus einer bestimmten Gruppe, Reihe* o. ä. (2) *in einer bestimmten Situation*.

4.7.4   Fragewort + Kurzform des Verbs

Besonders in der gesprochenen Sprache sind Kurzformen des Verbs nach einem Fragewort sehr gebräuchlich:

1. **What's** Dad going to say?	*Was wird denn Papa dazu sagen?*
2. **Who'd** have thought she would have done a thing like that?	*Wer hätte geglaubt, daß sie zu so etwas fähig wäre?*

Wenn ein *Hilfsverb* auf ein Fragewort folgt, wird es meistens abgekürzt (1, 2). Manche Abkürzungen haben mehrere mögliche Vollformen, und ihre Bedeutung muß aus dem Zusammenhang erschlossen werden.

Hier eine Übersicht über die am häufigsten verwendeten Kurzformen:

who's ...?	=	who is ...?	*oder*	who has ...?
who'll ...?	=	who will ...?		
who'd ...?	=	who would ...?	*oder*	who had ...?
			oder	who did ...?
what's ...?	=	what is ...?	*oder*	what has ...?
what'll ...?	=	what will ...?		
what've ...?	=	what have ...?		
what'd ...?	=	what had ...?	*oder*	what would ...?
			oder	what did ...?
which've ...?	=	which have ...?		
when's ...?	=	when is ...?	*oder*	when has ...?
when'll ...?	=	when will ...?		
when've ...?	=	when have ...?		
where's ...?	=	where is ...?	*oder*	where has ...?
where'll ...?	=	where will ...?		
where've ...?	=	where have ...?		
where'd ...?	=	where had ...?	*oder*	where would ...?
			oder	where did ...?
why's ...?	=	why is ...?	*oder*	why has ...?
why've ...?	=	why have ...?		
why'd ...?	=	why had ...?	*oder*	why would ...?
			oder	why did ...?
how's ...?	=	how is ...?	*oder*	how has ...?
how'll ...?	=	how will ...?		
how've ...?	=	how have ...?		
how'd ...?	=	how had ...?	*oder*	how would ...?
			oder	how did ...?

Übung B

Fügen Sie in folgendem Text jeweils das passende **Fragewort** ein.

Marjorie: _____ is going on holiday always so complicated? It's the same problem year after year: _____ can we both get away from work at the same time and _____ should we go to? _____ should we travel: by car, train, boat or plane? _____ travel agency can give us the best deal? And that's not all: _____ will water the plants for us while we're away? And with _____ reluctant[1] member of the family should we leave Fido this time?

Then there's the last-minute panic to get packed[2]: _____ clothes should we take, and _____ toothpaste – yours or mine? _____ time should we set the alarm[3] for on the day of departure and _____ should use the bathroom first? When we get to our destination[4] we start again: _____ of us is going to sleep next to the window, _____ forgot to bring the guide-book[5], and _____ are we going to communicate with the locals[6] if neither of us knows the language? _____ should we write postcards to and _____ sort of presents should we take back for the plant-waterers[7] and dog-minders[8]? What I'd like to know is: _____ do we go through this every time?

Reginald: That's a very good question.

---

[1] reluctant: *unwillig*; [2] to get packed: *die Koffer packen*; [3] to set the alarm: *den Wecker stellen*; [4] destination: *Ziel*; [5] guide-book: *Reiseführer*; [6] locals: *Einheimische*; [7] plant-waterers: *„Blumengießer"*; [8] dog-minders: *„Hundeaufpasser"*

5   Das Adjektiv und das Adverb

Wenn es darum geht, zwischen Adjektiv und Adverb im Englischen zu unterscheiden, haben manche Deutschsprachige Probleme. Deswegen werden diese beiden Themen in diesem Kapitel gemeinsam behandelt.

5.1   Allgemeines

Das Adjektiv im Englischen ist wesentlich unkomplizierter als im Deutschen:

1. She can't stand **untidy** men.

    Sie kann unordentliche Männer nicht ausstehen.

2. What a **beautiful** woman!

    Was für eine schöne Frau!

3. I'm looking for a **new** job.

    Ich suche eine neue Stelle.

4. I'm glad we've got **nice** neighbours.

    Ich bin froh, daß wir nette Nachbarn haben.

> Das englische *Adjektiv* bleibt in der Grundform *immer gleich* (ohne Endungen!), egal, ob es sich auf Mann oder Frau, auf die Einzahl oder Mehrzahl bezieht und ob es im Nominativ oder Akkusativ steht (1–4).

Nun zum *Adverb*. Was ist das eigentlich?

5. She reacted **quickly**.

    Sie reagierte schnell.

6. The talk was **terribly boring**.

    Der Vortrag war schrecklich langweilig.

7. I beat her **really easily**.

    Ich habe sie wirklich leicht geschlagen.

8. **Suddenly** everyone looked at me.

    Auf einmal sahen mich alle an.

> Ein *Adverb* ist ein Ausdruck, der ein Verb (5), ein Adjektiv (6), ein weiteres Adverb (7) oder einen ganzen Satz (8) näher bestimmt.

Es gibt verschiedene Arten von Adverbien, z. B. sogenannte ursprüngliche Adverbien wie **today, always, very** usw. oder Adverbialbestimmungen wie **by the way, for a while, on the other hand** usw. In der Regel haben Deutschsprachige am ehesten Probleme, diejenigen Adverbien zu erkennen und richtig zu bilden, die von Adjektiven abgeleitet sind – alle anderen kann man einfach als Vokabeln lernen.

5.2 Die Bildung abgeleiteter Adverbien

Adjektiv	Adverb		Adjektiv	Adverb
1. certain	certain**ly**		5. angry	ang**r**i**ly**
2. fortunate	fortunate**ly**		6. diplomatic	diplomat**ically**
3. regular	regular**ly**		7. true	tru**ly**
4. probab**le**	probab**ly**		8. full	ful**ly**

Die meisten *abgeleiteten Adverbien* werden durch Anhängen von **-ly** an das Adjektiv gebildet (1–3).

Aber:

• **-le** wird zu **-ly** (4)

• **-y** wird zu **-ily** (5)

• **-ic** wird zu **-ically** (6) (Ausnahme **public** → **publicly** = *öffentlich*)

• das stumme **-e** bei **true, due** (= *fällig*) und **whole** fällt weg (7)

• **full** wird zu **fully** (8)

Noch ein paar Besonderheiten:

• Das *Adverb* zu **good** heißt **well**.

• Zeitadjektive auf **-ly** (wie **hourly, daily, weekly, monthly** usw.) haben dieselbe Form, wenn sie als *Adverbien* verwendet werden.

Das Hauptproblem liegt aber weniger in der Bildung des Adverbs als im Erkennen, daß es sich überhaupt um ein Adverb handelt. Das kommt daher, daß im Deutschen die gleiche Form für den adjektivischen wie für den adverbiellen Gebrauch verwendet werden kann:

Das Spiel war **gut**. *Du hast* **gut** *gespielt.*

Woran merkt man aber, daß „gut" im zweiten Beispiel adverbiell verwendet wird (und im Englischen mit **well** wiedergegeben werden müßte)? Beim rein *adverbiellen* Gebrauch kommt im Deutschen nie eine Endung vor. Fast alle Adjektive (außer z. B. *rosa, prima*) können dagegen flektiert werden, d. h. eine Endung haben. Man könnte den ersten Satz wie folgt umformulieren: *Es war ein gut**es** Spiel.* Beim adverbiellen Gebrauch (zweiter Satz) ist eine solche Umformung nicht möglich, und in solchen Fällen ist bei der englischen Entsprechung die adverbielle Form meistens Pflicht.

Meistens – aber nicht immer. Folgende englische Adjektive werden in derselben Form (und in fast identischer Bedeutung) auch als Adverbien gebraucht:

Adjektiv		*Adverb*	
deep		deep	*tief*
early		early	*früh*
far		far	*weit*
fast		fast	*schnell*
hard	*hart, schwer*	hard	*fest, kräftig, schwer*
high		high	*hoch*
late		late	*spät*
long	*lang*	long	*lange*
low		low	*niedrig*
near	*nah*	near	*nahe*
straight	*gerade*	straight	*gerade, direkt*

Einige dieser Adverbien haben auch eine **-ly-Form**, allerdings mit einer anderen Bedeutung:

deeply	*zutiefst*	lately	*in letzter Zeit*
hardly	*kaum*	nearly	*fast, beinahe*
highly	*höchst*		

Auch bei folgenden Adverbien unterscheidet sich die Bedeutung von der der entsprechenden Adjektive:

barely	*kaum*	mostly	*meistens*
fairly	*ziemlich; fair*	scarcely	*kaum*
justly	*zu Recht; gerecht*	shortly	*gleich, in Kürze*

! Oft entsteht bei Deutschsprachigen der Eindruck, **friendly** müsse als Adverb durch **in a friendly way** ersetzt werden. Das klingt aber sehr unidiomatisch. Eine Umformulierung wie folgende ist viel geläufiger:

9. She **gave** me **a friendly wave.**   *Sie winkte mir freundlich zu.*

Schließlich noch ein paar Fälle, in denen die Bedeutung jeweils anders ist, je nachdem, ob das Wort als Adjektiv oder als Adverb verwendet wird:

Adjektiv		*Adverb*	
just	*gerecht*	just	*gerade, eben; nur*
only	*einzige* usw.	only	*nur*
pretty	*hübsch*	pretty (*umgs.*)	*ziemlich*
well	*gesund*	well	*gut*

5.3 Die Steigerung des Adjektivs und des Adverbs

5.3.1 Die Steigerung des Adjektivs

Grundform (Positiv)	Komparativ	Superlativ
1. cold	colder	coldest
kalt	*kälter*	*kältest-/am kältesten*
2. new	newer	newest
3. strong	stronger	strongest
4. big	bigger	biggest
5. fit	fitter	fittest
6. late	later	latest
7. wide	wider	widest

8. Thanks to Graham we live in the
cleanest street in the area.

*Dank Graham wohnen wir in der
saubersten Straße der ganzen Gegend.*

Einsilbige[1] Adjektive steigert man mit **-er/-est** (1–3, 8).

- Ein einzelner Konsonant (**d, g, t** usw.) *am Ende* des Adjektivs wird verdoppelt, wenn er auf einen *kurzen Vokal* (**a, e, i, o, u**) folgt (4, 5).

- Adjektive mit *stummem **End**-e* werden mit **-r/-st** gesteigert (6, 7).

---

[1] Ausschlaggebend für die Silbenzahl ist nicht die Schreibung, sondern die *Aussprache*: **large** [laːdʒ] hat eine Silbe, **pretty** ['prɪtɪ] hat zwei.

Kommen wir nun zu den zweisilbigen Adjektiven:

Grundform (Positiv)	Komparativ	Superlativ
9. gentle	gentl**er**	gentl**est**
10. clever	clever**er**	clever**est**
11. shallow[1]	shallow**er**	shallow**est**
12. easy	eas**ier**	eas**iest**
13. cheeky[2]	cheek**ier**	cheek**iest**

Zweisilbige Adjektive, die auf **-le, -er, -ow** oder **-y** enden, werden ebenfalls mit **-(e)r/-(e)st** gesteigert (9 – 13). Das **End-y** wird dabei zu **-i-** (12, 13).

Ausnahme: **eager**   **more eager**   **most eager**

Und nun zu den restlichen Adjektiven:

Grundform (Positiv)	Komparativ	Superlativ
14. famous	**more** famous	**most** famous
15. painful	**more** painful	**most** painful
16. expensive	**more** expensive	**most** expensive
17. popular	**more** popular	**most** popular
18. tired	**more** tired	**most** tired
19. exciting	**more** exciting	**most** exciting

Folgende Adjektivgruppen werden mit **more/most** gesteigert:

- *zweisilbige* Adjektive, die *nicht* auf **-le, -er, -ow** oder **-y** enden (14, 15)

- *drei- und mehrsilbige* Adjektive (16, 17)

- Adjektive (auch einsilbige!), die *von Verben abgeleitet* sind und auf **-ed** oder **-ing** enden (18, 19)

Bei einigen zweisilbigen Adjektiven sind sogar *beide* Steigerungsformen möglich – darunter **handsome, polite, quiet, stupid, wicked.** Da gerade die zweisilbigen Adjektive am problematischsten sind, unser Tip: im Zweifelsfall mit **more/most** steigern!

---

[1] shallow: *seicht*; [2] cheeky: *frech*

Zum Schluß noch ein paar unregelmäßig gesteigerte Adjektive:

Grundform (Positiv)		Komparativ	Superlativ
bad	*schlecht*	worse	worst
good	*gut*	better	best
far	*weit*	further (*oder* farther)[1]	furthest (*oder* farthest)[1]
little	*klein*	smaller	smallest
little[2]	*wenig*	less	least
many	*viele*	more	most
much	*viel*	more	most

5.3.2 Die Steigerung des Adverbs

Hier sieht es nicht viel anders aus als bei den Adjektiven:

Grundform (Positiv)	Komparativ	Superlativ
1. early	earl**ier**	earl**iest**
2. fast	fast**er**	fast**est**
3. hard	hard**er**	hard**est**
4. late	late**r**	late**st**
5. soon	soon**er**	soon**est**

Die wenigen *einsilbigen* Adverbien sowie **early** werden mit **-er/-est** gesteigert (1 – 5).

Es gelten dieselben Regeln für die Schreibung wie bei den Adjektiven: Stummes **End-e** wird mit **-r/-st** gesteigert (4), **End-y** wird zu **-i-** (1).

Bei den mehrsilbigen Adverbien – und diese bilden die große Mehrheit der Adverbien – ist die Handhabung relativ einfach:

Grundform (Positiv)	Komparativ	Superlativ
6. easily	**more** easily	**most** easily
7. fluently	**more** fluently	**most** fluently
8. frequently	**more** frequently	**most** frequently

---

[1] in übertragener Bedeutung *nur* **further** bzw. **furthest**; [2] **little** wird in der Bedeutung *wenig* nur bei nicht zählbaren Begriffen verwendet (z. B. **little time** = *wenig Zeit*). Sonst nimmt man **few – fewer – fewest** (z. B. **fewer people** = *weniger Leute*).

> *Mehrsilbige Adverbien* (außer **early**) werden mit **more/most** gesteigert (6 – 8).

Auch hier gibt es ein paar unregelmäßige Steigerungsformen:

Grundform (Positiv)		*Komparativ*	*Superlativ*
badly	*schlecht*	worse	worst
well	*gut*	better	best
far	*weit*	further (*oder* farther)[1]	furthest (*oder* farthest)[1]
little	*wenig*	less	least
much	*viel*	more	most

5.4   Der Vergleich

Auch beim Vergleich im Englischen gibt es erfahrungsgemäß mehrere typische Fehlerquellen:

1. She's prettier **than** I expected.

   Sie ist hübscher, als ich erwartet hatte.

2. He's got more spots **than me / than I have**!

   Er hat mehr Pickel als ich!

3. I'm not **as** fit **as** I used to be.

   Ich bin nicht mehr so fit wie früher.

4. She's **as** blind **as** a bat.

   Sie ist stockblind.

> • Dem deutschen „als" im Vergleich entspricht das englische **than** (*nie* **as**!!) (1, 2).
>
> • „So … wie" wird mit **as ... as** wiedergegeben (3).
>
> • **As ... as** wird auch oft bei bildhaften Vergleichen verwendet (4; vgl. auch **as strong as an ox** = *bärenstark*; **as old as the hills** = *uralt*; **as fast as lightning** = *blitzschnell*).
>
> • Erscheint nach **than** bzw. **as** ein Personalpronomen, hat man zwei Möglichkeiten:
>
> – entweder die Objektform des Personalpronomens (z. B. **than me, as her** usw.)
>
> – oder aber die Subjektform des Personalpronomens + Verb oder Hilfsverb (z. B. **than I did, as she was** usw., 2).

---

[1] in übertragener Bedeutung *nur* **further** bzw. **furthest**

Nun einige weitere Besonderheiten:

5. That was **less expensive than** last time. *Das war nicht so teuer wie letztes Mal.*
   (= weniger teuer als ...)

Bei Ungleichheit („weniger" + *Adjektiv/Adverb* + „als") kann man im Englischen
less + *Adjektiv/Adverb* + **than** verwenden (5).

---

6. – "I'm leaving you!"   – „Ich verlasse dich!"
   – "**The sooner the better**!"   – „Je eher, desto besser!"

7. **The less** I eat, **the heavier** I seem to *Je weniger ich esse, desto mehr scheine ich*
   get.   *zuzunehmen.*

„Je ... desto" entspricht im Englischen **the** + *Komparativ* ... **the** + *Komparativ*
(6, 7).

---

8. I find maths **harder and harder** to *Ich finde, daß Mathe immer schwerer wird.*
   understand.

9. Drivers are getting **more and more** *Die Autofahrer werden immer aggressiver.*
   aggressive.

„Immer" + *Komparativ* entspricht *Komparativ* + **and** + *Komparativ* im Engli-
schen (d. h. **-er and -er** / **more and more** + *Adjektiv/Adverb*) (8, 9).

Übung A

Setzen Sie **than** bzw. **as** ein.

a. It's much later _____ I thought.

b. The series is not _____ funny _____ it used to be.

c. Although I work harder _____ anyone, I don't seem to be earning

   _____ much.

d. Marianne is almost _____ tall _____ her mum.

e. I got here _____ fast _____ I could.

f. Her husband is even older _____ her father.

5.5 Vom Adjektiv abgeleitete Substantive

Im Deutschen kann man aus vielen Adjektiven Substantive bilden, z. B. „der Verletzte" oder „die Reichen" usw. Im Englischen ist dies nur begrenzt möglich:

1. Maggie says she has no sympathy with **the unemployed**.

   Maggie sagt, sie habe kein Mitleid mit den Arbeitslosen.

2. **The rich** get richer and **the poor** get poorer.

   Die Reichen werden reicher, und die Armen werden ärmer.

3. Damn! **The British** have beaten us to it!

   Verdammt! Die Briten waren vor uns da!

Nur in bezug auf Gruppen (z. B. **the old** = *die Alten*) (1, 2) bzw. einige Nationalitätenbezeichnungen (z. B. **the Chinese, the English, the French, the Irish**) (3) werden Adjektive im Englischen als Substantive verwendet.

Diese werden *nur im Plural*, und zwar mit **the**, aber ohne **-s** am Ende gebraucht.

Wenn es aber um eine Einzelperson geht, gilt folgendes:

4. Dad, it's that **fat man** on the phone for you!

   Papi, für dich. Der Dicke ist wieder am Telefon!

5. The **missing** woman was an experienced climber.

   Die Verschollene war eine erfahrene Bergsteigerin.

Im Singular fügt man im Englischen **boy, girl, man, woman** o. ä. dem Adjektiv hinzu (4, 5).

Ausnahmen:

6. You're trying to do **the impossible**. *Du versuchst, das Unmögliche zu erreichen.*

7. I only want to do **the right thing**. *Ich will nur das Richtige machen.*

8. **The most important thing** is that you're happy. *Das Wichtigste ist, daß du glücklich bist.*

Nur sehr selten, und zwar bei abstrakten Begriffen, ist der Gebrauch des Adjektivs als Substantiv im Singular möglich (6). Vgl. auch **the unexpected** = *das Unerwartete*, **the unknown** = *das Unbekannte*.

Auch hier wird meistens der Deutlichkeit halber ein Substantiv wie **thing** o. ä. hinzugefügt (7, 8). Vgl. auch **the only thing** = *das einzige,* **the best thing** = *das Beste*.

Daneben gibt es einige Adjektive, die sich zu „normalen" Substantiven entwickelt haben, die also auch eine Singularform und ein **-s** im Plural haben. Beispiele: **a black** = *ein Schwarzer / eine Schwarze,* **a white** = *ein Weißer / eine Weiße,* **a conservative** = *ein Konservativer / eine Konservative.* Das gilt auch für manche Nationalitätenbezeichnungen, z. B. **an Austrian** = *ein Österreicher / eine Österreicherin,* **a German** = *ein Deutscher / eine Deutsche,* **a Scot** = *ein Schotte / eine Schottin.* Diese sollte man ganz einfach als Vokabeln lernen.

5.6 Das Adjektiv und das „Stützwort" *one*

Wenn man in einem deutschen Satz aus stilistischen Gründen ein Substantiv nicht wiederholen möchte, kann das dazugehörige Adjektiv allein stehen. Im Englischen geht das aber nicht:

1. Which car shall we pinch? **The red one** or **the blue one**? *Welches Auto wollen wir klauen? Das rote oder das blaue?*

2. These books are dead boring. Haven't you got any **interesting ones** with pictures? *Diese Bücher sind todlangweilig. Haben Sie keine interessanten mit Bildern?*

Soll ein (zählbares) Substantiv nicht wiederholt werden, kann das Adjektiv im Englischen nicht allein stehen. Das Stützwort **one** (Singular) bzw. **ones** (Plural) wird anstelle des Substantivs verwendet (1, 2).

Beachten Sie auch:

3. If that shirt doesn't fit, try **this one**.   *Wenn das Hemd nicht paßt, probier mal dieses!*

Bei den Demonstrativpronomen wird **this one / that one** bzw. **these (ones) / those (ones)** verwendet (3)[1].

5.7   Die Stellung des Adverbs im Satz

Die Stellung des Adverbs im Satz ist eines der problematischsten Kapitel der englischen Grammatik. Adverbien und adverbiale Bestimmungen (z. B. **in London, as a matter of fact**) haben recht unterschiedliche Funktionen und treten mitunter auch im selben Satz auf.

Eine vollständige Liste aller Regeln der Wortstellung hier aufzuführen, wäre nicht zweckdienlich, da die Informationsfülle überwältigend wäre. Aus diesem Grunde konzentrieren wir uns auf die wichtigsten Punkte und betonen besonders die Fälle, die sich radikal vom Deutschen unterscheiden:

1. We **carefully** studied the map.   *Wir haben uns die Landkarte genau angesehen.*

2. I had **quickly** destroyed the evidence.   *Ich hatte die Beweismittel schnell vernichtet.*

3. She lifted the heavy weights **easily**.   *Sie hob die schweren Gewichte ohne Mühe an.*

4. We all waited **anxiously**.   *Wir warteten alle besorgt.*

Adverbien der Art und Weise (antworten auf die Frage „wie?") stehen in der Regel in folgender Position:

- bei *transitiven* Verben (solchen mit direktem Objekt) vor <u>dem Hauptverb</u> (1, 2) oder <u>nach dem Objekt</u> (3) (das Adverb steht <u>nie</u> – wie im Deutschen – zwischen dem Verb und dem direkten Objekt!!).

- bei *intransitiven* Verben (solchen ohne direktes Objekt) <u>nach dem Verb</u> (ähnlich wie im Deutschen) (4).

---

[1] vgl. auch Kapitel 4.4, S.192

Wir wenden uns jetzt den **Adverbien** und **Adverbialgruppen des Ortes** und **der Zeit** zu:

5. He spends most of his time **in the pub**.
    Er verbringt die meiste Zeit in der Kneipe.

6. Where are you going on holiday **next year**?
    Wohin fahrt ihr nächstes Jahr in Urlaub?

7. **In Britain** topless bathing isn't very common.
    Oben-ohne-Baden ist in Großbritannien nicht sehr verbreitet.

8. I **sometimes** wonder what she sees in him.
    Manchmal frage ich mich, was ihr an ihm gefällt.

9. He's **rarely** on time.
    Er ist selten pünktlich.

10. I should **never** have said that.
    Das hätte ich nie sagen sollen.

11. **Usually** she doesn't even ask.
    Meistens fragt sie nicht mal.

Adverbien und Adverbialbestimmungen des Ortes (antworten auf die Frage „wo?" bzw. „wohin?") und **der bestimmten Zeit** (antworten auf die Frage „wann?") stehen meistens in folgender Position:

- am Satzende (5, 6);

- *zur Betonung* am Satzanfang (7). Adverbien, die auf die Frage „wohin?" antworten, können diese Stellung aber nicht einnehmen!

Adverbielle Angaben der unbestimmten Zeit oder **der Häufigkeit** (wie z. B. **just, always, sometimes, never, generally, usually**) stehen in der Regel in der sogenannten Mittelstellung[1], d. h.:

- *vor dem Vollverb* (8) bzw.

- *nach dem Verb* **to be** (9) bzw.

- *nach dem* ersten *Hilfsverb oder Modalverb* (10).

Gelegentlich können diese Adverbien *zur Betonung* am Satzanfang stehen (11) (siehe aber auch Kapitel 5.8).

Adverbien aus mehreren dieser Kategorien können auch im selben Satz auftreten:

12. He **quickly** ran **towards the exit**.
    Er lief schnell zum Ausgang hin.

13. Are you going **to the office today?**
    Gehst du heute ins Büro?

---

[1] Ab jetzt verwenden wir aus Platzgründen den Begriff „Mittelstellung" für diese drei Regeln.

14. Would you stop practising the violin **at two o'clock in the morning!** / *Hörst du endlich auf, um zwei Uhr nachts Geige zu üben!*

Wenn Adverbien verschiedener Kategorien zusammen in einem Satz auftreten, gilt allgemein folgende Reihenfolge:

* Art und Weise vor Ort (12). Faustregel: *A kommt vor O, das ist nun mal so!*

* Ort vor Zeit (13) – anders als im Deutschen!! Faustregel: *O vor Z im Alphabet!*

* Genauere Zeitangaben vor allgemeineren (14).

Nun die *Adverbien des Grades*:

15. That was a **fairly good** attempt, but it wasn't **good enough**. / *Das war ein ziemlich guter Versuch, aber er war nicht gut genug.*

16. I **nearly fainted** when I heard the news. / *Als ich die Nachricht hörte, bin ich fast in Ohnmacht gefallen.*

17. I **had scarcely arrived** when everyone else left. / *Ich war kaum angekommen, als die anderen alle gingen.*

Adverbielle Bestimmungen des Grades (wie z. B. **a bit, extremely, fairly, quite, rather, too, very**) haben dieselbe Position wie im Deutschen, wenn sie sich auf Adjektive oder auf andere Adverbien beziehen (15).

Wenn sich Adverbien des Grades wie z. B. **almost, barely, hardly, just, nearly** oder **scarcely** auf *Verben* beziehen, dann gilt die Mittelstellung (16, 17).

Und schließlich die *adverbiellen Bestimmungen des Kommentars*:

18. **Obviously** he doesn't have a clue. / *Er hat offensichtlich keine Ahnung.*

19. **As a matter of fact** she's my cousin. / *Eigentlich ist sie meine Cousine.*

20. She's **probably** forgotten all about it. / *Sie hat's wahrscheinlich völlig vergessen.*

Kommentierende Adverbien und adverbielle Bestimmungen (drücken die Meinung bzw. die Einstellung des Sprechers aus) stehen meist *zur Betonung* am Satzanfang (18, 19) oder, wenn es *einzelne Wörter* sind, in der Mittelstellung (20).

Hier sind auch andere Varianten möglich (z. B. **He obviously doesn't have a clue**).

Lassen Sie sich von der Vielfalt der hier aufgeführten Regeln nicht abschrecken, sondern lernen Sie zunächst die Fälle, die vom Deutschen abweichen. Vieles andere ist eine Frage des „Sprachgefühls" und der Übung.

Übung A

Setzen Sie die in Klammern angegebenen *Adverbien* und *adverbialen Bestimmungen* an die richtige Stelle. Gelegentlich sind mehrere Positionen möglich.

a. She looked up (seductively, from her glass of Guinness).

b. I told him to get his feet off the seat (politely).

c. We stayed (last night, till almost 2 o'clock, at the party).

d. I studied before I went (for several hours, tonight, to the pub).

5.8 Inversion bei bestimmten Adverbien

Mit *Inversion* ist in diesem Zusammenhang die Umstellung von Subjekt und Verb gemeint. Dies ist im Deutschen durchaus normal, wenn das Adverb am Satzanfang steht (z. B. *Gestern sah ich ...*). Im Englischen ist diese Wortstellung eher ungewöhnlich, aber manchmal eben doch nötig:

1. – "I think it's going to be a wonderful evening."
   – "**So do I**."

   – *„Ich glaub', es wird ein wunderschöner Abend."*
   – *„Ich auch."*

2. – "I can't stand classical music."

   – "**Neither can I**."

   – *„Ich kann klassische Musik nicht ausstehen."*

   – *„Ich auch nicht."*

3. **Not only is she** good-looking, she's got brains as well.

   Sie ist nicht nur schön, sie hat auch was im Kopf.

Nur in folgenden Fällen werden im Englischen Verb und Subjekt umgestellt (Wortstellung wie im Fragesatz – notfalls Umschreibung mit **do**):

• nach **so** bzw. **neither/nor** am Satzanfang (im Sinne von „auch" bzw. „auch nicht") (1, 2);

• nach einigen Adverbien am Satzanfang (3). Die wichtigsten:

never = *nie*
no sooner + Umstellung ... **than** = *kaum ..., als*
not only = *nicht nur*
only then = *erst dann*
rarely/seldom = *selten*
scarcely + Umstellung ... **when** = *kaum ..., als*

5.9 Adjektiv oder Adverb bei bestimmten Verben

Zum Abschluß dieses ausführlichen Kapitels nun Verbindungen mit Verben, die keine Tätigkeit, sondern einen Zustand bzw. eine Eigenschaft ausdrücken:

1. She tried to **remain calm** while all around her everyone panicked.

   Sie versuchte, ruhig zu bleiben, während um sie herum alles in Panik geriet.

2. I didn't expect your father to **turn aggressive**.

   Ich hab' nicht erwartet, daß dein Vater aggressiv wird.

Folgende Verben *in der angegebenen Bedeutung* werden in der Regel mit der *Adjektivform* verbunden (1, 2):

remain	*bleiben*	**become**	*werden*
stay	*bleiben*	**get**	*werden*
		grow	*werden*
		turn	*werden*

Nun zu den Verben der Sinneswahrnehmung:

3. This tea **tastes dreadful**!

   Der Tee schmeckt fürchterlich!

4. Her perfume **smells overpowering**.

   Ihr Parfüm riecht aber penetrant!

5. Well, I think you **look silly** with those tights on, George.

   Na ja, ich glaub', du siehst in der Strumpf-hose albern aus, George!

6. That voice **sounds familiar** to me.

   Diese Stimme kommt mir bekannt vor.

7. I **feel tired** after all that talking.

   Ich fühl' mich nach all dem Gerede müde.

Nach Verben der Sinneswahrnehmung steht in der Regel die Adjektivform (ohne **-ly**!) (3 – 7), wenn diese Verben einen Zustand oder eine Eigenschaft ausdrücken.

Allerdings können die meisten dieser Verben – mit leicht veränderter Bedeutung – auch eine Tätigkeit ausdrücken:

8. **Reluctantly** she **tasted the cocktail**.

   Widerwillig probierte sie den Cocktail.

9. The driver behind me **impatiently sounded his horn**.

   Der Fahrer hinter mir hupte ungeduldig.

Mit folgender Bedeutung werden „Wahrnehmungsverben" mit der Adverbform (**-ly**) verbunden (8, 9):

feel	*berühren, anfassen*
look at	*ansehen, sehen auf*
smell	*„beschnuppern"*
sound	*(die Hupe o. ä.) betätigen*
taste	*abschmecken, kosten, probieren*

Beachten Sie auch Fälle wie folgende:

10. This cake **tastes** rather **strongly of** alcohol.	*Der Kuchen schmeckt ziemlich stark nach Alkohol!*

Wahrnehmungsverben können mit der Adverbform (**-ly**) + **of** verbunden werden (10).

Übung A

Setzen Sie die richtige Form des in Klammern angegebenen Wortes ein (mit **-ly** / ohne **-ly**).

a. She looked up _____ (tired) from behind her desk.

b. His story sounds a bit _____ (strange) to me.

c. This tastes _____ (delicious) – what is it?

Übung B

Setzen Sie die richtige englische Entsprechung der deutschen Wörter ein, die in Klammern angegeben werden. Achten Sie auch besonders darauf, ob die Adjektivform (ohne **-ly**) oder die Adverbform (mit **-ly**) benötigt wird.

It was to be the _____ (*größte*) night of our musical career. We had _____ (*endlich*) made it[1] – we were to sing on the same bill[2] _____ (*wie*) such pop legends as Mick Dagger and Axl Geranium.

We all felt very _____ (*nervös*), _____ (*besonders*) Mac, our lead singer. We were due to be on _____ (*fast*) at the start of the concert, which was _____ (*ideal*). It meant we could finish our act and then _____ (*wirklich*) enjoy the rest of the evening. But after ten

[1] to make it: *es schaffen*; [2] to sing on the same bill ...: *gemeinsam (mit) ... auftreten*

227

minutes we were told there had _____ (*leider*) been a change in the programme – we'd be appearing _____ (*später*).

Mac got _____ (*immer nervöser*[1]) and ordered a double whisky to calm his nerves. Time passed _____ (*langsam*) as we sat backstage wondering if we'd perform _____ (*gut*) or be a _____ (*kompletter*) flop. Mac ordered another double whisky, then another, and another. He drank _____ (*immer mehr*) and could _____ (*kaum*) stand when they _____ (*endlich*) told us we were on next.

By now I felt _____ (*völlig*) terrified, and no sooner _____ (*hatten wir die Bühne betreten*[2]) than Mac collapsed in a drunken heap[3]. The audience went _____ (*verrückt*). Mac struggled to his feet, and we _____ (*mutig*) started to play. He slurred[4] a few lines, and the audience screamed for more. Then he fell over again, breaking his guitar, so that he had to use _____ (*die andere*).

_____ (*je schlechter*) we were, _____ (*desto lauter*) the audience cheered. They thought we were _____ (*phantastisch*)! We _____ (*plötzlich*) realized this was our big break[5].

These days we _____ (*automatisch*) supply Mac with plenty of whisky before every gig[6]. He smells _____ (*schrecklich*), but we're earning a fortune, so who cares!

---

[1] *nervös: (hier)* agitated; [2] *die Bühne betreten:* to go on stage; [3] to collapse in a drunken heap: *besoffen zusammenklappen;* [4] to slur: *undeutlich aussprechen;* [5] our big break: *der große Durchbruch;* [6] gig: *Auftritt*

6   Die Präpositionen

Bei den **Präpositionen** handelt es sich um Verhältniswörter wie *in, auf, über, um* usw., die an sich recht harmlos wirken. Das Hauptproblem aus deutscher Sicht besteht darin, daß sich die englischen Präpositionen in kein logisches System hineinpressen lassen. Das ist im Deutschen auch nicht anders, aber als Muttersprachler wählt man instinktiv das richtige Wort.

Wir könnten Ihnen an dieser Stelle eine riesige Liste aller englischen Präpositionen anbieten, aber dafür wären Tausende von Beispielen nötig. Listen mit festen Verbindungen haben Sie ja ohnehin schon in Kapitel 1.7 („Die **-ing-*Form*** als Gerundium") und Kapitel 1.14 („**Phrasal Verbs**") gesehen. Aus diesen Gründen möchten wir uns hier fast ausschließlich auf Übungen konzentrieren, in denen die englische Präposition Deutschsprachigen erfahrungsgemäß Probleme bereitet.

Ein paar grundsätzliche Bemerkungen seien den Übungen jedoch vorangestellt. Es gibt durchaus bestimmte inhaltliche Merkmale, die man englischen Präpositionen zuschreiben und davon deutsche Entsprechungen ableiten kann, wie z.B. die zeitliche und räumliche Bedeutung von **on, in** zeigen:

zeitlich		**räumlich**	
on Tuesday	***am** Dienstag*	**on** the ceiling	***an** der Decke*
on 13 April 1996	***am** 13. April 1996*	**on** the wall	***an** der Wand*
		on the table	***auf** dem Tisch*
in November	***im** November*	**in** the room	***im** Zimmer*
in 1968	*1968*	**in** my hand	***in** meiner Hand*
in the past	*früher*	**in** the sea	***im** Meer*

Nur läßt sich, wie die Beispiele zeigen, keine Entsprechung zwischen englischer und deutscher Präposition *vorhersagen*. Man muß die Verwendung der Präpositionen ganz einfach lernen, und Hinweise, daß **in** bei wörtlicher Verwendung „in" bzw. „innerhalb von etwas" oder **on** „an" bedeuten können, helfen einem im schwierigen Einzelfall nur selten. Denn oft ist die Präposition Bestandteil einer festen Wortgruppe, bei der einem die Kenntnis der wörtlichen Bedeutung nicht oder nur selten etwas nützt.

Von den nicht mehr „wörtlichen", den abgeleiteten Bedeutungen dieser Präpositionen also, lassen sich keine verläßlichen Vorhersagen über die Entsprechungen in der jeweils anderen Sprache machen:

on holiday	***in/im/auf** Urlaub*	**in** the rain	***im** Regen*
on television	***im** Fernsehen*	pay **in** cash	*bar bezahlen*
on the phone	***am** Telefon*	fall **in** love **with** her	*sich **in** sie verlieben*
on the whole	***im** ganzen*	**in** my opinion	*meiner Meinung **nach***
on purpose	***mit** Absicht*	**in** cold weather	***bei** kalter Witterung*

Eine letzte Anmerkung vor den Übungen: Heutzutage ist der Gebrauch der englischen Präpositionen etwas flexibler geworden als früher. So kann man z. B. für „anders als" neben **different from** (der traditionellen Entsprechung) auch **different to** (aus dem amerikanischen Englisch übernommen) verwenden, und man hört sogar noch die dritte Variante **different than** (wobei **than** eigentlich keine Präposition ist). An diesem Beispiel merkt man, wie sehr die Sprache lebt und wie wichtig die ständige Übung für den Lernenden ist.

Übung A

Setzen Sie die richtige *Präposition* ein.

a. He says he's not interested _____ money, but I don't believe him.

b. I heard that _____ the news _____ the radio.

c. I want it finished _____[1] tomorrow afternoon.

d. Do you want me to write it _____ the blackboard?

e. As usual, Bernard turned up _____ the last minute.

f. She asked me to take care _____ the kids while she went _____ town.

g. What did you learn _____ school today, son?

h. I stayed overnight _____ my sister's place.

i. I think she's fallen _____ love – again!

j. I sometimes think he goes _____ Klosters to break his leg deliberately!

_____
[1] Gesucht wird hier die englische Entsprechung von „bis".

Übung B

Setzen Sie wo nötig eine *Präposition* in die Lücken ein.

a. I walked all the way _____ home with her in the hope that she would invite
   me in for a drink. How was I to know her mum and dad would be _____
   home, too?

b. I saw him driving _____ the car down the road. I would guess he
   was driving _____ about 60 miles an hour.

Übung C

Hier geht es um *präpositionale Ausdrücke,* die aus mehr als einem Wort bestehen. Die
deutsche Entsprechung wird in Klammern angegeben.

a. I live right _____ (*neben*) a pub, and it can get very noisy.

b. The cat jumped _____ (*aus*) a third-floor window but landed
   safely on the pavement below.

c. I can count _____ (*bis*) 30 in Russian.

d. Somebody's parked their car _____ (*vor*) our garage again!

Übung D

Setzen Sie die richtige *Präposition* bei folgenden Sätzen ein.

a. We quite enjoy living _____ the country.

b. I don't see why I should spend all my money _____ you.

c. They say Mr Franklin died _____ a broken heart.

d. Do you know who this piece of music is _____?

e. I haven't got much money left _____ my bank account so I can only give you
   a cheque _____ £20.

f. He's been _____ the phone for two hours non-stop.

g. I'm afraid he lives _____ the 29th floor.

h. _____ that moment there was a knock _____ the door, and in came a
   tall man with a scar all the way _____ his forehead.

7 Die Zahlen und Nummern

7.1 Grundzahlen

1	one	30	thirty
2	two	40	forty
3	three	50	fifty
4	four	60	sixty
5	five	70	seventy
6	six	80	eighty
7	seven	90	ninety
8	eight	100	a/one hundred
9	nine	101	a/one hundred and one
10	ten	142	a/one hundred and forty-two[1]
11	eleven	200	two hundred
12	twelve	1,000	a/one thousand
13	thirteen	1,450	one thousand four hundred and fifty[2]
14	fourteen	2,000	two thousand
15	fifteen	100,000	a/one hundred thousand
16	sixteen	1,000,000	a/one million
17	seventeen	1,000,000,000	a/one billion (*in GB auch*:
18	eighteen		a thousand million)
19	nineteen		
20	twenty		
21	twenty-one		
22	twenty-two		
23	twenty-three		
24	twenty-four *usw.*		

1. I feel like going a little crazy with fives and sevens today.

Heute ist mir danach, mit den Fünfern und Siebenern ein kleines Spielchen zu treiben!

---

[1] Im amerikanischen Englisch verzichtet man oft auf das **and**; [2] seltener: **a thousand ...**

Null drückt man wie folgt im Englischen aus:

0 beim *Rechnen*: **nought** [nɔ:t], **zero** [ˈzɪrəʊ, *AE* ˈziːrəʊ]

0 beim *Sport*: **nil**, *AE* **zero**; *Tennisspiel*: **love**

0 in *Telefonnummern*: **O** [əʊ], *AE* **zero**

7.2 Zeichen und Schriftbild bei Zahlen

Folgende Unterschiede zum Deutschen sind besonders wichtig:

* Bei Zahlen ab 1.000 steht im Englischen für den deutschen Punkt immer ein *Komma* (**10,000,000**).

* Umgekehrt ist es bei den Dezimalzahlen: **5.9** (**five point nine** = *fünf Komma neun*), **0.34** (**nought point three four** = *null Komma drei vier*).

Bei den Vierern ist es etwas tückisch:

* Beachten Sie die Schreibweise von **4** und **14** (**four, fourteen**) im Gegensatz zu **40** (**forty**).

Auch das handschriftliche Schriftbild der Zahlen im Englischen sorgt gelegentlich für Verwirrung unter den Deutschsprachigen:

* **1** wird ohne Haken geschrieben.

* **7** wird meistens ohne Querstrich geschrieben.

7.3 Telefonnummern

Auch Telefonnummern werden im Englischen anders ausgedrückt als im Deutschen:

* Telefonnummern werden im allgemeinen Ziffer für Ziffer gesprochen und nicht wie manchmal im Deutschen in Paaren:

  0181-569 4032 = oh-one-eight-one five-six-nine four-oh-three-two

* Schnapszahlen (**44, 666** usw.) werden gewöhnlich wie folgt behandelt, können aber auch einzeln ausgesprochen werden:

  01765-62238 = oh-one-seven-six-five six-double two-three-eight

  0171-333 5816 = oh-one-seven-one triple three five-eight-one-six

* Der Notruf in Großbritannien (**999**) wird immer **nine-nine-nine** gesprochen.

7.4   Jahreszahlen

Bei Jahreszahlen gilt folgende Handhabung:

* **1492 = fourteen ninety-two**
* **1908 = nineteen oh eight**

Zur Betonung wird **hundred and** eingefügt:

* **1908 = nineteen hundred and eight**
* **1776 = seventeen hundred and seventy-six**

Jahreszahlen wie die folgenden hört man natürlich immer öfter:

* **2000 = (the year) two thousand**
* **2001 = two thousand and one**
* **2010 = twenty ten,** *seltener* **two-thousand and ten**
* **2100 = twenty-one hundred**

7.5   Ordnungszahlen

Bei den Ordnungszahlen sind die Verbindungen aus Zahl plus Buchstabe (z. B. **1st, 2nd**) besonders zu beachten:

1st	first	15th	fifteenth	70th	seventieth
2nd	second	16th	sixteenth	80th	eightieth
3rd	third	17th	seventeenth	90th	ninetieth
4th	fourth	18th	eighteenth	100th	(one) hundredth
5th	fifth	19th	nineteenth	101st	(one) hundred and first
6th	sixth	20th	twentieth	102nd	(one) hundred and second[1]
7th	seventh	21st	twenty-first	138th	(one) hundred and thirty-
8th	eighth	22nd	twenty-second		eighth[1]
9th	ninth	23rd	twenty-third	200th	two hundredth
10th	tenth	24th	twenty-fourth *usw.*	1,000th	(one) thousandth
11th	eleventh	30th	thirtieth	3,956th	three thousand nine
12th	twelfth	40th	fortieth		hundred and fifty-sixth[1]
13th	thirteenth	50th	fiftieth	1,000,000th	(one) millionth
14th	fourteenth	60th	sixtieth		

! Auch hier gilt: **fourth, fourteenth**, aber **fortieth**.

---

[1] Im amerikanischen Englisch verzichtet man oft auf das **and**.

Übung A

Schreiben Sie folgende Zahlen in Worten aus:

a. 1,000 _____

b. 98 _____

c. 14 _____

d. 87 _____

e. 10,450 _____

f. 12th _____

g. 8th _____

h. 40-0 (*Tennis*) _____

i. 80651 (*Telefon*) *BE* _____

AE _____

j. 136 _____

k. 1993 (*Jahreszahl*) _____

l. 78892 (*Telefon*) _____

Schlüssel zu den Übungen

Kapitel 1.1

Übung A

a. rush**es**	f. discuss**es**
b. touch**es**	g. relax**es**
c. pass**es**	h. pleas**es**
d. attac**ks**	i. search**es**
e. fix**es**	j. embarrass**es**

Übung B

a. compar**ing**	f. com**ing**
b. crack**ing**	g. ly**ing**
c. try**ing**	h. occur**ring**
d. unravel**ling**	i. dig**ging**
e. prefer**ring**	j. retur**ning**

Übung C

a. "Can you see the children?" –"Yes, they**'re throwing** mud at each other at the bottom of the garden."
b. "Our boss **never smiles**." – "I'm not surprised."
c. She **plays** darts on Friday nights.
d. "What **are you doing**?" – "**I'm thinking**."
e. "Do you have any annoying habits?" – "Yes, apparently I **sing** in my sleep."
f. "Ronnie **is having** a bath." – "Ronnie **always has** a bath on his birthday."
g. How often **do you shave**?

Übung D

a. Why is it that British people **don't jump** queues?
b. Jerry**'s trying** to lose weight, but he**'s finding** it very difficult. You see, he**'s working** as a pastry cook at Buckingham Palace right now.
c. "Where's Joseph?" – "He**'s doing** charity work somewhere in West Africa. I keep trying to tell him charity **begins** at home."

Übung E

a. Geoff**'s usually emptying** / **usually empties** the dishwasher when I **come down** in the mornings.
b. Why is it that every time I **try** to ring him up he**'s already talking** to someone on the phone?

Übung F

Two's company, three's a crowd

Rosalind and I were leading a perfectly happy marriage until our first child came along. Richard **is** now five weeks old, and he**'s looking** / he **looks** more and more like his mother every day. There's no question whatsoever as to who **rules** the household. Whenever he **gets** hungry, he **screams** at the top of his voice until Rosalind **stuffs** a bottle into his mouth. And then he **guzzles** it down so fast that he **usually gets** hiccups so that his mum has to walk around the house with him until he **settles down** again. When his nappies **need** changing, Rosalind **has** to drop everything and do it straightaway. I must say, I **find** / I**'m finding** it absolutely exhausting having to watch all this going on.

Rosalind is a marvellous mother, but she**'s now beginning** to find it a bit difficult to cope. It has got to the stage where I**'m having** to take a crash course in nappy-changing, and I**'m slowly learning** to give my son his bottle without choking him. Not only that, when he **wakes** us up screaming his head off in the middle of the night, Daddy **always seems** to be the one who **has to** get up and shut the bedroom door. If you **ask** me, I **think** there ought to be a society for the protection of overtired fathers. Hm, SPOOF, that **doesn't sound** at all bad …

Kapitel 1.2

Übung A

spoke	f5 – f9	tied	j2 – j5	moved	f1 – j1
sang	a4 – a7	used	k1 – k4	played	f4 – k4
went	b3 – b6	did	k4 – k6	lit	h7 – j7
had	c3 – c5	lied	l4 – l7	occurred	d10 – k10
flew	c6 – c9	*und auch*	h6 – k9	applied	e3 – k9
came	e2 – e5			lent	g4 – j7

Übrigens: **done** und **blown** sind **Past Participles** (vgl. Kapitel 1.3).

Übung B

I **arrived** back from my business trip feeling quite shattered. As usual, there **were** hundreds of passengers landing at Heathrow Airport at the same time. As I **was waiting / waited** at the back of the queue to go through passport control, they suddenly **opened** another desk. But I **reacted** too slowly, and about fifty other people **got** there before me.

A good quarter of an hour later, I **was slowly wandering / slowly wandered** along the endless passageways that lead to the main concourse. Having forgotten to tie up my shoe-laces after undoing them during the long flight, I **tripped** over them at one point, and the bag with my duty-free booze **went** flying. One of the bottles **got smashed**, of course. Luckily, while I **was desperately trying** to clean up the mess, a kind cleaning lady **came** along and **helped** me. I **gave** her the other bottle out of gratitude.

When I **finally reached** the baggage reclaim area, I **fetched** a trolley and **took** up my position near the carousel. Cases and bags of all shapes, sizes and colours **were moving / moved** round on the conveyor belt. It was like a slow-motion film. Ten minutes passed, but my case was nowhere to be seen, so I **sat** down on the trolley and **carried on** watching. It was so hypnotic that it **sent** me to sleep. When I **woke up** again, an urgent message was being repeated again and again over the loudspeaker, and people **were hurrying** through customs control. I **decided** I had better follow them. That was when I **spotted** my suitcase: it **was standing** on the conveyor belt, which **was no longer moving**, surrounded by men in uniforms and overalls who **were attaching** all sorts of wires to it. One of them **was listening** to it with a kind of stethoscope, and I **suddenly realized** with horror that they **were probably getting ready** to blow it up!

I **rushed up to** a policeman and **explained** to him that it was my suitcase, and he **took** me into a little office nearby for questioning. Through the window I could see everything that **was going on / went on**. One man **carefully opened** the suitcase as the others **watched** from a distance. / One man **was carefully opening** the suitcase as the others were watching from a distance. He **slowly took out** an object, **held** it up in the air and **grinned**. / He **was slowly taking out** an object, **holding** it up in the air and **grinning**. By then, all the others **were laughing**, too. The policeman **escorted** me back to the scene …

Can you imagine my embarrassment when they **handed** me my battery-powered razor? It had obviously switched itself on inside the suitcase and **was still vibrating** furiously. I **just sat** down on the edge of the conveyor belt and **wished** I had kept that other bottle of whisky …

Kapitel 1.3

Übung A

seen	e5 – e8	toured	a1 – f1	had	h3 – j3
thought	a1 – a7	hidden	a6 – f6	said	g5 – j5
paid	b4 – b7	met	d7 – f7	told	a1 – d4
torn	f7 – f10	known	d8 – h8	hoped	g2 – c6
won	g8 – g10	broken	a10 – f10	hit	c5 – a7
taken	h4 – h8				

Übung B

1st patient: I**'ve been** in this hospital for three days now, and not a single doctor **has even spoken** to me yet.

2nd patient: Well, I **got** here two weeks ago and I'm still sleeping in the corridor, although they **promised** they would move me to a proper bed the day after I **arrived**. And to think that I **was** on the waiting list to get in here for nine whole months!

1st patient: I don't know what**'s happened / has happened** to the health service in this country. When I **was** a boy you **weren't** put on a waiting list to get into hospital. If you **needed** medical help, you **got** the appropriate treatment quickly and efficiently. Being a doctor or nurse **was** a highly respectable profession then, and medical staff **treated** patients like human beings. But things **have gone** from bad to worse since Mrs Thatcher **changed** everything in the 1980s.

2nd patient: You don't have to tell me. Last year I **went in** for an operation on an in-growing toenail, and guess what they **did**. They **took** my tonsils out, didn't they! I still **haven't recovered** from the shock.

1st patient: Dear me, they obviously **misread** the operating instructions. **Did you sue** the surgeon?

2nd patient: Yes I did, but so far I **haven't received** any compensation. Apparently it **wasn't** the first time the surgeon had made a mistake like that – about sixteen other patients were already suing him for professional negligence. Then one day he **just disappeared** from the face of the earth, and nobody**'s seen / has seen** him since.

1st patient: That's terrible. Well, this is the first time I**'ve been** in hospital as a patient, and I must say I'm not very happy at all with the way things are run.

2nd patient: If you don't mind my saying so, you look as if you**'ve been** in a fight. What **happened** to you?

1st patient: I was on my way back from the pub on Monday night when a man **followed** me down a dark alleyway, and then suddenly **hit** me over the head several times with one of his crutches.

2nd patient: Why **did he do** that?

1st patient: Well, he **came** to this hospital two years ago with food poisoning, and I **amputated** his left foot by mistake. You see, I sometimes have difficulty reading my own operation notes, especially when I'm tired.

2nd patient: Just a minute – I'm sure **I've seen** your face before …

Kapitel 1.4

Übung A

a. I felt very sad because everybody **had forgotten my birthday**.
b. If I **had noticed you**, I would have stopped the car.
c. She asked if I **had found** my socks.

Übung B

We **had been staying** at Mrs Shakespeare's house for three months when one day she suggested that we should go to the theatre. As we **hadn't been** to the theatre for ages, we agreed. One morning she told us she **had bought** us tickets for a superb play in a few days' time. The evening soon arrived. We **had been working** / **had worked** hard all week and were very tired, but we summoned up all our energy and headed for the theatre. The play **had just started** when I noticed that my wife's eyes were beginning to close. I **hadn't had** much sleep the night before, so I felt sleepy, too. Some time later we were woken by loud clapping and we realized we **had missed** most of the first half of the play. We both knew we **had had** enough, so in the interval we bought a copy of the play in the theatre shop and went to a café where we **had often spent** the evening. We couldn't very well go home and tell Mrs Shakespeare that we **had fallen asleep** during the play, could we? Especially not when she **had paid** for the tickets! When we eventually got home, we found that Mrs Shakespeare **had waited up** / **had been waiting up** to hear all about the play. We told her what a marvellous time we **had had**. She **had seen** the play herself many times, and was so impressed by how much we **had remembered** about it that she promised to get us tickets for another play soon. We went to bed and fell asleep straightaway – what an exhausting evening it **had been**!

The next morning we found Mrs Shakespeare reading a review of the play in the paper which said that the leading actor **had collapsed** on stage with a heart attack in the third act and that the performance **had had** to be abandonded …

Kapitel 1.5

Übung A

a. He**'ll be** glad to see us again.
b. Careful – those glasses **are going to fall**!
c. Do you think he**'ll come** / he**'s going to come** back?
d. I think we**'re going to be** famous!

Übung B

a. **You'll be passing / You're passing** through Birmingham, so you can drop me off there.

b. **We'll finish off** that bottle of brandy for you if you can't manage it on your own.

c. **You're going to lose** at least twenty pounds before we go on holiday, otherwise you'll be on that beach without me.

d. **We're picking / We're going to pick** him up from school at two.

e. **I'm going to give** the manager a piece of my mind!

f. **I'll drive** for a bit while you shut your eyes.

g. **I'm seeing / I'm going to see** my lawyer tomorrow.

h. All my friends **are going** to Bill's party, but I haven't been invited.

Übung C

We'll meet again …

Diana: **I'll never forget** the look on Rodney's face when I broke the news. "**I'm going** to South Africa for two years," I said. It left him speechless, though normally he always has the last word.

Jason: What**'s going to happen** / What **will happen** to him?

Diana: Oh, he**'ll be** / he**'s going to be** all right. **I'll ask** / **I'm going to ask** Mrs Perrin to pop in occasionally to have a chat with him and make sure he's not starving. **I'm leaving** / **I'm going to leave** / **I'll be leaving** all my furniture and belongings in the flat, so he **won't feel** so strange when I'm gone.

Jason: Who **will you be working** for in South Africa, if I may ask?

Diana: It's a wildlife protection agency. I'm sure it**'ll be** / it**'s going to be** fascinating work – I'm a great animal lover, you know.

Jason: When **are you leaving / do you leave**?

Diana: November 13th. The flight **leaves** from Heathrow at 12.20 and **gets** to Johannesburg about thirteen hours later. I don't mind the long flight – there**'ll be** / **will be** people to talk to on the plane, and I**'ll have** plenty of wildlife magazines to catch up on. Just think – in a couple of months' time I**'ll be soaking up** the African sun!

Jason: You**'ll be** brown as a berry within days, I should think.

Diana: Well, as I'm going away for so long, we**'ll have** to get together before I **leave**.

Jason: **I'll have** to check my diary. November **is going to be** a very busy month this year – we**'re moving** into new offices. But **I'll let** you know as soon as I can.

Diana: Actually, when I think about it, it**'s going to be** / it**'ll be** quite sad saying goodbye to Rodney after eleven years. Isn't it funny how you can get so attached to a parrot …?

Kapitel 1.6

Übung A

a. **I'm** often **mistaken** for Robert Redford.

b. We **were recommended** to take the more expensive wine.

c. We **were stopped** at the border.

d. The new boss **was shown** his office.

Übung B

I had decided to go to one of the Floating Markets in Bangkok, so I went down to the river to hire a speedboat. After a bit of haggling with the boatman, **a price was agreed on**. As we sped along the river, **the Bangkok skyline was gradually replaced by green vegetation and wooden houses**. **I was met by a colourful sight** when we got to the market: Thai women in straw hats were sitting in long boats laden with all sorts of fruit and vegetables which **are grown in the surrounding countryside**. Some of them were selling herbs and spices, and on the "restaurant boats" **meals were being cooked on small stoves**. I had really only come to take photographs, but **I was persuaded by one of the elderly women to buy some of her fruit**, while from another I bought some spices and a packet of powdered fish, **which can be used to make a very tasty soup**.

I was just getting back into the speedboat after an hour or so when I felt **a hand being placed on my shoulder**. I turned round to see a Thai policeman holding my packet of powdered fish, which must have fallen out of my pocket as I was getting into the boat. **I was told in broken English that I was being arrested** on suspicion of carrying drugs. **I was led to a car** where another policeman was waiting, and we drove off. At the police station, **I was taken into a tiny room where I was interrogated by the chief inspector**. I tried to argue that the packet contained powdered fish, but he said **the packet had been opened** and it didn't even smell of fish. To prove the point, **one of the men was asked to bring the packet into the interrogation room**. By now I was having visions of **being sentenced (by a Thai judge) to life imprisonment in a Bangkok jail**. When the fatal packet arrived, **I was told (by my interrogator) to take some of the powder and smell it myself**. I hesitated, so he himself picked up the packet and took a big sniff, as if to show me what to do. Suddenly **his whole body was shaken by a violent sneezing fit**, and he staggered around the room red-faced and shouting for help.

To cut a long story short, **the powder was sent to the forensic laboratory for an immediate test, and it was found to be a potent herbal sneezing powder** designed to cure chronically blocked sinuses. **I had obviously been given the wrong packet (by the woman at the market)**. The entire staff at the police station apologized profusely, and **I was driven back to my hotel (by two police officers)**. I decided I would try and relax by the pool, have dinner and go to bed early to sleep off this traumatic experience. That was until I looked at the evening's menu: the first course was fish soup …

Kapitel 1.7

Übung A

a. **Without using** her hands, she ate the whole plate of spaghetti.
b. **Besides being** a journalist, my father also writes a lot of poetry.
c. **In spite of being warned**, he still went jogging in the park at night.
d. **After letting** me pay for the meal, he said I could take the bus home.
e. **By pushing** a chair against the cupboard, Tommy was able to reach the top shelf.
f. **On seeing** his Aunt Martha in the supermarket, he made for the nearest exit.
g. **Before cooking** our evening meal, we put the tent up.
h. **Instead of going** to the opera, we played poker.
i. **Despite working** very hard, she gets paid almost nothing.

Übung B

I can't get used to **handling** a knife and fork. When we lived in China we used to **eat** with chopsticks.

Übung C

Without **wishing** to sound arrogant, I think I can say that I've seen a fair bit of the world. You see, I used to **go** on package holidays once or twice a year. For a while I really enjoyed **not having to** bother about **planning** the route and **booking** flights and accommodation. It seemed a very relaxing and sensible way **to travel**. But after a while I began to get fed up of **being** stuck on a coach with a group of people I'd never met before. If you were unlucky, you could end up **sitting** next to someone who never stopped **talking**. Also, I could never get used to **being** told what **to do** by tour guides who were sometimes half my age. And there's nothing worse than having a coach driver who won't stop **to let** you take photographs of the sights along the way. I'll never forget **missing** the photo opportunity of a lifetime when, travelling through Yellowstone National Park, we suddenly saw a huge herd of buffalo stampeding alongside the coach. The driver refused **to let** us get out and take a few pictures, claiming we would run the risk **of being** crushed by the herd. And instead of **slowing down** to let us get a better look, he started **speeding up / to speed up**! I think he just didn't feel like **stopping** because he wanted **to get** back to the hotel for his supper. What's the point **in travelling** all that way if you can't take photographs of the things you see?

Well, recently I was speaking to a friend about the prospect **of going** on holiday on my own for a change, and she asked whether I had ever considered **touring** England in my car. After **giving** it some thought, I decided it was in fact a very good idea. So I spent three sunny weeks in July **driving** around from castle to cathedral and from mediaeval town to museum. Of course I did my best to avoid **getting** anywhere near those awful groups of tourists who were busy **visiting** the same sights. I must say it was great fun **being** on my own and **doing** exactly what I wanted when I wanted. I tried **to soak up** as much as I could, and spent most evenings **reading up on** English history. I now feel like a walking history book! And I don't mind **telling** you that I took more than 700 slides. I'm really looking forward to **showing** them to my friends when they get back from the developers.

It was certainly worth **making** that extra effort to be able to enjoy the true freedom of the solo traveller. England is full of fascinating history, and I can imagine **doing** something similar again. There's just one thing I must remember **to ask** my friend when I next see her – why did they insist **on building** Windsor Castle so close to the airport?

Kapitel 1.8

Übung A

a. I **saw him coming / come** out of the museum.
b. She **caught three pupils smoking**.
c. Thomas **kept me waiting** again.
d. Have you **heard** / Did you **hear Marion playing** the flute?
e. I **felt the wine going** to my head.

Übung B

a. The tortoise **came crawling** along the patio.
b. He **was sitting** in front of the television/TV **snoring**; He **was sitting snoring** in front of the television/TV.
c. She **wanted her name mentioned** in a footnote.
d. We **found the shoe** completely **chewed up** behind the chair.
e. He **had his hair dyed** green.

Übung C

a. **Slamming** the car door, Martin roared off down the road.
b. **Having walked** Mrs Nisbet's five poodles all the way round the park, Douglas realized he had lost one of them.
c. **Having been banned** from the bingo hall, she tried to get back in that same afternoon.
d. **Having asked** him to speak more slowly, I began to understand what he was saying.

Übung D

a. **Realizing** he had left his wife at the motorway café, he sped back down the M1.
b. **Having had** such an awful day, we're all going to bed.
c. They saw her in town **window-shopping** at Woolworth's.
d. I could smell my dinner **burning** as I approached the house.
e. **Being** ambitious, she's got her eye on the boss's job.
f. He stood there all afternoon **whistling** at passing girls.

Kapitel 1.9

Übung A

1E, 2F, 3A, 4B, 5C, 6D

Satz vor Übung B: *Sie dürfen erst dann mit dem nächsten Kapitel weitermachen, wenn Sie den anschließenden Test durchgearbeitet haben.*

Übung B

a. If you loved me you would do it.
b. If you had come to church with me you would have got to know her.
c. If it hadn't been for Rainer we would have missed our flight.
d. You'll soon be broke if you spend your money like that.
e. He won't come in unless you offer him something to eat.
f. If I were you, I'd look for a new job.
g. If we'd / we had known that we could've / could have helped him.
h. It would be easier if you spoke English.
i. If you live in that block of flats, you must know my brother-in-law.
j. You'd / You would be much more popular if you didn't talk so much.

Kapitel 1.10

Übung A

a. You **don't have to** play / You **needn't** play if you don't want to.
b. You **mustn't** forget to wish her happy birthday.
c. I **don't have to** work / I **needn't** work – I'm the boss!
d. You **needn't** bother calling Peter – I'll be seeing him tonight anyway and I'll give him the message.

Übung B

Monday

I'm fed up of being told what I **can do** / **I'm allowed to do** and what I **can't do** / **I'm not allowed to do**. This morning I helped myself to a cup of coffee and Madge said I **shouldn't have taken it** because it was decaf specially made for Mr Goodhart. Then I went to do some photocopying and was told I **could forget it** because the machine had overheated, and besides I really **ought to** / **should** remember not to put paper clips in the photocopier because they get stuck in the machine. I don't think I've ever copied paper clips before, but if Miss Tweedy from Marketing says so then I suppose I **must have done it**. Now they're telling me I **must** / **I've got to** / **I'll have to** / **I have to** cut down on long-distance phone calls because they're so expensive during the day. What **am I supposed to do** – ring people up at night? At lunchtime today I **wasn't allowed to eat anything** in the canteen because I had forgotten my lunch token. Fortunately I **was able to** get a packet of crisps from a vending machine, but by five o'clock I was so hungry I **could scarcely/hardly** walk to the bus stop. Then an inspector got on and shouted "Where's your ticket?!" right behind my left ear. Not even "**May/Can** I see your ticket, please?" He **could have given me** a heart attack.

Tuesday

Aren't I allowed to do anything any more without asking other people's advice or permission or being bossed around by them? Today there's a pile of letters on my desk which **I'm supposed to** / **I'm to** sign, but perhaps I **ought to** / **I should** ask someone what colour ink I **should** use / **I ought to** use. Madge has just come in to tell me I **needn't have sent** yesterday's letter to Mr Oliver in New York because she had already faxed it to him. I really don't think I **can** take much more of this. **Can't** people show a little more respect for their boss?

Epilogue

A month later poor Mr Lamb **was to be** out of work. Once too often he asked his department **what he should do** / **what he ought to do** / **what to do** – so they told him to take a pen and a piece of paper and dictated his letter of resignation for him …

Kapitel 1.11

Übung A

a. Mr Bean said **(that) they were vegetarians**.

b. The receptionist told me **(that) the doctor would see me on Thursday**.

c. The young lady told the police **(that) she had been lying in the garden sunbathing when the parachutist (had) landed**.

d. His sister said **(that) he was lying.** She said **(that) he had never been to Greece**.

e. The couple said **(that) they had been told that the house was infested with mice**.

f. Catherine said **(that) she had / she'd been feeling a bit tired lately**.

g. Pete's fiancée said he **wouldn't be needing his football boots after they were married**.

Übung B

a. "Your English will have to improve dramatically," Mr Wallis said to me.

b. "Should/Shall I continue to take the tablets?" I asked.

c. "I might/may come to the lecture," said Valerie.

d. "You'd better ring up the travel agent," Mark said.

e. "You don't have to clear the snow from my path," Mr Smythe said to his neighbours.

Übung C

I was about to settle down to sleep when the lady sitting next to me asked me **if / whether I was a frequent flyer. I replied that I was**, and she asked **if / whether I got/get frightened in aeroplanes. I said (that) I sometimes felt uneasy when there was/is** strong turbulence. She admitted **(that) she was always afraid that the plane would crash or that there might be** a terrorist on board. She asked **(me) if / whether I could see the man with the eyeshades sitting** in the third row. She thought **(that) he must be trying to hide his identity** and that **we ought to tell** one of the stewards, to which I replied that **he was probably just trying to get some sleep**.

She remarked that **I might / may have noticed that she suffered from** fear of flying. She explained that her therapist **had persuaded her to go on that/the flight because he thought it would cure her**. I asked **(her) if / whether she felt it was helping**. She said **(that) it was too early to tell**. She then revealed **(that) she had previously been / she used to be / she had use(d) to be afraid of** spiders and that **it had taken six months and fifty tarantulas** to heal her. Also, **she had been scared of heights until she (had) forced herself to go** bungee jumping. In an attempt to shut her up, I said **(that) I was very impressed** but **if she didn't mind I really would like to catch a few hours' sleep**. She grabbed me by the arm and told me **(that) I mustn't**, because part of the therapy **was to talk about the fear as you exposed yourself** to it. She admitted that when **she had been bungee jumping there hadn't been much time to talk** and nobody to talk to, really. But she felt a nine-hour transatlantic flight **was** absolutely ideal. She then said **(that) she would begin by trying to describe her phobia in detail** …

Kapitel 1.12

Übung A

a. Don't do it!

b. Turn the radio down(, will/would you)!

c. Stop cheating(, will you / would you)!

d. Run!

e. Read the small print carefully.

f. Put your seatbelt on.

g. (You) Sit down while I make the tea.

Kapitel 1.13

Übung A

I'll never understand women! They **keep** you waiting for hours when you're going out. If you dare to disagree with them, they march off and **leave** you standing there like a fool. They **have** their hair done almost every week, even though it always looks the same! They won't **let** you watch the football match on TV, but they **make** you do the washing up as if it was the most natural thing on earth. Honestly, Dad, I don't think I want to grow up …

Kapitel 1.14

Übung A

a. Turn the stereo **down** – it's far too loud!
b. Do you get **on/along with** your mother-in-law?
c. I can't put **off** going to the dentist's any longer.
d. My brother gave **away** some of his best video nasties!
e. What we've now got to figure **out** is how Orville's luggage ended **up** in Portugal.

Übung B

a. **Take** off your suit and **put** on something a bit more comfortable.
b. Can you **put** me up for the night?
c. She **took** out a pipe and started smoking it.
d. We've all seen your glass eye, Grandad, now **put** it away!

Übung C

a. She **turned down** my offer.
b. He told us to **come in.**
c. We **found out** what had happened.
d. He **asked for** our assistance.

Übung D

a. He never **puts it on**.
b. Who's **looking after them**?
c. She **walked out on him**.
d. Why don't you **clean it up**?

Kapitel 1.15

Übung A

It was a cold October morning, but the funfair was open. The kids insisted Ben **take** them on the big dipper. "It's about time you **realized** you can't have everything you want," Ben replied, but the kids kept moaning at him to be a sport. "If I **were** you I wouldn't let them go on it," said his wife Carol, who got seasick on the children's swing. "It's vital that they **learn** to accept no for an answer." "I wish we **had** as much money as Uncle Barry," said the kids, "then we could go on anything we wanted." As usual, that did the trick …

But as soon as they started off, they realized something was wrong. They moved slowly up the first incline – then suddenly slipped back down again. "I wish I **knew** what's going on here!" Ben exclaimed, as a worker casually gave them a push from behind. The same thing happened again. Ben was terrified. "Is there anyone behind us?" asked the kids.

"Heaven **forbid**!" Ben groaned. At the fourth attempt they managed to get up the slope. They hadn't gone far when they suddenly came to a halt again, this time high up in the air. The kids found it great fun, but Ben demanded that someone **come** to their rescue at once. This time the same worker climbed up the huge frame like a monkey and walked towards them, cigarette in mouth, as if it **was/were** the most natural thing in the world. Again they were given a push, and eventually their adventurous trip came to an end without any further mishap.

Ben was just recovering when the man from the funfair suggested they **have** another go as the trip hadn't been much fun. Before he could refuse, the kids were back in the car. "Long **live** the big dipper!" they cried, as they set off on another adventure …

Kapitel 1.16

Übung A

Wayne: "What**'s** on TV?"
Tracy: "How **should I** know?"
Wayne: "**Didn't you buy** a TV guide?"
Tracy: "Yes, but **I haven't had** time to study it fully yet."
Wayne: "What **do you mean**?"
Tracy: "**Don't you realize** how many channels we have these days?"
Wayne: "**I don't know** – ten, twelve?"
Tracy: "Twenty-nine! You never take any interest in what's going on, **do you**?"
Wayne: "**I don't think** it's important to know how many channels we have! What **I can't** understand is why we never watch TV then."
Tracy: "It's because I'm too busy studying the TV guide to actually watch anything, **isn't it**!

Kapitel 2.1

Übung A

1st man: "Let me give you **some / a piece of** advice. Never go by train when you're in a hurry."
2nd man: "What nonsense!"
1st man: "No, it's not! As **a** longstanding commuter – pun intended! – I can honestly say it's by far the worst way to travel."
2nd man: "But that's such **a** sweeping statement, you can't be serious. You can get to places in half **an** hour by train that would take hours by car."
1st man: "Oh really? In my experience it's more a case of waiting for one and **a** half hours for **a** train that is delayed because there are leaves on the track. Last weekend I ruined **a pair of** trousers on **a** seat which had fresh graffiti on it. If I were **a** politician, I'd ban trains. You're not **an** MP by any chance, are you?"
2nd man: "No. But try and guess what I do for **a** living?"
1st man: "Mm, I suppose you could be **a** teacher …"
2nd man: "Well, I'm not! I'm **a** train driver. And I'll tell you something else. I think you need **(a pair of)** glasses! Do you know the name of the pub we're in right now?"

1st man: "Er, no ..."
2nd man: "It's the *Railwayman's Arms*!"

Kapitel 2.2

Übung A

On Easter Sunday we were invited to lunch by Sarah and Andy. We got up bright and early and went to church, then drove to a nearby hill to let Wills roll his Easter eggs down it. Wills was only 18 months then and a real holy terror who would never go to bed. He just never seemed to get tired, but poor Charlie and I were completely worn out. Most people seem to think life is easy when you've got a job like ours. We have to travel a lot, you see – in fact I was in Switzerland only yesterday, and I'm off to Turkey next week. Still, we do all right, I suppose, with **the** help of our three au pairs ...

We went into town by Tube, as it's almost impossible to get a parking space anywhere near Sloane Square.

Sarah and I had known each other since we were at college, and we often got together to play **the** piano or listen to some pop music.

After lunch we settled down to watch TV. Well, to be more precise, Andy, Sarah and I did. Charlie was talking to **the** plants in **the** drawing room – and Wills wandered off. We searched through all **the** rooms in **the** house for **the** little scamp – it's rather a large house, you know – and finally located him. He had locked himself in one of **the** bathrooms and didn't answer our calls. Poor Charlie got into a right royal flush – he was terrified in case Wills had taken any tablets as I sometimes do. We finally managed to rescue Wills with **the** help of **the** caretaker, who broke down **the** door. There was Wills – fast asleep in the bath, clutching a rubber duck.

Life has been much easier for us ever since this little episode – we now let Wills sleep in **the** bathroom instead of in bed!

Kapitel 3.1

Übung A

a. Polygamous **lives** may be threatened by several **wives** with **knives**.
b. These **phenomena** do not fulfil the usual **criteria** for scientific experiments.
c. There are three pubs and two **churches** in our road.
d. The **children** say they like travelling with **women drivers** because the ride is always nice and bumpy.
e. I've got eleven **in-laws** altogether, seven of whom are **sisters-in-law**.
f. She was afraid there might be **bacteria** in the raw **fish**.
g. There was a fifty-thousand **dollar** reward for the arrest of the murderer.

Übung B

If you remembered to wear your **glasses/specs/spectacles**, you wouldn't keep having to look for your **pyjamas**. And if you're not careful, you're going to fall down the **stairs** with those big **feet** of yours. Did you know that according to **statistics**, the vast majority of accidents happen in the home? And we wouldn't get any **damages** if you fell over or walked into some **furniture** and did your frail body some serious **damage**. Let me give you some **advice**, though I know I won't get any **thanks** for it: keep your specs next to your **dentures** on the bedside locker. You'd never leave the bedroom without your **teeth**, would you? What's that you're trying to say? Oh, you've been without your gnashers all day because you couldn't find them without your **glasses/specs/spectacles**? Well, there's no answer to that …

Kapitel 3.2

Übung A

1. b) Bertrand's aunt is a real dragon.
2. b) China's population is still rapidly growing.
   c) The population of China is still rapidly growing.
3. b) You must do an hour's exercise every day.
4. c) That English grammar is mine.
5. a) Mr Cass' dog has had puppies.
   b) Mr Cass's dog has had puppies.
6. b) One of Paul's friends dropped by last night.
   c) A friend of Paul's dropped by last night.

Kapitel 3.3

Übung A

Some people in **Europe** make a fuss because the shops aren't open on **Sundays**. They should try living in **Jerusalem**. As **Friday** is the **Moslems' Holy Day**, the shops in the **Arab Quarter**/quarter are closed. Then comes **Saturday**, which is the **Sabbath** for the **Jews**. Back in 1962, when **I** was studying **History**/history in **Israel** under **Professor Solomon Yadin**, I remember going out one **Friday** night to see the film "**The Ten Commandments**", featuring my favourite film star, **Charlton Heston**. Having only recently arrived in **Israel**, I hadn't realized that the **Sabbath** begins at sunset on **Friday**, which means that all cinemas as well as shops, libraries, cafés etc. run by **Jews** close several hours before the sun goes down. Then there's **Sunday**, the day of rest for the **Christians** who live in the **Holy City**. As a result, a multicultural city like this, representing the three religions of **Islam**, **Judaism** and **Christianity**, partly shuts down for three days at the weekend. It's a good way of forcing you to plan ahead if you want to avoid starvation, and it certainly gave me plenty of time to study without distraction – in fact, I was able to present my doctoral thesis to the **University** of **Jerusalem** after just two years of research. It was entitled "**Cultural Cross-fertilization / Cross-Fertilization** in the **Ancient Near East** with **Special Reference** to **Public Holidays**".

Kapitel 3.4

Übung A

a. My sister is a History / history teacher at this school.
b. After seventeen (**male**) conductors, the orchestra is now conducted by a **female/woman conductor**.

c. My youngest son wants to become a (**male**) **model**.
d. The boss wants to talk to you.
e. She says (that) she would rather see a **lady/female doctor**.

Kapitel 4.1

Übung A

a. He lent **it to me** for the night. / He lent **me it** for the night.
b. My mother bought **them for me**. / My mother bought **me them**.
c. Mr Tanimura taught **it to them**. / Mr Tanimura taught **them it**.
d. She sent **them to us**. / She sent **us them**.

Übung B

I have a cat called Freda. I love **her** dearly and **she** loves **me**. My sister Tracy has a very clever parrot called Fred who likes to come out with long words and then string **them** together to form nonsense sentences. **He** really drives everybody up the wall, except Tracy. And if there's anyone to blame for Fred's constant nerve-wracking chatter it's **her**, because **she** has been teaching **him** all along. **I** think **she** probably gets her dictionary out and reads **it** to **him** whenever the rest of **us** are out of the house. That parrot certainly seems to know a lot more words than anybody I know, but I'm sure **he** doesn't know what half of **them** mean.

There's only one thing that can shut **him** up, as became obvious when Freda once came in with a mouse between her teeth and dropped **it** in front of Fred's cage. That literally stopped **him** in mid-speech, and had Tracy screaming hysterically. Of course, it's all Uncle Roger's fault for giving **him to her** / **her him** in the first place. But then **I** can't complain because it was **him** who gave **me** Freda. Uncle Roger owns a pet shop, **you** see. **He** wants Tracy and **me** to help **him** out this summer – as a reward **we** can each take an animal home with **us**. I wonder if **he** could spare half a dozen of those white mice …

Kapitel 4.2

Übung A

Daniel: **It's** my puppy.
Nicole: No it isn't, it's **mine**!
Daniel: It licked **my** hand first.
Nicole: Well, it licked both of **mine**.
Daniel: No it didn't, it licked **your** face.
Nicole: As it followed both of us down the street, let's be fair and say it's **ours**.
Daniel: All right. But that means I can say it's **mine** and you can say it's **yours**.
Nicole: Okay, but stop pulling **its** collar – you'll hurt **its** neck.
Daniel: Not **its** neck – **her** neck. Look, it says Florence on the dog tag.
Nicole: It also says "Please return me to 20 Wood Close, Norham – it would make **my** owners very happy and mean a reward of £20 for you."
Daniel: That means my share will be £10, and so will **yours**.
Nicole: Except that I saw her first …

Kapitel 4.3

Übung A

Richard: **Hurry up**, Joan! We're supposed to be **meeting** George at seven!
Joan: I'm still **getting dressed**!
Richard: I thought you were **looking forward to** La Bohème!
Joan: I am, but you know I can't **move** as fast as you with this rheumatism of mine.
Richard: I honestly can't **remember** ever getting to the opera on time since we've been married.
Joan: Well, at least I **wash / get washed** before we go out. And I have to sort out all the things I need to take with **me** – the libretto, my throat pastilles, jewellery …
Richard: Will you stop talking and **concentrate** on **getting ready**!
Joan: And will you stop **getting annoyed** with me like that! Why do we have to **argue/quarrel** and **shout at each other** like this?
Richard: Because firstly it's the première, secondly we're both appearing in the first act, and thirdly the maestro **himself** said he would fire us if we were late for yet another performance!

Kapitel 4.4

Übung A

a. Are **those** your children over there?
b. **These** are my twin brothers – **this/that** one's Rick and **this/that** one's Mick.
c. **That** isn't what I said.
d. Would you come **this** way, please.
e. I really liked **that** sports model we saw in the Jaguar showroom.

Kapitel 4.5

Übung A

a. Hey, there's that girl **that** you were chatting up yesterday!
b. The young writer **whose** first novel won a national prize is now a bus driver.
c. The cat **that/which** scratched you doesn't seem to like men with whiskers.
d. Is that the colleague **who/whom/that** you introduced me to at the cocktail party?

Übung B

a. My father, who is a policeman, comes home with some incredible stories.
b. The vase you've just dropped was a priceless Grecian urn.
c. Dogs that jump up and lick your face are revolting.
d. The Beetle and Wedge Hotel, which I can highly recommend, has an excellent restaurant.
e. The cake you baked is much better than Mr Kipling's.

Übung C

A Risky Undertaking

There was great excitement in our street last week. Mr Todd, **who** had been seriously ill in hospital for six weeks, had returned home on Saturday. On Monday morning his neighbour, Mrs Prior, saw something **that/which** was to cause quite a stir in the neighbourhood: an undertaker in a black suit had called at the Todds' house. Mrs Prior didn't know **who/whom** to tell first, but by lunchtime everyone in the street knew about the sad fate of their poor neighbour.

When she had told everyone (**that**) she could think of, Mrs Prior then decided to ring Mrs Todd up to offer her condolences and ask if there was anything (**that**) she could do. Imagine her surprise when it was Mr Todd **who/that** answered the phone! Mrs Prior told him that the entire neighbourhood had assumed he had passed away, **which** had Mr Todd in fits of laughter. He explained that the man **whose** appearance had caused such a stir was Mrs Todd's hairdresser. He was indeed an undertaker, but had a sideline as a hairdresser **which/that** earned him a bit of extra money. On that particular morning there happened to be a funeral to **which** he had to go, but he decided he could do Mrs Todd's hair beforehand. He had put on his undertaker's outfit in order to save time, not realizing the potential effect of **what** he had done. When he was told about it, he was mortified. He swore that the first thing (**that/which**) he would buy was a white mac to cover up his macabre uniform in future. Meanwhile, everyone in our street nearly died laughing.

Kapitel 4.6

Übung A

You must be starving after that long train journey – have **some** of this chicken salad. I don't suppose you've had **anything** to eat since you left Edinburgh this morning. Or perhaps you had **something** in the dining car? I must say, I wouldn't eat **any** food on a train if you paid me.

Nobody in their right mind would eat the sandwiches they make – you just don't know how long they've been wrapped up in that cling film. No, there's **nothing** wrong with this chicken salad – I only made it last Friday. But you don't have to eat it. Have **anything** you like – I brought a lot of food back from the picnic on Sunday. For some reason, **nobody** seemed to be very hungry …

Übung B

Mark: "Have you got **a lot of / lots of / much** work to do?"
Pete: "Yes, quite **a lot.**"
Mark: "How **many** pages do you still have to write?"
Pete: "Not too **many**, but there are still **a lot of / lots of** tricky problems to solve."
Mark: "You've always got so **much** work to do and so **many** commitments – that doesn't leave **much** time for pleasure, does it?"
Pete: "No, but it's a good excuse when people like you who haven't got **much / a lot** to do keep ringing up and trying to persuade me to come down to the pub!"

Übung C

I don't know why you're spending such **a lot of** time revising for your exams at the last minute – there's **little** chance of you passing them now, considering how **many** lessons you've missed this term. When I think of all the excuse notes I had to write for you! It seems like every **few** days it was "Dear Mrs Handley, Would you please excuse Peter from class today as he's feeling **a little** poorly", and then having to find **somebody/someone** to take the note to school. Poorly! Hangovers is what I call it – **a few** pints too many with the lads. I can't understand why there's so **little** discipline around these days. Too **many** late nights, far too **little** sleep – no wonder society's going to the dogs. Talking of which, perhaps what you need is **somebody/someone** to take you to your class on a lead. I don't mind people having **a bit of** / **a little** fun, but you can't just do **anything** you like and expect to get away with it. Well, there won't be **much** joy when the exam results come out, that's all I can say. How do you think you're going to find a job without **any** qualifications? If you ask me, **a few** years in the army would sort you out, but they're hardly going to let you join up at the ripe old age of forty-five, are they?

Kapitel 4.7

Übung A

a. When are you meeting Terry?
b. Which one do you prefer?
c. Where did the Millers fly to?
d. How are Ruby and Tim going to travel?
e. Who does she share a flat with?

Übung B

Marjorie: **Why** is going on holiday always so complicated? It's the same problem year after year: **when** can we both get away from work at the same time and **where** should we go to? **How** should we travel: by car, train, boat or plane? **Which** travel agency can give us the best deal? And that's not all: **who** will water the plants for us while we're away? And with **which** reluctant member of the family should we leave Fido this time?

Then there's the last-minute panic to get packed: **which** clothes should we take, and **whose** toothpaste – yours or mine? **What** time should we set the alarm for on the day of departure and **who** should use the bathroom first? When we get to our destination we start again: **which** of us is going to sleep next to the window, **who** forgot to bring the guide-book, and **how** are we going to communicate with the locals if neither of us knows the language? **Who** should we write postcards to and **what** sort of presents should we take back for the plant-waterers and dog-minders? What I'd like to know is: **why** do we go through this every time?

Reginald: That's a very good question.

Kapitel 5.4

Übung A

a. It's much later **than** I thought.
b. The series is not **as/so** funny **as** it used to be.
c. Although I work harder **than** anyone, I don't seem to be earning **as** much.
d. Marianne is almost **as** tall **as** her mum.

e. I got here **as** fast **as** I could.
f. Her husband is even older **than** her father.

Kapitel 5.7

Übung A

a. She looked up **seductively from her glass of Guinness**.
b. **I politely told him** / **I told him politely** to get his feet off the seat.
c. We stayed **at the party till almost 2 o'clock last night** / **Last night** we stayed **at the party till almost 2 o'clock**.
d. I studied **for several hours tonight** before I went **to the pub** / I studied **for several hours** before I went **to the pub tonight** / (*mit anderer Bedeutung*) I studied before I went **to the pub for several hours tonight.**

Kapitel 5.9

Übung A

a. She looked up **tiredly** from behind her desk.
b. His story sounds a bit **strange** to me.
c. This tastes **delicious** – what is it?

Übung B

It was to be the **greatest** night of our musical career. We had **finally** made it – we were to sing on the same bill **as** such pop legends as Mick Dagger and Axl Geranium.

We all felt very **nervous, especially** Mac, our lead singer. We were due to be on **almost** at the start of the concert, which was **ideal**. It meant we could finish our act and then **really** enjoy the rest of the evening. But after ten minutes we were told there had **unfortunately** been a change in the programme – we'd be appearing **later**.

Mac got **more and more agitated** and ordered a double whisky to calm his nerves. Time passed **slowly** as we sat backstage wondering if we'd perform **well** or be a **complete** flop. Mac ordered another double whisky, then another, and another. He drank **more and more** and could **hardly/scarcely** stand when they **finally** told us we were on next.

By now I felt **absolutely/completely** terrified, and no sooner **had we gone on stage** than Mac collapsed in a drunken heap. The audience went **crazy/mad/wild**. Mac struggled to his feet, and we **bravely** started to play. He slurred a few lines, and the audience screamed for more. Then he fell over again, breaking his guitar, so that he had to use **the other one**.

The worse we were, **the louder** the audience cheered. They thought we were **fantastic**! We **suddenly** realized this was our big break.

These days we **automatically** supply Mac with plenty of whisky before every gig. He smells **dreadful/terrible/awful**, but we're earning a fortune, so who cares!

Kapitel 6

Übung A

a. He says he's not interested **in** money, but I don't believe him.

254

b. I heard that **on** the news **on** the radio.
c. I want it finished **by** tomorrow afternoon.
d. Do you want me to write it **on** the blackboard?
e. As usual, Bernard turned up **at** the last minute.
f. She asked me to take care **of** the kids while she went **to/into** town.
g. What did you learn **at** school today, son?
h. I stayed overnight **at** my sister's place.
i. I think she's fallen **in** love – again!
j. I sometimes think he goes **to** Klosters to break his leg deliberately!

Übung B

a. I walked all the way home with her in the hope that she would invite me in for a drink.
    How was I to know her mum and dad would be **at** home, too?
b. I saw him driving the car down the road. I would guess he was driving **at** about
    60 miles an hour.

Übung C

a. I live right **next to** a pub, and it can get very noisy.
b. The cat jumped **out of** a third-floor window but landed safely on the pavement below.
c. I can count **up to** 30 in Russian.
d. Somebody's parked their car **in front of** our garage again!

Übung D

a. We quite enjoy living **in** the country.
b. I don't see why I should spend all my money **on** you.
c. They say Mr Franklin died **of** a broken heart.
d. Do you know who this piece of music is **by**?
e. I haven't got much money left **in** my bank account so I can only give you a cheque **for**
    £20.
f. He's been **on** the phone for two hours non-stop.
g. I'm afraid he lives **on** the 29th floor.
h. **At** that moment there was a knock **at/on** the door, and in came a tall man with a scar
    all the way **across/down** his forehead.

Kapitel 7

Übung A

a. **one/a thousand**
b. **ninety-eight**
c. **fourteen**
d. **eighty-seven**
e. **ten thousand four hundred and fifty**
f. **twelfth**
g. **eighth**
h. **forty – love**

i. *BE* **eight-oh-six-five-one**
    AE **eight-zero-six-five-one**
j. **one/a hundred and thirty-six**
k. **nineteen ninety-three /**
    zur Betonung: **nineteen hundred and**
    ninety-three
l. **seven – double eight – nine-two**

9   Die wichtigsten unregelmäßigen Verben

Infinitiv	einfache Vergangenheit	*past participle*	Übersetzung
be	was	been	*sein*
beat	beat	beaten	*schlagen*
become	became	become	*werden*
begin	began	begun	*anfangen*
bite	bit	bitten	*beißen*
blow	blew	blown	*blasen*
break	broke	broken	*(zer)brechen*
bring	brought	brought	*(her)bringen*
build	built	built	*bauen*
burst	burst	burst	*platzen*
buy	bought	bought	*kaufen*
catch	caught	caught	*fangen*
choose	chose	chosen	*wählen*
come	came	come	*kommen*
cost	cost	cost	*kosten*
cut	cut	cut	*schneiden*
dig	dug	dug	*graben*
do	did	done	*tun; machen*
draw	drew	drawn	*zeichnen*
drink	drank	drunk	*trinken*
drive	drove	driven	*fahren*
eat	ate	eaten	*essen*
fall	fell	fallen	*fallen*
feed	fed	fed	*füttern*
feel	felt	felt	*(sich) fühlen*
fight	fought	fought	*kämpfen*
find	found	found	*finden*
fly	flew	flown	*fliegen*
forget	forgot	forgotten	*vergessen*
freeze	froze	frozen	*(ge)frieren*
get	got	got	*bekommen; kriegen*
give	gave	given	*geben*
go	went	gone	*gehen; fahren*
grow	grew	grown	*wachsen*
hang	hung	hung	*hängen*
have	had	had	*haben*
hear	heard	heard	*hören*
hide	hid	hidden	*(sich) verstecken*
hit	hit	hit	*schlagen*
hold	held	held	*halten*
hurt	hurt	hurt	*weh tun*
keep	kept	kept	*behalten*

know	knew	known	*wissen; kennen*
lay	laid	laid	*legen*
lead	led	led	*führen*
learn	learnt, learned	learnt, learned	*lernen*
leave	left	left	*lassen; verlassen*
lend	lent	lent	*(aus)leihen*
let	let	let	*lassen*
lie	lay	lain	*liegen*
lose	lost	lost	*verlieren*
make	made	made	*machen*
mean	meant	meant	*bedeuten*
meet	met	met	*treffen; begegnen*
pay	paid	paid	*bezahlen*
put	put	put	*legen; setzen; stellen; stecken*
read	read	read	*lesen*
ride	rode	ridden	*reiten; fahren*
ring	rang	rung	*läuten; klingeln*
run	ran	run	*laufen; rennen*
say	said	said	*sagen*
see	saw	seen	*sehen*
sell	sold	sold	*verkaufen*
send	sent	sent	*schicken*
set	set	set	*setzen; stellen*
shake	shook	shaken	*schütteln*
shine	shone	shone	*scheinen*
shoot	shot	shot	*(er)schießen*
show	showed	shown	*zeigen*
shut	shut	shut	*zumachen*
sing	sang	sung	*singen*
sit	sat	sat	*sitzen*
sleep	slept	slept	*schlafen*
smell	smelt, smelled	smelt, smelled	*riechen*
speak	spoke	spoken	*sprechen*
spend	spent	spent	*ausgeben; verbringen (Zeit)*
stand	stood	stood	*stehen*
steal	stole	stolen	*stehlen*
sting	stung	stung	*stechen (Insekt)*
swim	swam	swum	*schwimmen*
take	took	taken	*nehmen*
teach	taught	taught	*unterrichten; lehren*
tear	tore	torn	*zerreißen*
tell	told	told	*sagen; erzählen*
think	thought	thought	*denken*
throw	threw	thrown	*werfen*
wake	woke	woken	*wecken; aufwachen*
wear	wore	worn	*tragen (Kleidung)*
win	won	won	*gewinnen*
write	wrote	written	*schreiben*

10 Register